大学图书馆员的能力建设研究

刘荣清⊙著

郑州大学出版社

图书在版编目(CIP)数据

大学图书馆员的能力建设研究／刘荣清著. — 郑州：郑州大学出版社，2021.4(2024.6 重印)

ISBN 978-7-5645-7545-8

Ⅰ.①大… Ⅱ.①刘… Ⅲ.①院校图书馆－图书馆员－能力培养－研究 Ⅳ.①G251.6

中国版本图书馆 CIP 数据核字(2020)第 231106 号

大学图书馆员的能力建设研究

DAXUE TUSHUGUANYUAN DE NENGLI JIANSHE YANJIU

策划编辑	王卫疆	封面设计	苏永生
责任编辑	吴 昊 孙园园	版式设计	苏永生
责任校对	胥丽光	责任监制	李瑞卿

出版发行	郑州大学出版社	地 址	郑州市大学路 40 号(450052)
出版人	孙保营	网 址	http://www.zzup.cn
经 销	全国新华书店	发行电话	0371-66966070
印 刷	廊坊市印艺阁数字科技有限公司		
开 本	787 mm×1 092 mm 1 / 16		
印 张	15	字 数	295 千字
版 次	2021 年 4 月第 1 版	印 次	2024 年 6 月第 2 次印刷
书 号	ISBN 978-7-5645-7545-8	定 价	78.00 元

人力资源是第一资源。实现经济社会发展、科技进步、文化振兴,关键在人。新时代、新机遇、新发展,对人力资源的管理与开发提出了更新的要求。

图书馆是信息的海洋和知识的守护者。在大数据和人工智能时代,图书馆服务更加注重以用户为中心,关注用户体验与资源访问的便捷性;更加注重图书馆空间再造,创建新的学习场景;不断拓展新媒体、新技术应用的广度深度,提升学术资源与数据管理的效能。日益加快的图书馆转型发展,要求图书馆人力资源开发与馆员能力建设迈上标准化、制度化、常态化的征程。图书馆员要具有更为全面的知识结构,良好的道德品质,以及优秀的管理能力、领导和沟通能力、团队组织和合作能力、读者和用户服务能力。信息可视化、下一代图书馆管理系统与服务平台,以及人工智能、物联网、大数据、数字技术、电子出版、创客空间、在线学习等都成为大学图书馆员学习和关注的重点。

探讨图书馆员职业能力的论著不在少数,但当前图书馆的馆藏资源、服务方式、读者需求、技术环境等都发生了显著变革,馆员知识结构发生了很大变化。刘荣清博士选择该主题,结合时代特点和多年的从业经历,从新的角度和层面揭示了图书馆馆员职业能力的立体维度和建设途径,主要表现在以下三个方面。

首先,分析了大学图书馆员的基本能力与综合素质,为探索建立基于学历、专业、心理等为基础的馆员资格认证标准提供了有益的参考;从文献采访、技术支持、信息咨询等传统业务视角研究图书馆员能力的开发与提升;从嵌入式服务、情报分析与研究、创新素养教育等视角探析了大学图书馆员新型服务能力体系的构建。这无疑是大学图书馆人力资源开发和馆员能力建设的探路灯,照亮了馆员前行的道路。

再次,作者从大学图书馆的战略愿景和用户体验视角探讨了与馆员能力建设的互动关系,生动地诠释了战略愿景的正向引领、组织匹配、文化影响作用,客观描述了用户体验是馆员能力的直接表征,表达了顶层设计与问计于民在汇聚民意、宣传政策、统一思想中的良性互动作用。

最后,作者对大学图书馆构建几支专业馆员队伍的观点给我留下了深刻印象,这是大学图书馆未来核心竞争力的准确表达和实现之要,著作中的分类管理与激励机制等都是作者对馆员能力建设的表现形态、核心价值、建设规律,构建长效性管理与开发机制深入思考的结果,展现了作者深厚的学术素养和职业情怀。

居伊·德波在《景观社会》开篇说道:"在现代生产条件无所不在的社会里,生活本身展现为景观(spectacles)的庞大堆聚。直接存在的一切全都转化为一个表象"。在表象丛生的当代社会,我们需要像作者这样,在某个领域为我们拨开层层面纱,透视问题与真相,从方法路径、目标趋势、规范标准诠释发展之理、传播先进实践、纵谈愿景目标,激发创业思维。

我更愿意以从业者的情怀去感悟作者的心念,在我们一起前行的道路上,若阳光明媚,我们高歌猛进;若阴雨泥泞,我们互擎一臂,只为始终如一的使命——为知识而守护,为文化而服务!

安徽大学图书馆馆长　储节旺
2020 年 11 月于文典阁

目录

第一章

绪 论

当今时代,可以用数字化时代、互联网时代、移动互联网时代、大数据时代、云计算时代、开放获取时代、信息与知识经济时代等来描述。而数字化、互联网、大数据、开放获取、信息与知识等都与图书馆密切相关。图书馆可谓正站在时代的潮头,一端连接着信息和知识的海洋,另一端连接着个性化的、专业多样的庞大读者群。在当今各方面条件快速变化的形势下,图书馆的核心价值也在发生着深刻的变革。然而,图书馆的核心价值主要以图书馆员的能力来表达和实现。图书馆(尤其是大学图书馆)的发展水平在很大程度上取决于图书馆员的能力。由此,馆员能力建设是大学图书馆发展的核心问题之一,这既是学术和理论问题,也是业务和实践问题,值得我们认真探讨与研究。

第一节 本课题国内外研究的现状和趋势

近年来,关于图书馆的职能转型、服务创新的研究已成为图书馆学界的重点研究课题之一,也取得了令人瞩目的成就,而这些研究多是从方式和手段出发,缺少从人(馆员)的维度去研究大学图书馆功能、服务及核心价值的人力基础,即关于图书馆员能力方面的研究不足。如果以"馆员能力"为篇名检索,在中国学术期刊网中只检索出论文95篇(无年限限制),通过读秀知识库检索,只检索出版的专著2部,分别为上海图书馆副馆长缪其浩主编的《图书馆员职业精神与核心能力》(2006年10月上海科学技术文献出版社出版);图人堂QQ群创建人、淮海工学院图书馆副研究馆员王启云等著的《新业态环境下高校图书馆专业馆员职业能力研究》(2019年4月知识产权出版社出版)。若以"大学"+"馆员能力"为篇名检索,仅有论文2篇(中国学术期刊网检索),尚未检索出相关专著出版(读秀知识库检索)。而且,直到2015年,图书馆学界才有关于馆员能力方面的学术论文发表。

然而，随着信息环境的飞速变化、读者需求更加个性多元、服务高校"双一流"建设战略等因素，大学图书馆的功能和服务也正在发生重大的调整和变革。这都需要图书馆员拥有更加全面的知识结构和综合素质，更加专业的文献发现，如具有自身图书馆特色的图书采访数据库、电子文献数据库采购、文献利用分析等；文献服务，如阅读推广、学科服务、信息咨询、检索查新、新媒体服务等；文献挖掘，如文献计量、大数据挖掘与分析、学科分析等方面的能力。但是，当前学术界关于图书馆人力资源和馆员能力建设的内容、方法、路径、现状、趋势、标准、中长期规划等方面的研究严重不足。

国外图书馆界长期重视图书馆员的能力问题，并已经强烈地意识到，只有持续地关注图书馆员的能力和能力建设问题，图书馆才有不断创新的活力，才能维持其可持续发展的能力。1983年8月，在美国伊里诺伊大学香槟分校举行的"数据处理的图书馆"应用第20次年会上，就强调了图书馆员应具有有效利用新的信息技术的专业能力，并提出了图书馆员的"非中介论"理论，较早地提出了图书馆员未来的职能定位和能力取向。1991年，安妮·伍兹沃思（Anne Woods-worth）和琼·莱斯特（June Lester）就提出图书馆员应具备很强的用户导向、用户分析、宽泛的信息资源的知识、能够设计和运用信息产品和系统等方面的能力。2001年，美国图书馆协会（ALA）出版了《员工发展实用指南》（第三版），其中有专门的章节论述了图书馆员的核心能力。此外，美国东南研究图书馆协会（ASERL）在2000年就制定了《研究图书馆员能力》；美国专业图书馆协会（SLA）也在1996年10月就发布了《专业图书馆员能力》的文件。美国大学与研究图书馆协会（ACRL）近年来也先后提出三份关于大学图书馆发展趋势的报告，涵盖资源建设、评估与外部环境、信息技术的影响、馆员技能、馆舍空间、知识服务等内容。2005年，加拿大图书馆协会（CLA）也主持了《加拿大图书馆人力资源的未来》的研究，其中专门研究了有关图书馆员能力问题，发表了大量有关图书馆员能力的论文。

由此可见，国外图书馆界学者对于图书馆员能力方面的研究较早较多，领域也较为宽广，成果也极为丰富。若以"librarian ability"为主题可以检索出最近出版的著作23部（百链外文检索平台），有分析作为教育者的学校图书馆员（Wehmeyer，L B），有探讨图书馆员在数据检索和参考咨询中的作用（Jones，Ray）、图书馆员的信息经纪人角色（Josephine，H B），以及高校图书馆员信息素养测评实用指南（Carolyn J. Radcliff等）等，国外学者们更善于通过实务的研究来表达基础的理论，把图书馆员的能力建设研究沉基于读者服务和专业标准层面，也为我们理解和研究图书馆员的能力建设提供了新的向度，对我们拓展研究领域和内容提供了有益的启示和借鉴。

第二节　本课题研究的主要内容

国际图联在 2013 年图书馆发展趋势报告中关于"网络是图书情报服务的主战场、'数据'是图书馆资源的基本类型、智慧图书馆成为新的建设目标、图书馆作为一种空间的价值得到重新定义、图书馆知识组织的核心能力能够在网络世界发扬光大"的论述,进一步阐述了当前图书馆面临的转型和机遇。在时代条件和读者群体个性特征快速变化的当前,大学图书馆正面临着从以资源为中心向以读者为中心、从 IT(Information Technology)时代的图书馆向 DT(data technology)时代的图书馆、从文献呈现服务到文献资源的价值挖掘服务、从同质化的大众读者服务到个性化多样化的读者分类服务的转型。在此过程中,馆员能力是实现转型发展的最核心要素。本书将从以下几个方面开展研究。

一、当前大学图书馆员的现状调查

了解和掌握当前大学图书馆员的现状是本课题的前提和基础,课题组将依托各省高校图书馆学会(协会或工作委员会)、大型图书馆会议等平台,利用我校大学生和研究生的暑期社会实践,通过问卷、网络、实地等方式,对全国主要大学图书馆员的现状和未来馆员队伍建设规则进行全面的田野调查,并通过纵向的和横向的(国内不同层次的大学图书馆之间,以及与国外高水平大学图书馆)的比较,对带有典型性和标志性的个案进行研究,如国内东部发达地区与中西部欠发达地区大学图书馆员现状的样本分析,在拟建设"世界一流"的国内大学与世界一流大学图书馆的馆员结构和能力的比较研究等,借此分析当前我国大学图书馆员结构和能力水平及存在的差距,探讨国内大学图书馆员能力建设面临的机遇、挑战和应对措施。

二、大学图书馆员能力建设的主要内容

当前大学图书馆除了具备传统图书馆的文献采访、编目、收藏、借阅等功能外,更需具备发挥适应现代图书馆的文献分析、科技服务、学科服务、学术服务等学术性服务机构的功能和价值。因而,大学图书馆需要有能力建设一支具有建设机构特色的文献采访数据库的采访馆员队伍,一支具备深层次学科服务和科研服务能力的学科馆员队伍,一支

具备深度信息揭示、文献计量与分析能力的咨询馆员队伍,一支具备高水平的信息资源培训与评估能力的培训馆员队伍,一支具备独立开设读者信息素养教育课程教学的教育馆员队伍,一支具备利用现代信息技术与网络技术推进数字图书馆服务能力建设的技术馆员队伍等。由此,本课题研究的大学图书馆员能力建设主要从以下四方面展开。

1. 大学图书馆员的基本能力与综合素质

随着中国社会发展和科技能力的跃升,大学图书馆在科技服务和学术服务等方面的能力需大力加强。由此,我们可以借鉴美国、加拿大等西方发达国家的图书馆员标准,建立基于学历、专业、心理等为条件的基础能力资格认证。如华盛顿州规定拥有 ALA(美国图书馆协会)认可的图书馆学情报学硕士学位或修完足够学分并通过华盛顿大学图书馆学情报学研究生院的考试,方可获得图书馆从业资格;在一些欧美国家,专业图书馆对馆员的要求更高,如法律图书馆,馆员既要有图书馆学硕士学位,又要有法学硕士学位。如要晋升参考馆员(学科馆员),则要同时具备图书馆学硕士学位与法学博士学位等。

除此之外,优秀的大学图书馆员还需具备较为全面的知识结构,良好的道德品质、管理和展望能力、领导和沟通能力、读者和用户导向能力、团队组织和合作能力、目标管理能力、大数据分析和隐私保护能力等综合素质;需要具有教育者和信息专员的双重身份和示范引领能力。

2. 大学图书馆员的文献发现能力

在当前信息爆炸的时代,文献的出版量也在持续增大。全国图书出版总种数从 1950 年的 12 153 种猛增到 2015 年的 475 768 种,同时,2015 年出版的期刊 10 014 种、报纸 1 906种、电子出版物 10 091 种,各类电子文献数据库数以千计,加之海量的以在线发表、博客日志、PPT、电子邮件等为载体的文献,文献范围和数量远远大于传统意义上的文献集合。因此,在数量庞大的、信息冗余和同质化严重的文献载体中,运用科学的方法寻找出符合自身机构的有价值的文献"发现能力"就是大学图书馆员的核心能力之一。这就需要大学图书馆员具有根据机构的专业分类和学术需求,建构以涵盖机构所有专业的核心作者、核心出版社、核心网络资源的图书采购数据库、期刊订购目录和电子文献采购评价指标体系等方面的能力,以馆员优秀的"文献发现能力"为机构遴选好各种文献,为开展以文献为基础的科技和学术服务提供保障和基础支撑。

3. 大学图书馆员的文献服务能力

在信息科技迅猛发展和大数据背景下,大学图书馆需要加强信息资源的布局与整合。由此,大学图书馆员需要提升使用计算机和网络能力、数据分析能力、用户沟通能力、阅读推广能力、个性化服务能力、专题科研信息服务能力、读者信息素养培训能力等各类文献服务能力。

4. 大学图书馆员的文献挖掘能力

当前,在各大学推进"世界一流大学和一流学科"建设的战略背景下,以大学为主体的大学图书馆员在此过程中,拥有以文献价值挖掘为基础的科技、学科和学术服务能力就尤为重要,"知识分析员""嵌入用户的信息专员""学科馆员""项目信息专家"等是大学图书馆员的核心价值和专业技术水平的重要体现。提供基于文献计量、文献揭示和文献分析的人才发展报告、学科发展报告对大学发展战略的支撑和智库作用将成为必然。

上述分析表明:大学图书馆的转型发展需要馆员能力的全面提升,馆员能力建设对于当前大学图书馆来说既面临重大机遇又任重道远,以"综合素质""文献发现""文献服务""文献挖掘"为基础的馆员能力,以及培养具有自身机构特色的馆员专项能力将为大学图书馆的发展打开广阔的新天地。

三、大学图书馆员能力建设的路径选择与规律探索

1. 构筑有效路径

一是,加强馆员能力标准建设,为大学图书馆新进馆员和馆员队伍教育提供标准和依据;二是,加强馆员培训,对大学图书馆现有馆员加强专业培训,对吸收的非图书情报专业人员加强图书情报专业教育,全面提升馆员的业务能力和专业化水平;三是,实现分类管理,未来大学图书馆员可以按照助理馆员、基础馆员和高级馆员进行分类管理,还可以进一步将馆员分为文化服务的阅读推广师、数据资源的开发设计师、学科建设的参考咨询师、技术应用的创新工程师、协同服务的组织管理者等类型;四是,构建业务和科研团队,以业务为基础,科研为深化的方式建设业务与图书情报学科科研为核心的团队,以团队建设提升馆员能力。

2. 建设保障机制

首先,强化法律和政策保障;其次,加强体系化建设,形成主管部门、全国图书馆学会、高校图书馆学会、省级图书馆学会、本机构图书馆工作委员会等为体系的馆员发展和能力建设体系,完善馆员发展机制建设;最后,加强以大学图书馆的价值呈现和服务成果为导向的馆员队伍建设机制,以强力的信息支撑与智库功能,提高决策者的意识。

3. 探索基本规律

大学图书馆员能力建设始终要体现理论与实践、真理与价值相统一的合理性、保持机制化和创新性。主要体现为三个方面。一是,利益统一。强调馆员个体职业发展与图书馆整体发展的统一,凸显个体利益与价值。二是,价值共鸣。提倡整体与个体的共赢,呈现个体职业规划与整体发展的价值共鸣。三是,创新精神。在难以想象的技术变革面前,创新思路和举措,是大学图书馆员发展和事业发展的必然选择。

第三节　研究思路与研究目标

一、研究思路

本课题将在全面调查全国进入一流大学和部分进入一流学科建设的大学图书馆员现状的基础上,根据国际图联、美国图书馆协会等权威机构关于大学图书馆的战略规划和未来发展趋势报告等,以"大学图书馆的转型发展"和"馆员的核心能力"为主题,分析当前我国大学图书馆员能力的现状,依照历时态的对比性和共时态的关联性,分析大学图书馆员的应具备的基本条件和综合素质以及应具有的深度文献发现、文献服务、文献挖掘能力,并按照从现实分析到理论升华的思路框架,进一步探讨当前大学图书馆员能力建设的内容、方法、路径、目标、趋势、标准等,探求其表现形态、核心价值、价值共鸣,以及构建馆员能力建设的长效性规律与机制。

二、研究目标

第一,达到对全国进入一流大学和部分进入一流学科建设的大学图书馆员状况的全面了解和样本研究,形成数据翔实的中国大学图书馆人力资源调查报告。

第二,达到从文献发现、文献服务、文献挖掘三个方面对大学图书馆员能力的多维度研究,形成馆员能力建设的目标性和前瞻性研究成果。

第三,达到对当前大学图书馆员能力建设的内容、方法、路径、目标、趋势、标准等方面的研究,并进一步探求其表现形态、核心价值、价值共鸣,以及构建馆员能力建设长效性机制与规律。

三、本课题拟突破的重点和难点

第一,从大学图书馆员能力建设的内容分析中,探求大学图书馆核心价值和馆员能力建设的创新路径和基本规律。

第二,在开放知识环境中如何寻求大学图书馆员核心价值的新定位,在大数据环境中如何挖掘文献资源的新价值,如何在传统图书馆与数字图书馆、智慧图书馆的平衡中提升馆员的新能力。

第三,探索大学图书馆员能力建设的发生学机制,以及从接受机制、价值共鸣、创新精神等方面构建大学图书馆员能力建设的有效路径和长效机制。

第四节　研究方法与研究手段

一、研究方法

第一,实证研究法。运用社会学的田野调查和传播学的实证方法,全面调查全国主要大学图书馆员的现状和未来馆员队伍建设规划,使课题研究成果更具现实性和针对性,也为构建馆员能力建设的有效路径提供现实的数据和材料。

第二,样本分析和比较法。通过对国内大学图书馆员的样本进行分析研究,并对国内各机构之间和国内外之间进行历时态和共时态的关联性比较,分析当前的差距和面临的机遇与挑战。

第三,文献研究法。将通过收集国际图联、美国图书馆协会及其分支机构、其他西方发达国家的大学图书馆的发展趋势报告和相关文献,以及近年来发表的有关图书馆核心价值和馆员能力建设的重要著作和论文进行文本分析研究,为本课题的研究奠定理论和实务基础。

第四,访谈法。通过实际与大学图书馆馆长、馆员和读者的交谈、沟通,了解他们对馆员能力的价值导向和内心期许,以进一步探讨大学图书馆员能力建设的表现形态、价值共鸣和长效机制。

二、研究手段

第一,调查研究。通过实地和网络调查的形式,对全国范围的大学图书馆及国外重点大学图书馆进行调查,以翔实的数据和资料,撰写相关调研报告。

第二,文献研究。利用网络、电子资源和大型图书馆,收集完善相关文献资料,进行文献分析。

第三,个案研究或者专题研究。对带有典型性和标志性的大学图书馆的馆员能力建设理念、方法和实践,进行个案研究,为整体研究提供新渠道、新方法。

第四,专家咨询。定期或不定期向图书馆学界相关专家进行业务和课题研究咨询。

第五节　研究的意义与价值

一、研究的理论价值

时代条件和信息资源环境对大学图书馆带来了新的机遇和挑战,而应对机遇与挑战,加快大学图书馆的转型和创新发展,其核心之一就是加强对图书馆员的能力建设。由此,该课题研究的理论价值主要有以下三点。

第一,本课题将从引导和加强馆员在文献发现、文献服务、文献挖掘等方面的能力建设为主线,可以为当前大学图书馆人力资源的建设和发展提供一定的理论指导。

第二,图书馆学在关于图书馆的业务研究方面多是从图书馆自身的资源、服务、功能等物的方面展开,从人的方面展开的往往仅关注图书馆的服务对象——读者,而对图书馆员的关注和研究不足,本课题研究也望能从人(馆员)的角度拓展图书馆学的研究领域和新的视角。

第三,本课题的研究将在学术上推动图书馆学关于馆员能力建设及馆员分类管理等方面的专题研究。

二、研究的实际应用价值

该课题将采用学术研究与业务研究相结合的方法,既是理论和基础的研究,也是实践和应用研究,课题将全面调查全国主要大学图书馆(“211”高校和主要研究机构图书馆)的馆员现状,将提供一定的调研报告和典型案例,必将对大学图书馆的人力资源建设和馆员能力建设有着重要的实际应用价值。

第一,本课题研究可以较为全面地掌握和呈现当前大学图书馆的馆员现状,并进行横向和纵向的比较分析,有利于各大学图书馆了解自身馆员的结构特点及存在的优势和不足,为各大学图书馆制定馆员队伍建设规划提供依据和支撑。

第二,本课题将全面论述在当前时代条件下大学图书馆员能力的现状和趋势,阐明大学图书馆馆员基础能力、学术服务能力、文献价值挖掘与分析能力等方面建设的必要性,以及方法和路径,必将为大学图书馆推进转型和创新,拓展服务范围与领域、提升服务层次提供新的思路和决策参考。

第三,本课题将立足理论与实践的有效结合,探寻大学图书馆馆员能力建设的方法论和实践路径,也望藉此为图书馆主管部门或大学图书馆联盟(学会、协会、工作委员会等)制定馆员能力的标准或建设指南提供依据,以推进大学图书馆馆员能力建设的持续发展及常态化、机制化。

第二章

大学图书馆与大学图书馆员

　　大学既是社会经济文化发展一定阶段的产物,也是"经过历史的积淀、自身的努力和外部环境的影响,逐步形成了一种独特的文化①"。大学图书馆是伴随着大学的产生而产生的,是大学重要的文献信息资源中心和文化建设基地,在大学的建设和发展中扮演着日益重要的作用。图书馆是大学重要的文化标符,而图书馆员则是文化的收集与传播者。本章主要在简述中外大学图书馆的形成与发展史的基础上,阐明大学图书馆员在收集和利用文献服务人类文明进程中的作用和价值。

第一节　大学与大学图书馆的产生与发展

一、大学的产生与发展

1. 古代的大学教育

　　"大学一词源自拉丁文的 universias,有'联合组成'或'总和'之意②",大学的早期形态诞生于欧洲的主要城市,通常是一群追求知识和精神教化的人们自发集聚于某一具有声望的精神导师门下,形成的相对固定的文化教育团体。古代的埃及、希腊、罗马、中国等都是大学教育的发源地。

　　埃及是四大文明古国和世界文化发祥地之一,公元前 2500 年左右,埃及王宫里就出现了宫廷学校,为贵族大臣子弟传授读、写、数学、天文等基础知识。同时,埃及的寺庙在社会中拥有特殊地位,寺庙内也开设学校,研究并教授数学、天文学、医学、建筑学等。

---

　　① 王冀生.大学文化的科学内涵[J]. 北京:高等教育研究,2005(10):5-10.
　　② 朱祖培等.外国大学图书馆[M].上海:上海科学技术文献出版社,1987:1.

古希腊在文学、哲学、史学、戏剧、音乐、绘画等方面均创造了影响深远的杰出文化。极富想象力的希腊神话成为早期希腊教育的主要素材,《荷马史诗》成为青少年教育的主要教材。早在公元前5世纪左右,希腊雅典就出现了一批职业教师,他们从一个城邦到另一个城邦,专门教授知识、辩论术。后来,普罗泰戈拉创立了"智者学派",他们在文学、哲学等学科领域颇有建树,并宣称是"教人智慧的教师"。苏格拉底是古希腊最具影响力的伟大哲学家,他基于"认识你自己"的"心灵转向",把哲学从研究自然转向研究自我。他也是一位令人尊敬的教师,虽然没有创立学校,但广场、庙宇、商店、体育场都是他施教的地方,他教育的核心思想首先是培养人的美德,教人学会做人,成为有德行的人,其次才是教人学习广博而实用的知识;教育的目的是为国家造就治国人才。

柏拉图是西方教育史上第一个提出完整的教育体系的人。他的教育思想是以发展人的思维能力为最终目标的。他从理念先于物质而存在的哲学思想出发,在其教育体系中强调理性的锻炼,为各个年龄段的人提出了不同的锻炼内容和方法。在《理想国》中,他多次使用了"反思"(reflection)和"沉思"(contemplation)两词,认为关于理性的知识唯有凭借反思、沉思才能真正融会贯通,达到举一反三的目的。教师必须要善于点悟、启发、引导学生心思凝聚,学思结合,从一个理念到达另一个理念,并最终归结为理念,获得"理性之乐[①]"。

柏拉图的学生——亚里士多德,古希腊最伟大的哲学家、科学家和教育家之一,堪称希腊哲学的集大成者。公元前335年,他在雅典办了一所叫吕克昂的学校,被称为逍遥学派。"亚里士多德认为,良好的教育应该是:第一,要顾忌灵魂的各部分,并着重于灵魂的较高较优越部分;第二,必须顾忌人的生活的各方面以及他们之间的相互关系,并有分别加以对待。因此,既要使公民有道德上的美德,也应使其具有智慧上的美德;既要使其具有勤劳的美德和作战的能力,更要使其善于过闲暇与和平的生活;既要使其能够完成各种政治的、军事的以及日常必须的事物,更要使其善于追求真理、研究事物的原因、原理,爱好理论。[②]"亚里士多德认为理性的发展是教育的最终目的,主张国家应对奴隶主子弟进行公共教育。使他们的身体、德行和智慧得以和谐地发展。他强调学生应该是在继承老师的思想基础上敢于思考、坚持真理、勇于挑战。他那"吾爱吾师,吾尤爱真理"的品格,鼓舞着他把柏拉图建立起来的教育理论推进到了一个更高的水平。

以古希腊三贤为代表的以传授自己的学说和理论的教育思想,以及后期以传授他们

---

①　柏拉图.斐多篇.引自黑格尔.哲学史讲演录(第二卷)[M].北京:三联书店,1957:191.

②　张慧明.中外高等教育史研究[M].长沙:湖南大学出版社,1998:194.

思想为基础教育是大学教育的重要渊源。柏拉图的"学园"、亚里士多德的"吕克昂",以及伊壁鸠鲁的"哲学学校"也成为古代大学的雏形。

古罗马早期的教育以家庭教育为主,后期逐渐形成了较为系统的教育体系,贵族子弟在完成基础教育之后,准备担当公职和骑士通常会进行"修辞学校",接受修辞、雄辩术、法律、文学、数学、天文学、音乐等科目的训练。"拉丁修辞学校"成为古罗马大学的雏形,教师主要是当时有名望的修辞学家、哲学家。随着基督教在罗马帝国的形成和发展,基督教从"最初是奴隶和被释放的奴隶、穷人、无产者,被罗马征服和驱散的人们的宗教①"逐渐演变为奴隶主阶级的国家宗教。以传授教义为主要使命的基督教学校成为罗马帝国后期的主要教育机构。在亚历山大里亚形成的"高级教义问答学校"一度盛名远扬,有名望的基督教大师在此布道传教、收授门徒,吸引来自帝国各地的学者和有识之士。

由此,很长一段时间,欧洲的文化和教育一直被教会所垄断,学校也通常在教会内部形成,传教士是教师,学生是贵族的子女,其目标就是宣传教义并教化一批为教会服务的人才。

中国从第一个阶级社会夏朝开始就有了教育。"战国时期的儒学家孟轲说,中国上古时代的夏朝就有了学校"。《孟子·滕文公上》说:"当时学校的名称和办学的目的是'夏曰校、殷曰序、周曰庠;学则三代共之:皆所以明人伦也'。②据甲骨文中的卜辞及有关史料记载,中国的大学教育从商朝开始就有,当时的学校是官办,主要设置在宫廷内的祭祀之处,或者王公大夫从事政治、军事活动的地方,教育与政治活动结合在一起,以教授祭祀和军事为主要内容。

春秋战国时期,铁器牛耕推广,生产力提高,社会经济取得较快发展。社会也处于大变革大动荡时期,各诸侯国为富国强兵,招贤纳士。这一时期以官办学校和政治活动为主的教育已经不适应形势的发展。学术和教育不再专为达官贵族所专有,而是私学群起、百家争鸣。"诸子百家"竞相开办私学,招收学徒,传播各派的政治主张和学术思想。在中国历史上,春秋战国时期"百家争鸣",知识分子中不同学派的涌现,诸子百家争芳斗艳,相互争鸣,群星闪烁,是中国思想和文化最为辉煌灿烂、学术空前繁荣的时代,在中国思想发展史上占有重要的地位。

孔子是儒家学派的创始人,是伟大的思想家、政治家、教育家,他提倡"有教无类",开创了兴办私学之风,打破了奴隶主贵族对学校教育的垄断,把受教育的范围扩大到平民。

---

① 马克思、恩格斯.马克思恩格斯全集(第 22 卷)[M].北京:人民出版社,2016:525.
② 熊明安.中国高等教育史[M].重庆:重庆出版社,1988:4.

他倡导"经邦济世"的教育观,倡导"仁义礼智信",教育学生要谦虚好学、"温故而知新""举一而反三"。他注重启蒙教育和"因材施教",通过谈话和个别观察的方法,采取不同的教育方法,培养出了德行、言语、政事、文学等多方面的人才。孔子一生热爱教育事业,毕生从事教育活动,他学而不厌,诲人不倦,不仅言教,更重身教,是中国古代教师的光辉典型。

墨子是墨家学说的创立者,是中国古代思想家、教育家、科学家、军事家。墨子所创立的墨家学说和私学在春秋战国时期影响很大,与儒家并称"显学"。他提出了"兼爱"为核心、以节用、尚贤为支点的教育思想。他强调以"上之所是,必皆是之;非之,必皆非之"来统一人们的思想,建立一个"兼相爱、交相利"的理想社会。他同时创立了以几何学、物理学、光学为突出成就的一整套科学理论。"他是中国最早科学技术教育的教育家。墨子及墨家学派科学技术教育的内容相对丰富,是春秋战国时期各学派的私学无法比拟的,为中国科学技术教育史写下了最光辉的一页。"①

春秋战国时期,在发达的私学教育影响下,文学、哲学、数学、天文、医学等方面取得了瞩目的成就。《诗经》《楚辞》等文学名著,《孙膑兵法》《孙子兵法》等军事著作,以孔子、老子、墨子为代表的三大哲学体系,十进制的计数法、"古四分历"已经计算出回归年的天数并采用十九年七闰的周期历法等。

《大学》相传是孔子的学生曾子所著,是儒家思想的经典著作之一,中国古代讨论教育理论的重要著作。"大学之道,在明明德,在亲民,在止于至善"。"古之欲明明德于天下者,先治其国。欲治其国者,先齐其家。欲齐其家者,先修其身。欲修其身者,先正其心。欲正其心者,先诚其意。欲诚其意者,先致其知。致知在格物。物格而后知至,知至而后意诚,意诚而后心正,心正而后身修,身修而后家齐,家齐而后国治,国治而后天下平。②"这本著作在中国历史上的各个时期都有其独特的学术特点、学术成就和社会地位,也一直成为古代中国官定的学校教科书和科举考试的必读书,对中国古代教育产生了极大的影响。

2. 近代大学的产生和发展

欧洲中世纪大学的产生与当时的宗教教育有着密切的联系,它的理念是追求一种超国界的精神世界,以教化人的心灵为目的。11 世纪以后,随着商品货币经济的发展和城市的兴起,欧洲社会上出现了一个以工商业者所组成的新的阶级,他们在社会政治经济生活中日益起着重要的作用,社会经济文化中的世俗力量也逐渐占据了重要地位,教会

---

① 熊明安.中国高等教育史[M].重庆:重庆出版社,1988:58.

② 选自《礼记·大学》.

很难继续全面垄断教育,欧洲开始产生了世俗的大学。11世纪末,在工商业发达的意大利城市首先出现了第一所世俗大学——博洛尼亚大学。到12世纪,又相继出现了法国的巴黎大学、英国的牛津大学。13世纪后,捷克的布拉格大学、奥地利的维也纳大学、英国的剑桥大学、德国的海德堡大学、法国的奥尔良大学等等均已建立。

近代大学直接起源于12、13世纪的欧洲中世纪大学,17—18世纪,欧洲启蒙运动兴起了一场资产阶级和人民大众的反封建、反教会的思想文化运动,它是以"理性主义"为核心的思想解放运动,为欧洲资产阶级革命做了思想准备和舆论宣传。这个时期的启蒙运动,伴随着自由、民主和平等思想的宣扬,这场思想文化运动覆盖了各个知识领域,如自然科学、哲学、伦理学、政治学、经济学、历史学、文学、教育学等等。欧洲的思想文化经过理性主义改造之后,近代大学开始出现。1809年,德国洪堡创办的柏林大学正式标志着新型大学的诞生。洪堡把大学界定为"以纯知识为对象的学术研究机构。而纯学术的研究活动正是大学孤寂和自由的存在形式的内在依据。据此,大学应有一种精神贵族的气质和对纯粹学术的强烈追求,而不考虑社会经济、职业等种种实际需要。①"

由此,近代大学与中世纪大学的根本区别在于大学职能的转变。中世纪大学的主要职能是传授知识,将研究和创造知识排斥在大学的职能之外。而洪堡对大学职能的定位则聚集在科学研究和知识创造上,将创新人类的知识和培养科学工作者作为大学的主要任务,推崇"学术自由"和"教学与研究的统一"。柏林大学精神推动了德国科学事业的发达昌盛,19世纪初到20世纪初德国成为世界科学的中心。这一思想对世界高等教育也产生了深远影响,为近代大学的形成奠定了基础②。

众所周知,美国是一个移民国家,在独立战争之前的美国教育主要是在殖民统治下创办的教会学校,以及殖民者的农场主创立的私立学校。1636年,由清教徒公理会在波士顿创立的哈佛学院成为美国大学的开端;1701年,公理会在康涅狄格创办了耶鲁学院;1746年,长老会在新泽西创办了普林斯顿大学的前身——新泽西学院等。至美国独立前,殖民地共创办了9所学院,为美国大学教育打下了坚实的基础。

美国建国后,政治、管理、法律、工业、科技等人才需求旺盛,大学教育发展迅猛。1776—1861年,美国建立了教会学院、州立大学、技术学院等各类学院800多所,有力地促进了美国大学的发展。1862年,美国颁布了《莫里尔法案》,推动了美国赠地学院运动,确立了联邦政府在每个州至少资助兴办一所从事农业和机械工艺教育的学院,进一步推动了美国大学的发展,并向世俗化、实用化、学术化、多元化方向转型和发展。自此,

---

① 陆军恒.大学的十个界面[M].北京:生活·读书·新知三联书店,2013:103.
② 鲍尔生.弗.德国教育史[M].北京:人民教育出版社,1986:75.

美国大学一改远离经济社会发展的经院教育模式,树立了大学的教育为国家和经济社会发展服务的目的。同时,倡导学术自由、课程改革、科学研究等为大学的主要功能,为现代大学制度的确立提供了基础和范例。

中国漫长的封建社会的教育都是单一的封闭的,只到洋务运动、维新运动的兴起,洋务派希望通过开设技术学堂、军事学堂向西方学习先进的技术,维新派则力求改革旧的封建教育,发展资本主义新教育、新文化。1898 年成立的北洋大学堂成为中国大学的起源,标志着中国近代第一所大学的诞生。1902 年颁布的《壬寅学制》、1904 年《癸卯学制》的颁布,促进了中国近代教育学制的产生。1912 年,北洋政府教育部颁布了《大学令》共22 条,规定大学以教授高深学术、养成硕学闳材、应国家需要为宗旨;分文、理、法、商、医、农、工七科;以文理二科为主,须文理二科并设,或文科兼法商二科,或理科兼医农工科者,方得称大学;大学内设预科 3 年,收中学毕业生及经试验有同等学力者;设本科 3—4年,收预科毕业生或经试验有同等学力者,毕业后称学士;设大学院,不设年限,收各科毕业生或经试验有同等学力者;全校设校长 1 人,总辖全部事务,各科设学长 1 人,主持一科事务;教员设教授、助教授,必要时得延聘讲师等①。

辛亥革命后,京师大学堂改名"国立"北京大学,严复任首任校长。1917 年底,蔡元培出任北京大学校长,实施了一系列改革,建立了一整套现代大学教育制度。他主张"大学者,研究高深学问者也""循思想自由原则、取兼容并包之义"。民国初期,1912—1927年,中国先后设立了 50 所公立或私立大学,清华大学、南开大学、"国立"东南大学、"国立"武昌师范大学等都是这个时期创建或改建的。"据《第三次中国教育年鉴》的记载,截至 1948 年底,全国共有私立大学、公私立独立学院、公私立专科学院 218 所",其中包括国立大学 32 所、私立大学(包括教会大学)27 所、"国立"或省立学院 46 所、私立学院31 所。② 国民党统治时期,中国的大学教育取得了较快发展,大学教育也逐渐走向了正规化,虽然其教育思想是资产阶级的,深受西方教育文化的影响,存在了诸多缺点和不足,但为中国大学教育的现代化打下了基础,提供了探索和准备。

3. 现代大学的产生和发展

"现代"一词既是一个时间概念也是一个发展的概念,在不同的地区和国家,对现代的定义是不同的。通常来时,1809 年在洪堡倡导下建立的德国柏林大学被称为现代大学的开端,他主张和奠定的学术自由、学科精神、理性主义的人文精神等有力推动了现代大学发展的发展。

---

① 顾明远.教育大辞典[M].上海:上海教育出版社,1998:107.
② 张慧明.中外高等教育史研究[M].长沙:湖南大学出版社,1998:106.

由此,在英国,成立于中世纪的有名望的大学,如剑桥大学、牛津大学、圣安德鲁斯大学等均实现了现代化转型。同时,英国出现的"新大学运动"时期,也建立了伦敦大学、曼彻斯特大学、伯明翰大学等现代大学。在法国,综合性大学、高等专科学校、技术学院等现代大学也纷纷建立。

德国在柏林大学的影响下,慕尼黑大学、海德堡大学、波恩大学、哥廷根大学等都开始向现代大学转型发展,独立与自由成为大学的主旨精神,"教授是独立的学者,根据自由的教与学的观点开展教学,教育的内容是真正的科学文化,教育模式的转变则是通过无拘束的科学研究培养思想独立与具有智力和道德自由的年轻人①。"德国大学在哲学、语言学、法学、物理学、数学、医学等领域取得了国际领先的地位,培养了像黑格尔、叔本华、费希特、尼采、胡塞尔、海德格尔等一大批开创性的哲学家,同时,他们也在大学的讲堂上开始自己的哲学课程并大放异彩,德国的思想文化出现了一派欣欣向荣的景象。全世界无产阶级和劳动人民的革命导师,无产阶级的精神领袖,国际共产主义运动的开创者马克思也是在波恩大学、柏林大学接受大学教育的。语言学的开创者雅科普(Ja-cob)和格里姆(Wilhelm Grimm),比较语言学的奠基人波普(Bopp),文学巨匠托马斯·曼、弗兰兹·卡夫卡,数学家高斯,物理学家韦伯,被誉为"实验室之母"的利比希(Liebig)等一大批思想大师和开创性的科学家都活跃在德国各大学讲台上。

工业革命之后的欧洲,资本主义快速发展,各类人才需求旺盛,推动了欧洲大学教育的繁荣,大力加快了科学技术的创新和发展,促进经济、社会、文化等方面的迅猛发展。17世纪之后,欧洲成为现代大学教育的中心。时至今日,欧洲依然是大学教育最发达的地区之一。牛津大学、剑桥大学、帝国理工大学、苏黎世联邦理工学院、慕尼黑工业大学等一批世界名校云集欧洲。

毋庸置疑,近代以来,美国是大学教育最发达的国家之一。第二次世界大战之后,美国的大学教育发展迅猛,领先全球,哈佛大学、斯坦福大学、麻省理工学院、加州理工学院等一大批大学长期占据全球大学排名的前列。美国的现代大学教育既继承了欧洲大学纯粹的高深知识研究与创造的经院之地和独立学术精神,又因为美国建国后经济社会发展对实用人才的迫切需求,大学教育的职业化和社会化功能也十分突出。美国的大学教育促进了人才培养、科学科研和社会服务"三位一体"大学职能的形成和发展,并取得了举世瞩目的成就。20世纪50年代,美国先进的大学教育催生了以核技术、微电子技术、信息技术、空间技术为代表的第三次工业革命。1951年,美国斯坦福大学成立了世界第一个以大学为基础的科技产业园区。"硅谷"以斯坦福大学、加州大学伯克利分校等具有

---

① 王向华.19世纪德国大学的发展、特点及其影响[J].国际高等教育研究,2004(2):29-33.

雄厚科研实力的美国顶尖大学为依托,实现了惊人的发展,直至今日,依然是世界高新技术和产业的创新发展中心。创造和拥有融科学、技术、生产为一体的谷歌、雅虎、惠普、英特尔、Facebook、苹果公司、甲骨文、特斯拉等一大批引领世界科技前沿的高科技公司。

相比之下,中国的现代大学教育起步较晚,新中国成立之后,开始重建现代大学,逐步建立起在党领导下的大学民主管理体制,进行了新的院系调整和教学改革,明确了在第一个五年计划期内,全国各类大学要培养毕业生二十八万三千人,为新中国建设提供了必要的人才保障。改革开放前夕,1977年,邓小平主持召开科学和教育工作座谈会上果断做出决定,"今年就要下决心恢复从高中毕业生中直接招考学生"。恢复高考成为中国大学教育的一剂强心针。十一届三中全会以后,党中央对教育工作做出了一系列新的论断和决策,伴随着中国改革开放的有利政策,中国大学教育发展进入了快车道,开始走上了蓬勃发展的道路。

1985年,中共中央颁布《关于教育体制改革的决定》;1993年,党中央和国务院颁布了《中国教育改革和发展纲要》;1995年,党的十四届五中全会提出了科教兴国战略;同年11月,经国务院批准,原国家计委、原国家教委和财政部联合下发了《"211"工程总体建设规划》,正式启动"211"工程;1999年,国务院转发教育部《面向21世纪中国教育振兴行动计划》,"985"工程正式启动建设;2015年11月5日,国务院正式印发《统筹推进世界一流大学和一流学科建设总体方案》,标志着"双一流"大学建设的启动。改革开放40年来,在"科教兴国""教育优先发展"等国家重大战略指引下,通过一系列现代大学建设工程的实施,中国大学砥砺前行,取得了跨越式发展和举世瞩目的成就。大学教育的规模跨越式增长,普通高等学校的数量从1978年的598所增长到2019年的2688所,各类高等教育在学总规模从85.6万人增加到4002万人。2019年,中国高等教育毛入学率51.6%,进入了高等教育普及化阶段。大学教育质量不断提高,建设了完善的专科、本科和研究生教育体系。2019年,在学研究生286.37万人,其中,博士生42.42万人,硕士生243.95万人。毕业研究生63.97万人,其中,毕业博士生6.26万人,毕业硕士生57.71万人[①]。2016年我国成功加入华盛顿协议,工程教育质量得到发达国家认可。

普通高校教师学位层次普遍提高,师资结构进一步优化,2018年,普通高校研究生学位教师比例上升到73.6%,高级专业技术职务教师比例占43.2%。[②] 大学和学科的国际

①　2019年数据来源于教育部. 2019年全国教育事业发展统计公报[1][EB/OL]. http://www.moe.gov.cn/jyb_sjzl/sjzl_fztjgb/202005/t20200520_456751.html,2020-05-20.

②　教育部. 中国教育概况1——2018年全国教育事业发展情况[EB/OL]. http://www.moe.gov.cn/jyb_sjzl/s5990/201909/t20190929_401639.html,2019-09-29.

排名显著提高。2019 年 6 月 19 日,最新的 2020 世界大学(QS)排名,中国有 25 所高校较 2018 年排名上升,共中国内地 6 所大学跻身前 100 名。2019 年 9 月 12 日,泰晤士高等教育发布 2020 年的世界大学排名中,中国内地 7 所高校排名跻身前 200 名。根据科睿唯安 2020 年 5 月发布的 ESI 学科排名,中国有 296 所大学共计 1 276 个学科进入 ESI 排名全球前 1%,141 个学科进入全球前 1‰。经过新中国 70 年的发展,中国的大学正在以前所未有的速度快速拉近与世界大学教育发达国家的差距,中国从大学教育的弱国变成大学教育大国,正大踏步地走向大学教育强国之列。

今天,世界多数国家都十分重视大学教育,亚洲的日本、韩国、新加坡,澳洲的澳大利亚、新西兰,以及俄罗斯、加拿大等国家的大学教育都十分发达,为世界科技创新和经济社会发展都贡献了巨大的力量。

总之,在人类社会的历史长河中,教育始终是推进人类社会全面进步的助推器,大学以其对人文精神和文化传承特有的价值始终滋养着个人的成长、社会的进步,成为推动人类社会发展进步的不竭动力。

二、大学图书馆的产生与发展

图书馆是人类文明发展到一定阶段的产物。人类在劳动和交往过程中产生了语言和文字。文字及其书写的载体共同构成了图书文献。随着人类社会的发展和图书文献的增多,在收集、保存和使用图书文献的过程中,图书馆由此应运而生。在人类文化发展史中,图书馆发挥了不可替代的价值和作用。图书馆收藏的图书资料,是一个时代的知识、思想和文化的集中反映。图书馆所发挥的知识收藏与传播的作用,是那个时代社会文化水平的表征,"图书馆事业的状况是整个文化的标志①"。作为人类文明的最早发源地——中国、古埃及、古希腊等,都是图书馆的重要发祥地。

1. 古代图书馆的产生及其教育功能

古埃及留存下来的文献以泥板文献和纸草书为主,主要记录奴隶主的生活、祭祀,以及他们的政治观点,或者记录文学、哲学等。埃及的图书馆可以追溯到古王国时期(公元前 28 至前 23 世纪),国王在王室内设有专门的文献保管机构,形成了早期的宫廷图书馆。埃及第 18 王朝末的阿门霍特普四世埃赫那顿(公元前 1379—前 1362)在位期间于首都阿玛尔那建造了一所皇家图书馆。第 19 王朝的拉美西斯二世在首都底比斯建立了一所图书馆,该馆的入口处有一块刻有"拯救灵魂之处"字样的石碑。古埃及的神庙是当

---

① 克鲁普斯卡娅.论列宁[M].北京:人民出版社,1960:383.

时的学术活动中心,在那里通常也设有记录历史、祭祀活动和神话传说的专门书吏,并形成了神庙的图书档案室。其实,最早的图书馆都与当时的教育紧密结合,宫廷或神庙的图书馆在保留文化和历史资料的同时,也服务于当时的宫廷学校、神庙学校,为皇室教育、学术活动提供必要的文化资源。

古希腊的文学、哲学、医学、数学、物理学等文艺和科学十分繁荣,给人类留下了丰厚的文化遗产。这些遗产很多都是被记载、形成的图书资料而保存和流传下来的。因此,古希腊的图书馆源远流长,据说雅典僭主政治统治者皮斯特拉图就曾建设了一个大图书馆,后来成为"公共图书馆"的重要起源之一。

公元前4世纪,各哲学流派在雅典相继产生,他们往往都拥有自己的藏书。据古希腊史学者斯特拉本记载,柏拉图和亚里士多德都有很大的私人图书馆。柏拉图在雅典开设"柏拉图学园"后,在学园内部就创建了很大的私人图书馆,收集自己的学术讲演稿和其他文献资料,作为学园学生的学习资料。亚里士多德作为古希腊百科全书式的伟大学者,他的著作涉及哲学、伦理学、美学、经济学、修辞学、诗歌、艺术等众多学科。他建立了规模很大的私人图书馆,据说里面的藏书达到400余卷,而且他对图书馆里的藏书进行了有组织的管理,为他的教学、系统的科学研究和著书立作都起到了巨大的作用。亚里士多德死后,他的私人图书馆在他学生泰奥弗拉斯特的管理下得到了进一步扩展。但在时局变换的古希腊时代,亚里士多德的大批藏书数易其地,几经沧桑。公元前86年,罗马将军被L.C.苏拉作为占领雅典的战利品带回罗马,据说著名的古罗马哲学家、政治家M.T.西塞罗曾使用过这批图书。在出土的古希腊的文物和遗址中,考古学家还发现了当时体育学校专用图书馆、医学学校图书馆的遗迹,甚至还发现有残缺不全的书单目录,这些都充分证明了古希腊图书馆与当时的教育、学校密切相关。或者说,图书馆产于与教育和学校的需要之中。

马其顿国王亚历山大缔造的亚历山大帝国瓦解后,其中分裂出来的埃及在托勒密王朝统治时期,首都亚历山大城成为古代著名的文化中心,城内有宫殿、庙宇、花园、广场等美丽的建筑。其中就建有一座著名亚历山大图书馆,托勒密王朝的统治者利用手中的权力到处搜集珍贵的图书、资料,据说该图书馆的藏书达到70万卷,成为当时名副其实的文献中心。

罗马帝国分裂之后,拜占庭帝国兴起,集罗马帝国的政治、古希腊文化和基督教文化为一体的拜占庭文化也随之繁荣和发展起来,君士坦丁大帝就曾在拜占庭(君士坦丁堡)修建了王家图书馆,馆藏达到7000卷。在狄奥多西二世统治时期,君士坦丁堡大学的哲学学院建立了图书馆,这是欧洲最早建立的大学图书馆之一。

拜占庭帝国衰落之后,阿拉伯帝国兴起。伊斯兰教及其教义的圣经《古兰经》成为当时占统治地位的宗教和伊斯兰文化。阿拉伯帝国统治时期,在巴格达、巴士拉、大马士革、开罗,乃至摩洛哥和西班牙等诸多清真寺都建设有伊斯兰教图书馆。在伊斯兰教传到西班牙之后,在科尔瓦多设立的皇家图书馆当时的藏书就超过 40 万册,同时那里还有设有穆斯林大学及大学图书馆,均发挥着重要的文化传播和东西方交流的桥梁作用。

中世纪的欧洲,基督教统治着政治、思想、文化、教育等各个领域,收藏基督教教义图书资料的教堂或修道院图书馆。当时的修道院都十分重视设立图书馆,设置在教徒中流传着"没有图书馆的修道院,就像没有武器的城堡"的话语。在众多修道院图书馆中,比较著名的图书馆有爱尔兰著名传教士科伦班在意大利兴建的博比奥修道院图书馆,法国吕克瑟伊修道院图书馆、科尔比修道院图书馆,瑞士圣加伦修道院图书馆,英国坎特伯雷修道院图书馆、威尔茅斯修道院图书馆,德国的赖赫瑙修道院图书馆、富尔达修道院图书馆、科尔维修道院图书馆,等等,这些建设在修道院内的图书馆为中世纪的教义和文化发展起到了重要的保存和传承作用,发挥了重要的传教和教育功能。

2. 中世纪欧洲大学图书馆的兴起

"中世纪世俗大学的出现,从文化渊源上看,来自两个方面。一个是 10 世纪阿拉伯人征服西班牙以后,把许多古代东方的文明以及希腊罗马古典文化的精华也带到了西欧,并在这里兴办了学校,建立起图书馆。这种学校既讲授《古兰经》,也学习文学、数学、医学和天文学等自然科学,西班牙在当时成为欧洲的文化中心,它的学校曾吸引了大批欧洲的青年学子。另一方面的影响是十字军东征的后果。十字军占领拜占庭以后,接触到了拜占庭的文明,为欧洲带去了拜占庭手工艺人的智慧与才能,打开了西欧人的眼界;特别是在十字军掠走的俘虏中,也不乏掌握古典文化、博学多识的学者。因此,非基督教文化的渗透与掌握文化的非基督教人士的出现,就把从中世纪早期以来教会对文化的垄断局面打开了缺口。①"

东西方文明的交汇带来了欧洲世俗文化的兴起,世俗大学应运而生,意大利的博洛尼亚大学、法国的巴黎大学、英国的牛津大学与剑桥大学、德国的查理学院与海德堡大学等相继产生。早期的大学没有独立的图书馆,但大学里的教授基本上都拥有自己的藏书,在教学过程中积累并形成了一定数量的教学参考书和其他学习用书,大学图书馆并自然形成和发展起来。

中世纪欧洲早期的大学图书馆在巴黎大学、牛津大学兴建起来。1289 年,巴黎大学索邦学院图书馆的藏书超过 1 000 册。在此带动下,巴黎大学 50 多个学院先后都设立了

① 刘明翰,李祖训,张志宏.外国历史常识(中世纪部分)[M].北京:中国青年出版社,1982:126.

自己的图书馆,19世纪以后,合并组成了巴黎大学图书馆。与巴黎大学类似,1163年创建的牛津大学也采用学院制,默顿学院、新学院、达勒姆学院等都建立自己学院的图书馆,其中,默顿学院图书馆成为英国现存的最古老的学院图书馆。1320年,伍斯特城主教科巴姆向牛津大学捐赠一批手稿并建立了图书馆,其藏书的体系是按照学科来设置的,这也成为牛津大学图书总馆的发端。在巴黎大学图书馆和牛津大学图书馆的带动之下,剑桥大学图书馆也建立了多个学院图书馆,并于1415年左右建设了图书馆总馆。海德堡大学文学院图书馆、查理学院图书馆等也纷纷建立。

中世纪欧洲大学图书馆的馆藏大都来自当时达官贵族、文化名人、知名学者的捐赠。例如1435—1447年,英王亨利五世之弟格洛斯特公爵汉弗莱把自己的600种手稿藏书捐赠给牛津大学,并成立了汉弗莱公爵图书馆。德意志帝国皇帝腓特烈三世的御医约翰奈斯·津德尔死后把200多本医学和数学图书捐赠给了查理学院图书馆。

中世纪欧洲大学图书馆虽然与神学和基督教密切关联,但大学图书馆不仅是保存馆藏文献的场所,更是利用图书为培养人才做出积极作用的重要基地,大学图书馆从那时起就为教学和学生服务的。在这里,学生们接受了各种专业知识的教育和熏陶,毕业后他们走向社会,成为哲学家、医生、书画家、社会活动家、教育家,成为社会各行各业的文化知识传授者和行业佼佼者,具有丰富学识的他们,为欧洲文艺复兴的到来开辟了思想启蒙。

中世纪后期,一场反映欧洲思想解放的文艺复兴运动风起云涌。"从意大利开始,到16世纪一直传播到欧洲其他地区,其影响力在艺术、建筑、哲学、文学、音乐、科学技术、政治、宗教以及智力探究的其他方面都得到了体现。文艺复兴时期的学者在研究中采用了人本主义的方法,并在艺术中寻找现实主义和人类情感。[1]"文艺复兴带来欧洲文化的高度繁荣,推动了图书馆事业的快速发展。同时,活字印刷术传到欧洲,大大地推动了欧洲印刷事业的发展。许多图书馆的馆藏得到了极大的丰富。

3.近代大学图书馆的发展

英国资产阶级革命开启了世界近代史的序幕,工业革命也带来了印刷技术的重大革新,机械印刷的图书批量进入市场,催生了图书馆事业的进一步繁荣。在英国,图书馆成为对产业工人进行技术培训和文化科教的重要场所。1850年,英国率先通过《公共图书馆法》,推动了公共图书馆的加速发展,到1900年,英国的公共图书馆已达到352所,著名的不列颠博物馆图书馆藏书达到100万册以上,成为欧洲乃至世界的文献和学术中心。1877年,第一次国际图书馆馆长会议在伦敦召开,英国图书馆协会应运而生。与此

---

[1] Perry,M..Humanities in the Western Tradition:Cengage Learning,2002.

同时,这一时期英国的大学图书馆也快速发展,为英国大学迅速成为世界著名学府提供了文献保障和学术支撑。

独立之前的美国,图书馆事业尚未得到很好的发展,仅拥有少量的殖民者的教会图书馆。哈佛大学、耶鲁大学等大学图书馆藏书也很少。独立之后,美国图书馆在部分州政府的支持下,得到了财政支持取得了较快发展,各州也相继建立了公共图书馆,大学图书馆的馆藏也进一步丰富。1800 年,美国国会图书馆正式建立并作为国家图书馆,标志着美国图书馆事业进入了快车道。现在美国国会图书馆成为世界上最大的图书馆之一。1887 年,著名的图书馆学家杜威在哥伦比亚大学建立图书馆学院,专门培养图书馆领域的专业人才,成为世界图书馆学的重要开创者,为图书馆事业的发展奠定了专业基础。

近代资本主义快速发展的国家,图书馆事业也随之发展壮大。1871 年,柏林皇家图书馆改建为德国帝国图书馆,1912 年在莱比锡建立的德国图书馆以及德国大学图书馆的不断发展都是德国图书馆繁荣的重要体现。1900 年,德国各类图书馆超过 1600 所。1868 年明治维新之后的日本,伴随资本主义经济的迅速发展,日本各类图书馆也迅速兴起。1872 年在东京成立的官立图书馆、1898 年日本议会制定《图书馆法》、1908 年日本图书馆协会成立,都标志着日本图书馆发展迅猛。1905 年日本各类图书馆大约 100 所,到了 1913 年就增长到 900 所以上。

由上所述,我们不难发展,图书馆事业的发展与经济社会的发展相辅相成,经济文化发达的时期和地区,也都是图书馆事业发达的时期和地区。同时,图书馆作为图书文献的收藏和学术研究之地,推动着社会文化和科学技术的进步。

4. 国外现代大学图书馆的发展及其现状

图书馆作为现代大学的标志之一,甚至被称为"大学的心脏"。在现代经济文化和大学教育快速发展的今天,大学图书馆无论在建筑、馆舍环境、馆藏文献等方面都得到了飞速发展。

欧洲许多大学图书馆历史最为悠久,在近代欧洲成为经济文化中心之后,大学图书馆更是得到了快速的发展。根据联合国教科文组织的统计,1976 年,英国高校图书馆总数为 668 所。著名的牛津大学图书馆馆藏数量仅次于大英图书馆,藏书约 650 万册,其中包含现代人文科技类的众多稀有书籍、手抄本 16 万册,手稿、地图等珍贵文献资料。创建于 1424 年的剑桥大学拥有 140 座图书馆,图书馆总馆下设有科技期刊图书馆、医学图书馆和法律图书馆等,是世界上最著名的研究型大学图书馆之一。另外,格拉斯哥大学图书馆、曼彻斯特大学图书馆、布里斯托大学图书馆、杜伦大学图书馆、爱丁堡大学图书馆等众多世界一流大学图书馆云集英国,他们独具特色的图书馆建筑和馆藏都成为大学图书馆事业的领先者。1976 年,法国有 47 所大学图书馆,按照学科分布,共有 165 个分馆。始建于 1770 年的索邦大学图书馆拥有藏有 200 万份书籍和 3 500 份名人手稿;建于 1872 年斯特拉斯堡大学图书馆,是法国第二大图书馆,如今拥有藏书 300 万册,其他藏品包括古版书、珍贵手稿、档案等,其新古典主义风格建筑于 2004 年被列为法国的名胜古迹;巴黎大学图书馆、巴黎医学图书馆、卡昂大学图书馆等都是大学图书馆的优秀代表。意大利的大学图书馆非常发达,1976 年拥有 3 060 所院校图书馆,馆藏总量达到 5 500 余万册;德国共有大学图书馆 56 所,馆藏总量超过 1 820 万册。

美国大学图书馆起步晚于欧洲,但发展速度迅猛。1965 年,美国联邦政府通过高等教育法,大力促进了美国高等教育及高校图书馆的发展。截至 1987 年,美国拥有高校图书馆 2 968 个。美国大学图书馆不仅馆藏丰富,而且多数馆藏都是当代政治、经济、文化、科技、医学等的众多学科的最前沿成果,成为引领当代人文、科技、军事等创新发展的文献中心。同时,美国大学图书馆馆舍建筑新颖独特、管理手段先进、服务体系完善、馆员素养高能力强,成为当代大学图书馆名副其实的发展引领者。

日本也是现代大学教育的发达国家之一,大学图书馆也发展迅速。1949 年日本已设立了 70 多所大学图书馆,1952 年,由日本大学标准学会制定了《大学图书馆标准》,为日本现代大学图书馆的建设起到了积极的推动作用。根据日本文部省统计,1983 年,日本拥有大学图书馆 451 所,馆藏总量接近 1.2 亿册。

第二次世界大战结束以后,世界上许多国家走上了民族解放和国家独立的道路,大学教育和大学图书馆事业取得了长足的进步。亚洲的印度、韩国、新加坡、马来西亚、伊朗等;非洲的埃及、南非、尼日利亚等;拉丁美洲的巴西、阿根廷、墨西哥、智利等,大洋洲的澳大利亚、新西兰等国家的大学图书馆也都取得巨大发展。

5. 中国大学图书馆的发展及其现状

中国的高等教育起步较晚,我国第一所由中央政府建立的综合性大学——京师大学堂于 1898 年正式成立,成立之前的 1896 年在刑部尚书李端棻首次上书提出建设京师大学堂的时候就提出了设藏书楼,奉旨筹办的孙家鼐也上书:"仪器、图书,亦必庋藏合度",大学堂应当"设有藏书楼、博物馆①"。京师大学堂藏书楼成为中国最早的大学图书馆之一,1900 年时,藏书约 4.5 万册。清华大学的前身清华学堂在成立时也设有图书室,1919 年,独立的图书馆大楼建成,图书室正式更名为图书馆。1928 年学校更名"国立"清华大学后,图书馆也正式更名为清华大学图书馆。1931 梅贻琦出任清华大学校长后,倡导以教育与学术为办学目标,并成立了清华大学图书馆委员会作为学校的常设委员会之一。

---

① 《孙家鼐议复开办京师大学堂折》(光绪二十二年七月),载北京大学校史研究室:《北京大学史料》第 1 卷(1989–1911),第 24 页。

梅贻琦对大学有过著名的"三长论":教务长、总务长、图书馆馆长,事关办学的成败。清华大学图书馆由此不断加强馆舍建设,充实馆藏文献,开展学术服务,1936年图书馆馆藏文献超过31.8万册。

民国时期的中国大学图书馆虽然在数量、馆藏总量等与西方高教教育发达的国家相比都存在比较大的差距,但当时的大学图书馆与学校的教育和学术深度相容,成为人才培养和学术研究的重要基地。李大钊担任北京大学图书馆主任期间提出,"大学图书馆不仅是'借书所',更是'研究室'。"同时,"中国近代大学图书馆的创生,自始即与名族救亡、文化复兴联系在一起,其功能演变与文化启蒙息息相关。无论是清末大学堂'广开风气'的宗旨、民初共和国民养成之使命,抑或'新文化'诉求运动中国民性的改造,中国近代大学图书馆的功能发挥始终伴随着'文化启蒙'而展开"。"作为文化教育机构的大学图书馆,在近代中国的启蒙大潮中,在传承'旧学'、传播'新知'、发展'学术'的过程中,承担了开启民智、文明再造的文化启蒙使命。①"

1937年抗日战争全面爆发后,在战火纷飞中国土不断沦陷,大学图书馆也经历了饱受蹂躏和大迁徙大转移的过程。1938年4月,清华大学、北京大学和南开大学在昆明建立了"国立"西南联合大学。"一路迁延的清华大学图书馆南迁善本于1940年7月在重庆北碚遭日均轰炸,仅于燃烧弹余烬中抢得残卷277种、2 358册,而10 074册珍本已尽付一炬,其中有馆藏的全部宋元版古籍、雍正本《古今图书集成》《大清会典》以及众多县志、文集的精善本。②"这一时期以西南联合大学图书馆为代表的大学图书馆,千方百计转移和保护文献资料,抢救中国文化遗产,成为在战乱中坚守和传承中国文化和学术的"诺亚方舟"。在条件十分艰苦的岁月中,图书馆仍然坚持为大学的教学和学术服务,为西南联合大学学术的传承和思想的活跃保驾护航,创造了不屈不挠的大学图书馆精神。

新中国成立之后,大学教育得到迅速恢复,大学图书馆事业也得到恢复和发展,到1957年,全国高校图书馆由建国初期的132所增加到229所。但在政治挂帅的文革时期,许多大学图书馆一度遭遇政治审查、被迫关停,大批书刊资料遭禁锢、焚毁,图书文献大量损失,图书馆事业遭到严重摧残。"文革"后期,在周总理的关怀下,图书馆得到了一定的保护和恢复。1975年《中国图书馆分类法》《汉语主题词表》等大型图书馆事业的工具书正式出版,大力促进了中国图书馆事业的发展。

改革开放后,科学研究和教育文化事业得到了高度重视,大学图书馆事业发展进入

---

① 吴民祥.从启蒙到学术:百年中国大学图书馆的功能演变[M].杭州:浙江大学出版社,2017:29.

② 清华校史研究室.清华大学史料选稿(第3卷上)[M].北京:清华大学出版社,1994:354.

了快车道。1989 年,中国高校图书馆总数 1 057 所,馆藏总量达到 3.54 亿册。同时,大学图书馆成为学校的文献信息资源中心,文献保障体系更加坚实,图书馆的服务也更加完善,已成为大学教育的三大支柱之一。

第二节　西方大学图书馆员的产生与发展

一、西方图书馆员的产生与发展

"图书馆是国家文化发展水平的重要标志,是滋养民族心灵、培育文化自信的重要场所。①"一直以来,图书馆以收集和保存文献为己任,是一个时代知识、文化和思想的汇集地。图书馆是保留至今的历史最为悠久的文化收藏和传播机构之一。图书馆的功能和价值都是通过图书馆员来实现的,在每个时代的发展中,图书馆员都为文化的传承和发展做出重要贡献。图书馆员也成为最古老的职业之一。

1. 西方古代图书馆员

在远古时期,两河流域的苏美尔人就建立了奴隶制国家,创造了文字,成为两河文明最早的创造者。苏美尔将创造的楔形文字晒干的黏土版上,形成泥版文书。据考古学家考证,公元前 4000—前 3000 年,苏美尔人在古巴比伦时期的神庙里就有集中的泥版图书的收藏,成为世界上最古老的图书馆,那些图书的收集者就成为最古老的图书馆员。以航海闻名的腓尼基人,在公元前 1500 年左右发明了腓尼基字母,成为希腊字母、拉丁字母、斯拉夫字母的起源,为拼音文字的形成和发展提供了条件。公元前七世纪,亚述巴尼拔国王建立了一所皇宫图书馆,成为古代一所真正意义上的图书馆。从考古发掘的史料可见,这所图书馆收藏的很多图书都是按照不同的主题排列,甚至刻有主题的标记。这表明,这所图书馆里就有专门人员负责管理,主题排列成为当时图书馆员的一种专业技能。

古埃及王国也创造了灿烂的古埃及文明。在古王国时期,古埃及的皇宫、庙宇等就开始设有图书馆。美国图书馆史学专家查理逊在《古埃及的图书馆员》一书中认为,在埃及的古王国时期,就出现了图书馆和书吏,并且在大臣级的官吏中设置了"书吏长"。古埃及的很多贵族都拥有私人图书馆,他们雇佣专门的书吏,或者培训部分有文化的奴隶

---

① 摘录于习近平给国家图书馆老专家的回信。

作为记录或抄写员，书吏和抄写员成为古代图书馆主要的资料收集者和管理者。

古希腊文明是西方文明的源头之一，古希腊人创造了灿烂的爱琴海文明，当时的文化中心雅典在哲学、文学、艺术、科学等均有众多经典之作，对罗马、后世欧洲及世界文化均产生了极大影响。文化的繁荣必然带来图书馆的兴盛，古希腊时期拥有许多著名学者的私人图书馆，他们的学生成为这些私人图书馆的文献收藏者和管理者，如亚里士多德的学生泰奥夫拉斯特就是其私人图书馆的主要管理者。

亚历山大帝国的形成和分裂过程，也是希腊文化的传播过程，从帝国分裂出来的埃及的首都亚历山大城深受希腊文化的影响，也形成了许多重要文化成果。馆藏丰富的亚历山大图书馆就是这个时期文化繁荣的重要标志。埃及国王对图书馆的建设非常重视，设有专门的文献采购人员，甚至不惜重金到其他国家采购重要图书、资料，或者将图书借来誊抄、复制。采购员、抄写员、校订员、管理者等一批专门的图书馆管理员在亚历山大图书馆产生，并选择声名显赫的著名学者担任图书馆馆长。馆长在当时无论在学术和政治上，都地位显赫。见表2-1。

表2-1　亚历山大图书馆的历任馆长名单①

姓名	专长	任职年限
法勒伦的德米特里乌斯	哲学家、政治家	公元前290—前282
以弗所的芝诺德图斯	语言学家	公元前282—前约260
昔勒尼的卡里马科斯	文学家、目录学家	公元前约260—前约240
罗得岛的阿波洛尼乌斯	诗人、语法学家	公元前约240—前约230
昔勒尼的埃拉托斯特尼	天文、地理、数学、哲学、语法等方面的学者	公元前约230—前195
拜占庭的阿里斯托芬	语法学家、文献学家、辞典编纂加	公元前195—前180
阿波洛尼乌斯	语法学家	公元前180—前约160
萨莫色雷斯岛的阿利斯塔克	文献学家	公元前约160—前145

古代另外一所著名的图书馆——珀加蒙图书馆，其名望可以与亚历山大图书馆相提并论。珀加蒙国王也对图书馆建设高度重视，也设有专门的图书采购员、收集员、抄写员。希腊斯多葛派哲学家克雷迭斯曾担任过馆长，甚至一度邀请拜占庭的阿里斯托芬出任馆长。

---

① 杨威理.西方图书馆史［M］.北京:商务印书馆,1988:20.

　　罗马帝国也十分注重图书馆建设,奥古斯都大帝在阿波罗神庙内建设了一所图书馆,图拉真皇帝在他的神庙建设了乌尔皮亚古罗马最大的图书馆等,这些图书馆均按照希腊文和拉丁文设置了两个书部,馆内设有专门采购、搜集、整理、修补、抄录、排列等细分的专业化图书馆工作人员。初期,一般馆员是由国家的奴隶或被解放的奴隶担任,随着图书馆增多和图书馆地位的上升,馆员的地位也得到了提高,并开始有了专业化的职务之分,如馆长、馆员,副馆员,助理馆员等。图书馆馆长地位尊贵,一般都由当时著名的作家、学者担任。古罗马的王室、贵族、富人,盛行收藏图书之风,私人图书馆成为达官贵族的必备装饰品,既是主人文化和学识的象征,也是主人身份地位的体现。古罗马私人图书馆的对图书的收集、保管等工作通常是有一定文化的奴隶或书商来完成。

　　古代图书馆员为人类文化的保存和传播起到了重要的作用,正因为有他们的贡献,当时流传在各地的不成文的文化才得以记载成册。他们搜集、整理和保存图书,有力保存了学者的著作和思想,为学术研究和文化繁荣提供资源和基础,促进了人类文明进步。比如,古罗马时期就出现了最早的百科全书,作者老普利尼在30多年里,博览了400多位学者所撰写的2 000多种图书的基础上,写下了《自然史》,共37卷;瓦洛著有《学科要义》,共9卷等。这些百科全书式的著作既是作者辛苦劳作和智慧的结晶,也是图书馆员收藏和保管图书的价值体现。

　　2. 西方中世纪的图书馆员

　　公元5世纪至15世纪,欧洲经历了漫长的中世纪,这是一个封建割据造成战争频繁,"宗教思想置于个人经验和理性活动之上"思想禁锢的时代。"这一时期欧洲的图书馆大体上可划分为宫廷图书馆、教会图书馆与高等学府图书馆三种类型。[①]"

　　中世纪初期的宫廷图书馆,沿袭了古代欧洲帝国的图书馆,建筑精美,设施豪华,通常也有专门的图书馆员、馆长等图书馆管理人员。在基督教、天主教盛行的中世纪,英格兰、爱尔兰、德意志、西班牙、法国等修道院图书馆盛行,著名的修道院图书馆有意大利的博比奥修道院图书馆、富尔达修道院图书馆等。这些图书馆几乎都设有抄写室和专门的抄写员。富尔达修道院图书馆在九世纪拥有抄写员400多名;博比奥修道院还曾制定一条戒律:"图书馆馆长的责任是保管全部图书、监督阅读和管理抄写员。[②]"

　　大教堂图书馆则为规模较大的教会图书馆,如英国的坎特伯雷大教堂图书馆、巴黎圣母院大教堂图书馆、科伦大教堂图书馆、巴塞罗那大教堂图书馆等,这些图书馆内的馆员通常都是有神职人员担任。最著名的图书馆则为由教皇直辖管理的梵蒂冈图书馆,其

---

① 杨子竟. 外国图书馆史简编[M]. 天津:南开大学出版社,1990:19.
② 杨威理. 西方图书馆史[M]. 北京:商务印书馆,1988:20.

丰富的馆藏成为基督教的一个重要文化阵地。尼古拉五世期间,他派出很多专门人员到欧洲各地采购和收集图书,任命著名的人文主义学者乔万尼·托特利为馆长。梵蒂冈图书馆建设有比较完备的图书馆管理人员和管理体系,负责经费预算、采购、收集、抄写、装订、编制目录等专门的图书馆员。

这一时期,阿拉伯人建立的以伊斯兰教为中心的阿拉伯帝国,带来了阿拉伯文化的兴起和繁荣,阿拉伯的图书馆事业也高度发达,出现了私人图书馆、清真寺图书馆、高等学府图书馆等多种类型。据说,繁盛时期的巴格达就拥有30多座公共图书馆和100多书商,拥有一大批专门的图书馆员。伊斯兰文化传到西班牙后,单科尔瓦多皇家图书馆在哈基姆统治时期的馆员就超过500人,其中包括派往世界各地的图书采购人员。

中世纪后期,文艺复兴推动了图书馆事业的发展,中国的活字印刷术传到欧洲后,加快了图书和文献的制造能力,图书馆事业在此期间快速发展。这一时期,图书馆员在图书文献的采集、收藏、管理中的作用和价值更加显现。著名的美第奇家族图书馆、洛伦佐图书馆,在专门的图书馆员的收集和整理下,收藏了文艺复兴时期众多著名学者的著作和文艺作品,为文艺复兴运动和欧洲文化的繁荣起到了不可替代的作用。

中世纪的图书馆员在宗教文化的影响下,对宗教教义等文献的发展起到重要的作用,他们既是对权力、神圣、高贵、力量、智慧等精神符号和宗教文化的传播,也是在传播中孕育着一种向世俗和人文回归的文化力量,尤其是文艺复兴时期的图书馆员,用文化传播的力量促进了欧洲启蒙思想和资产阶级文化的兴起。

3. 西方近代图书馆员

如果说文艺复兴是打破宗教统治的思想启蒙,那么在英国率先掀起的资产阶级革命运动则是推翻封建王权的现实斗争。17—18世纪,欧洲大陆的主要国家都陆续进行资产阶级的政治改革运动,1789年的法国资产阶级大革命,摧毁了封建专制统治,为资产阶级掌权开辟了道路。在北美大陆英属殖民地,一场争取独立和自由的资产阶级独立战争是又一场资产阶级革命,它推翻了英国的殖民统治,创造了美利坚合众国,为美国资本主义的发展开辟了宽广的道路。正如列宁所说:"现代的文明的美国的历史,是由一次伟大的、真正解放的、真正革命的战争开始的。"[①]

法国大革命胜利后,资产阶级占领国家机器,没收封建权贵和教会的资产。据统计,当时从各王室和教会图书馆没收的图书多达800余万册。新兴的资产阶级政府设立专门的文献保管所和文献保管员,保管员负责将所有文献登记在专门的图书卡片上,在这个时期的书目编制工作中,法国国家图书馆印刷图书部主任万·普雷特成为该项工作最有建树的人。

---

① 列宁.列宁全集(第28卷)[M].北京:人民出版社,1961:43.

英国国家图书馆——不列颠博物馆，在国家政治力量的影响和馆员的努力下，成为世界图书的宝库。许多知名学者在此做过图书馆员，并形成了比较完备的图书馆员建制，设有采购部、编目部、阅览部等专业部门和不同岗位的馆员。曾任该馆印刷图书部主任和馆长的帕尼齐为不列颠博物馆做出过巨大的贡献。他任馆长期间立志把不列颠博物馆建设成为国际最有影响力的图书馆。他说："不列颠博物馆应该收藏世界上一切语种的有用的珍贵图书。英文的藏书应当是世界第一的，俄文藏书应当在俄国境外是第一的，其他外文的收藏也应该如此①"。帕尼齐还制定了有名的 91 条图书著录条例，成为此后百余年的图书馆书目著录标准。伟大的无产阶级革命导师马克思曾长时间在该馆读书并开展研究工作。恩格斯曾说，马克思在 10 年内专心研究不列颠博物馆所供给的政治经济学方面的丰富宝藏。② 据说马克思在《资本论》写作过程中曾在这里读过 1 500 多部书籍，并作有大量的笔记、摘要。

在图书馆事业同样发达的德国，图书馆的馆长一般都是由教授、学者、作家、科学家来兼任。如著名作家莱辛、大文豪歌德都曾担任过图书馆馆长。歌德在任魏玛公国图书馆馆长期间，还联合耶拿大学图书馆一起编织联合目录，开展馆际合作。这一时期，德国的图书馆出现了一批精明强干的专业图书馆员，并形成一些图书馆理论的专家，如目录专家施梅内尔、艾伯特，刊本专家海因，图书馆学理论学家施莱廷格等。施莱廷格著有《图书馆学教科书试用大全》《图书馆学手册》，艾伯特著有《论公共图书馆》《图书馆员的修养》《普通目录学辞典》等图书馆学理论著作，他们是图书馆学的开创者。

美国独立后，图书馆事业快速发展，专业的图书馆员从业者不断壮大。这时图书馆业界把馆员职业能力和素质的要求也提到了重要的位置。为推动国内各地图书馆的联合发展，共同提高图书馆员的业务能力，各国的图书馆协会应运而生。美国图书馆协会成立最早。1853 年，几位有影响力的图书馆员组织邀请图书馆界一些重要的图书馆馆长、馆员、出版商在纽约开会商谈图书馆事业发展的共同问题，参会者 82 人。1876 年，费城召开全美图书馆大会，与会者 103 人，会上正式成立了美国图书馆协会。这一年，美国图书馆界几位开创性的人物做了几件对世界图书馆事业影响深远的事件：卡特发表了《字典式目录规则》、杜威发表了《杜威十进分类法》、莱伯特创建了美国第一份图书馆学领域的杂志《美国图书馆杂志》，而他们都是这次大会的主要组织者和决策者。

资产阶级革命的胜利拉开了西方近现代史的序幕，以蒸汽机的发明和使用带来机械化大生产的第一次科技（工业）革命，给率先进入资本主义的西方经济带来了飞速的发

① 藤野幸雄.大英博物馆[M],东京:岩波书店,1795:65.
② 马克思、恩格斯.马克思恩格斯选集(第 3 卷)[M].北京:人民出版社,1972:37.

展。在西方现代史上,19世纪70年代开始,以电能的突破、应用以及内燃机的出现为标志,在德国和美国发生了世界近代史上第二次科技革命;20世纪50年代,以原子能、电子计算机、空间技术和生物工程的发明和应用为主要标志,涉及信息技术、新能源技术、新材料技术、生物技术、空间技术等诸多领域的一场信息控制技术革命,带来了人类第三次科技革命。近代以来,西方的经济、科技、文化快速发展,高度发达,直到现在,已引领世界发展近500年。科技发展带来了图书馆事业迅速发展,图书馆员在其中的作用和价值进一步显现。

二、西方大学图书馆员

学校在西方远古时期就已产生,从早期的私人学校到专门为皇家贵族子弟开办的皇家和贵族学校,从专门的学园到宗教教会学校,等等。伴随着学校一起,图书及图书收藏场所都是学校的重要内容。作为图书的收藏和保管者的教师或者专门人员在其中的作用至关重要。

中世纪后期,世俗大学开始出现,13—14世纪,意大利已有大学18所,英国、法国、德意志等地的大学也纷纷成立,并在这些大学里兴建其图书馆。早期的大学图书馆没有专门的图书馆员,通常有学生或一些勤杂人员代管。如牛津大学图书馆曾由一些基督教传教士负责管理。随着大学的发展和馆藏的丰富,专门的大学图书馆员负责管理图书馆成为必然,大学图书馆员在图书的组织、分类、排列等方面设定了一定的原则和规则,甚至开始研究图书馆的管理理论。牛津大学达勒姆学院图书馆的创建者比尤里就是著名爱书家,曾召集过一些画家、抄写员、装帧师,自己还写过一部名叫《爱书家》的书,这是一部带有中世纪色彩的图书馆理论书籍,成为图书馆学早期理论研究的学者。

近代欧洲资产阶级革命胜利以后,尤其是工业革命后,快速壮大的产业对人才的需求,大力促进了大学教育的发展。大学图书馆迅速发展成为学术的中心、科教的基地。牛津大学图书馆、剑桥大学图书馆逐渐成为英国文献资源中心,大学图书馆的专业馆员逐渐增加。目前,牛津大学博德利图书馆通过100多个分馆提供广泛的文献信息和学术支持服务,满足了学生、学者和国际研究界的需求,成为英国最大的大学图书馆系统。理查德·奥文登(Richard Ovenden)自2014年起担任馆长,他是英国古董学会会员、皇家艺术学会会员、美国哲学学会会员,并且在2019年女王生日荣誉中被授予OBE勋章。剑桥大学图书馆也是英国最古老的大学图书馆之一,无数专业的图书馆管理员在此为剑桥大学的教育教学和学术研究提供良好的服务与支持。正如该馆图书馆服务主任杰西卡·加德纳博士所说,"剑桥大学图书馆的藏书代表了人类思想跨越四千年对世界遗产的宝贵贡献。剑桥数字图书馆致力于向全球尽可能广泛的读者开放这些知识,用于研究、教育或单纯的好奇心和创造力。①"

17—18 世纪,德国建立了若干所大学图书馆,最有名的当属哥廷根大学图书馆。该馆的馆长都是由当时著名的教授、学者担任,首任馆长为著名的哲学教授格斯纳,继任者是古典哲学教授海涅。当时该馆就有专业的图书采购、编目、阅览服务馆员,并且创造了按照大学系科划分科学的图书编目规则,按字序排列等图书馆先进的管理方法。当时的德国大学也非常重视馆员的能力培训工作。"弗莱堡大学图书馆馆长鲁尔曼(Friedrich Rullman,1846—1909)于 1874 年制定了为期三年的大学学习期间培训图书馆员的计划,规定进修和考试的科目有历史、百科全书、出版研究、手抄本、印刷技术史、美术史及雕刻、石版、图书馆管理、图书馆史、档案馆管理、照相技术、目录与分类等课,在外语方面应掌握法语、拉丁语,争取能阅读希伯来语、英语、意大利语和西班牙语的原著。②"

美国大学图书馆在美国独立之后飞速发展。如哈佛大学图书馆是美国最古老的大学图书馆,到 20 世纪 60 年代,该馆已有专业馆员超过 700 人,每年文献采购经费超过 850 万美元,每年新增馆藏图书馆达 25 万册,目前馆藏总量超过 1 500 万册,成为世界上藏书最多、规模最大的大学图书馆。这里有专业的图书馆员为哈佛师生的学习研究提供服务,有 8 位美国总统、33 位诺贝尔奖奖金获得者曾在这里学习过。哈佛大学图书馆一直以高素质的专业馆员服务于学校的教学与科研。1973 年,将图书馆工作分为资源、服务、技术支持。专业的资源建设馆员采购和收集了大量专业资料,包括善本、手抄本、地方志、丛书等一批独具特色甚至是世所罕见的文献。专业的咨询馆员,为学生的学习和论文写作,以及师生的学术活动提供全方位的文献支持和学术咨询服务。专业的技术支持馆员为图书馆迅速运用现代信息技术,开展数字化网络化建设提供了强力支持,如俄亥俄学院图书馆中心于 1981 年就更名为图书馆计算机联机中心(OCLC),至今仍是世界上最重要的信息交流与共享服务中心。

美国加州大学图书馆是世界是最大的大学图书馆系统之一,21 世纪之初,其馆藏总量超过 3 000 万册,馆员总是达到 435 人,文献采购经费达到 1.5 亿美元。美国斯坦福大学图书馆是全美最先进的大学图书馆之一,是进行全电脑化管理和数字化发展最早的大学图书馆之一。一代代斯坦福大学的图书馆员不仅为学校教学、科研提供服务,还为引领全美网络化数字图书馆建设做出了重要贡献。

美国大学图书馆对馆员的要求非常严格,馆员的最低条件是需要获得美国图书馆协

---

① Introducing the Cambridge Digital Library[EB/OL]. http://cudl. lib. cam. ac. uk/about.
② 杨子竞. 外国图书馆史简编[M]. 天津:南开大学出版社,1990:85.

会认可的大学图书馆学专业硕士学位。美国大学的图书馆学专业 library science 或信息科学专业 infromation science 硕士学位,入学申请一般需要你具有非图书馆或信息科学专业的本科专业背景,比如数学、物理、文学、生命科学等。有些专业性很强的图书馆员,比如医学、法律等,则需要你在读图书馆学专业前必须完成医学博士 MD 或法学博士学位 JD。这样你才可能成为医学图书馆员或法律图书馆员。馆长都是由学术上造诣深厚的学者、教授,或者拥有图书馆学、情报学硕士或博士学位的业界学者担任。

美国大学图书馆一些著名的馆长或馆员,在图书馆学理论发展中做出过巨大贡献。最著名的图书馆学家,现代图书馆学教育的先驱梅尔维尔·杜威,1883 年任哥伦比亚大学图书馆馆长,并于 1887 年在哥伦比亚大学创建图书馆学院,培养图书馆学专业人员,成为图书馆学教育的开创者。该学院后来随杜威一起搬到了纽约州立大学图书馆内,成为当今著名的图书馆学情报学院的前身。杜威 1876 年出版了《分类和主题索引:用于编目和整理图书馆的书籍和小册子》,阐述了"杜威十进制分类法"。该分类法逐渐被英语国家的图书馆所采用,成为杜威对图书馆学最重要的遗产之一。1902 年,美国著名的图书馆学专家克罗格编辑出版了《工具书学习与使用指南》(Guideto the study and use of Reference Books),开创性地提出了图书馆的参考服务功能。哥伦比亚大学图书馆学教授巴特勒出版的《图书馆学导论》,谢拉出版的《图书馆学的社会学基础》《图书馆学引论》等都深刻影响着当今世界图书馆业界和学界。

近代以来,西方大学教育在世界长期处于领先地位。大学图书馆员用专业的文献资源建设能力,通过收藏有价值的文献资源,建设文献资源保障体系,为大学的教育教学和科研、学术提供不竭的思想之源。大学图书馆员用自己的文献情报学专业知识,给予大学生的学习和师生的科研提供最为前沿的学术咨询服务;用专业的技术能力,架构文献的数字化处理和网络化获取平台等,都为大学教育、人文精神和科学技术的发展贡献着举足轻重的作用。

第三节　中国图书馆员的产生和发展

一、中国古代图书馆员

中国是四大文明古国之一,在古代就创造了灿烂的文明。3500 多年前的商王朝时期,甲骨文就被大量使用。有了文字,就产生了记录政治生活、当时风土人情和社会生活的图书。据记载，殷商的王室里就有专门的图书管理人员，并有较为完备的藏书管理制度。如甲骨文与其他类型的文献严格区分，甲骨文献通常以时代为序，将记事刻辞与卜辞分开管理等。周代王室和诸侯都专设史官管理典藏，大史掌管建邦之六典，小史掌管王家谱系，内事掌百官赏罚记录等。

周代的藏书制度有了进一步发展，主要是先按照收藏处区分，再按照图书管理官的职责划分。"据《周礼》记载：'天地春夏秋冬'六官，分管六典，即：政治事务、教育风化、礼仪形式、军事事务、法律事务、手工建筑，他们分别负责收藏和保管有关的文献资料。①"

春秋战国时期，文献记载的形式也发生了变化，经过加工的竹片和木板成为文字的载体，竹简、木牍开始大量使用。竹板、木板这些普通的材料大大方便了文字的记载和传播，为普通人的文化学习提供了可能，有力地促进了文化的繁荣和发展。帛书也在春秋时期就已存在，帛的质地柔软轻盈，便于携带，进一步方便和促进了文化传播。由此，春秋战国时期，贵族对文化的垄断局面被打破，私人著述、讲学、藏书开始兴起，中国的文化呈现百花齐放百家争鸣的繁荣景象。在这个时期，一个来自社会的各个方面，有学问有才能的人，组成了一个新的社会阶层——士。他们通晓天文、地理、历算，懂得人文、哲理，知识渊博、思想深邃，其代表人物如孔子、孟子、墨子、庄子、荀子、韩非子、孙子等著名思想家、政治家、军事家、科学家。他们在解决或回答现实问题时，提出的政治主张和观点各不相同。他们著书立说，争辩不休，出现了百家争鸣的局面，形成了儒家、道家、墨家、法家、阴阳家等许多学派，著述了《论语》《孟子》《墨子》《老子》《庄子》《荀子》《韩非子》等影响深远的不朽著作。同时，他们也开始有私人藏书，他们本人及自己学生成为收藏、整理私人藏书的主要力量。如孔子在率众弟子周游列国，回到鲁国后，主要从事文化典籍的收集和整理工作。

汉代以后，在漫长的中国封建统治下，历代皇室都十分重视文书记载、图书典藏等工作，但这些多是在皇家贵族或政府府衙内进行，是一项重要的官府行政行为。西汉时期御使大夫掌管典籍。东汉时期有了专职的书籍管理人员，《后汉书·和帝记》记载，汉明帝任班固为校书郎，后升迁为兰台令史。校书郎主要是负责书籍校正刊读等工作，兰台令史则是专门的官府图书馆的掌管者。西汉时期的大博学家刘向受命校理宫廷藏书，校完书后写了一篇简明的内容提要，后汇编成《别录》。其子刘歆继承父业完成的《七略》，成为中国书籍分类目录的开创之作。其基本目录有缉略、六艺略、诸子略、诗赋略、兵书略、数术略、方技略，共编辑了六类、38 种，著录图书 596 家、13 269 篇（卷）。刘向、刘歆父子为整理和收藏古代典籍图书做出了重要贡献，经他们整理完成的图书收藏在天禄阁、

①　王西梅. 中国图书馆发展史［M］. 长春：吉林教育出版社，1991：11-12.

石渠阁内。班固根据《七略》增删改撰而成了《汉书·艺文志》,也是中国最早的目录学著作之一。

"在世界图书馆史上,《别录》《七略》和《汉书·艺文志》不仅是最早的分类目录与图书目录,而且算得上是世界上最古老的大型综合目录。这项意义重大的工作,对我国封建社会图书馆的地位提高,起了很大的作用。[①]"

东汉时期,蔡伦发明了造纸术,用树皮、麻木、渔网等日常普通的材料造成的纸张,使得文献的载体更加轻便适用,价廉和平民化。造纸术的发明和推广,是对人类文化史上的一次革命,对人类文化的传播和世界文明的进步做出了杰出的贡献,千百年来备受人们的尊崇。造纸术加速了图书文献的生产和传播,图书馆事业进一步兴盛起来。

随着图书典籍的发展繁荣和图书馆事业的发展壮大,中国古代出现了一批图书馆事业的开创者和重要贡献者。南朝宋秘书丞王俭依据《七略》的体制编纂了《七志》,包括经典志、诸子志、文翰志、军书志、阴阳志、术艺志、图谱志。梁朝阮孝绪于公元523年撰写完成的全国综合性书籍目录《七录》,分内外两篇,内篇为经典录、记传录、子兵录、文集录、术技录,外篇为佛法录、仙道录。这些"七分法"的图书分类,对图书收集与整理和图书馆事业发展起到了重要的促进作用,也对后世图书分类有深远影响。

很长一段时间,文化的传播主要靠手抄的书籍,费时费力,效率低下,阻碍了文化的发展和传播。印刷术的发明是人类近代文明的先导,为知识的广泛传播、交流创造了条件,可以说是人类文化进步的又一里程碑。中国在唐代就发明并广泛使用了雕版印刷,有力促进了文化的发展。直到宋仁宗时代的毕昇发明了"活字印刷术",进一步加快了图书文献的版印和生产。

唐代是中国古代又一文化繁荣的顶峰之一,为有效记载当时繁荣的政治、经济、文化,唐代设立了规模宏大的政府图书馆。唐初的魏征不仅是伟大的政治家,同时他采用四部法编制而成的《随书·经籍志》,是现存最早的史志目录,收录了梁、陈、北齐、北周、隋5个朝代所藏的公私书目,总计14 466种。该书按照经史子集的次序编辑图书目录,四部之下细分为47类,是比较明确而细致的采用"四部分类法"的开始,也确立了中国古代较长时期沿用的图书分类标准。

在"四部分类法"被广泛应用之外,图书分类及图书馆馆理论研究者中,仍有部分学者在四部之外另辟蹊径。如宋代李淑编制的《邯郸图书志》八分法,明朝陆深《陆文裕藏书目》志十三分法。比较有影响力的有宋代郑樵在《通志·艺文略》中的十二分法,即:经、礼、乐、小学、史、诸子、天文、五行、艺术、医方、类书、文类。同时,郑樵还出版了我国

① 王酉梅.中国图书馆发展史[M].长春:吉林教育出版社,1991:39.

第一部图书分类法的理论著作《校雠略》,提出"类书犹持军也,若有条理,虽多而治;若无条理,虽寡而纷","若无部伍之法,何以得书之纪",图书不能"只记其有,不记其无",应通录古今,不应遗漏亡佚之书,以便于辨章学术,考镜源流,较为系统阐释了图书分类对于学术溯源与参考的意义与价值①。

明清时期,对图书文献的收集整理也非常重视,除了官方对图书馆所建设非常重视之外,书院图书馆和私人图书馆也空前活跃。明洪武年间,建立了大本堂宫廷图书馆,设秘书监、监丞负责内府书籍管理,设文渊阁,藏书供政事参考使用。明永乐年间,最初由解缙主持编纂的《文献大成》,后由解缙、姚广孝重修而成的《永乐大典》,是一部集中国古代典籍于大成的类书。全书 22 877 卷(目录 60 卷,共计 22 937 卷),11 095 册,约 3.7 亿字,汇集了古今图书七八千种。据说参与编辑的人员达到 2 165 人都在文渊阁工作,足见当时专门的图书馆员人数已十分庞大。

清政府的宫廷图书馆主要有内阁、昭仁殿、国子监、翰林院、文渊阁等,还有盛京的文溯阁、热河的文津阁、圆明园的文源阁,以及"江浙三阁"扬州文汇阁、镇江文宗阁、杭州文澜阁等。清政府对对图书的收集整理和编目工作最突出的表现就是编纂《四库全书》。在乾隆皇帝的亲自主持下,《四库全书》由纪昀等 360 多位高官、学者编撰,3 800 多人抄写,耗时十三年编成,据文津阁藏本,共收录 3 462 种图书,共计 79 338 卷,36 000 余册,约 8 亿字②。《四库全书》分经、史、子、集四部,是中国古代最大的文化工程,对中国古典文化进行的一次最全面、最系统的总结,是中华传统文化最丰富最完备的集成之作,呈现了中国古代文化最完备的知识体系,无论文史哲,还是理工医,几乎所有的学科都能够从中找到源流。

二、中国近现代图书馆员

众所周知,1840 年鸦片战争拉开了中国近代史的序幕,中国社会进入一个大动荡的时代。代表封建文化的旧学日渐衰落,向西方学习和代表资产阶级的文化逐渐发展。一批学者在向西方学习的过程中,也提出要向学习西方的图书馆藏方法与制度。光绪十八年(1892),郑观应在他的《藏书》一文中就呼吁在中国设置向美国等西方国家一样的地方公共图书馆和专门的图书馆员。1896 年,吏部尚书孙家鼐在《官书局开设缘由》一文中

---

① 李玉安,黄正雨.中国藏书家辞典[M].香港:中国国际文化出版社,2005:85-86.
② 曹之.中国古籍版本学[M].武汉:武汉大学出版社,2015:171-172.

就指出:"泰西教育人才之道,计有三事:曰学校、曰新闻报馆、曰图书馆①。"此后,一批公共藏书楼开始兴起。

辛亥革命之后,民国政府在教育部内设社会教育司,专门管理图书馆。1912 年 8 月,京师图书馆正式开馆。1916 年,梁启超为纪念蔡锷,在上海建立松坡图书馆。梁启超亲自担任馆长。1925 年,教育部成立国际出版物交换局。同年,中华图书馆协会在北京正式成立,梁启超担任协会主席之一。民国时期,图书馆事业取得了长足发展,至 1936 年,教育部印《全国公私图书馆一览》中就收集图书馆 4 032 个,专门的图书馆员队伍也逐渐庞大。

这一时期,西方的图书馆专业理论开始传入中国。康有为于 1895 年编制《日本书目志》,吸收日本图书分类的成果,创制了 15 大类 246 个子目的图书馆分类体系,首次打破了中国传统的四部分类法。不久之后,梁启超发表《西学书目表》,提出按照学、政、杂 3 大类 28 小类的图书分类法。受美国杜威"十进分类法"的影响,中国这一时期也出版了多种图书分类法,如刘国钧的《中国图书分类法》、杜定友的《杜氏图书分类法》、王云五的《中外图书统一分类法》等。

民国时期,图书馆员在编目工作中也总结制定了一些编目条例。如中央图书馆就制定了中文图书、善本图书、期刊、拓片等的编目规则。图书馆员还定期编辑出版图书馆刊物,用于在图书馆界开展交流合作并同时传播知识、文化。如国立北平图书馆就出版《读书月刊》《北京图书馆协会会刊》《图书季刊》等,中央图书馆出版《学觚月刊》《书林季刊》等。图书馆员开展阅览服务、专题书展、流动借阅、阅读辅导、馆际互借等多种读者服务工作,进一步发挥了图书馆读书殿堂、知识传播、教育民众的核心价值。

总之,中国图书馆事业从古代向现代的转型是迅速而深刻的,这一时期的图书馆员与中国知识分子一起,参与了深刻的社会革新运动和思潮变迁,从维新运动、戊戌变法、辛亥革命到五四新文化运动、马克思主义传播、抗日战争、解放战争等,图书馆员用知识和文化的力量始终站在历史前进的方向,为国民教化、思想启蒙、民智开启、科技发展、文化传承发挥了重要的不可替代的作用。

三、中国大学图书馆员

中华文明源远流长,中国的教育可追溯到远古时代,教育与人类社会是同步出现的社会活动。文字的出现,加快了社会文化的发展,作为专门从事教育的学校在文化传承

---

① 来新夏等著.中国近代图书事业史[M].上海:上海人民出版社,2000:215.

中应运而生。图书作为文化的重要载体,在教育的整个过程中有着举足轻重的作用。无论中西,很早时期,像学校一样,图书馆就在文化和教育发达的地区兴盛起来。

中国的大学教育起步较晚,发端于清代末年。但在悠久的中国教育史中,作为培养高级人才的高等教育早已存在。早在春秋战国时期,就著有教育理论名作《礼记·大学》,提出的"三纲领":明明德、亲民、止于至善,"八条目":格物、致知、诚意、正心、修身、齐家、治国、平天下,主要概括了道德修养的基本原则和方法,深刻阐明了教育核心要义,对做人、处事、治国具有深刻的启迪性。

中国古代文献的丰富与厚实,居世界文明之冠。春秋战国时期,孔子、老子、孟子等一大批思想家就开始兴办私学,开始私人讲学、著述和收藏图书,众多思想家成为图书收藏者和文化传播者,开启了早期私人学校的图书馆员角色。在著述和藏书中,古代中国的许多思想家、文学家、史学家等都发挥着重要的作用,创造了灿烂的中国古代文化。

秦朝统一中国后,在长期的中国封建社会,图书馆以藏书楼的形式出现,学校图书馆主要由官府兴办,宫廷图书馆和官府图书馆也成为学校教育的重要基地。汉代有天禄阁、石渠阁、麒麟阁、兰台等,目录学的鼻祖刘向、刘歆就在天禄阁完成了《七略》的编纂。图书整理和目录编制都是学术性很强的工作,那时就有专门的具有一定学术能力的图书管理人员开展图书的收集、整理、校订等工作,也为当时的教育提供了丰富的文献资料。唐代的学校分6种,国子学、太学、四门学、律学、书学、算学,各类学校对不同层次的藏书楼的图书均有较好的利用,藏书楼的管理人员在学校教育中发挥了重要的作用。明清时期,官府学校与藏书楼之间的有着重要的联系,很多学校就建设在藏书楼里,一批专门从事图书管理的工作人员发挥着文献整理与教育者的双重角色。

中国的大学始建于1898年的京师大学堂,成立之初就有一批著名的学者担任大学图书馆馆长,大学图书馆员进一步专业化,有负责采购、编目、阅览等不同类型的图书馆员分工。辛亥革命之后,民国时期对大学图书馆的发展更加重视,1915年民国政府教育部颁布《通俗图书馆规程》,明确规定,私人或公共团体、公私学校得设立通俗图书馆,图书馆得设主任一人,馆员若干人。用政府公文的形式规定了图书馆的编制和馆员配备,为大学图书馆的发展提供了制度支持。这一时期,大学图书馆发展快速,1914年,上海圣约翰大学图书馆建成,1917年,武汉大学图书馆、北京高师图书馆建立,1918年,上海南洋大学图书馆、清华大学图书馆新馆建立等。

1917年蔡元培任北大校长,聘请李大钊担任北京大学图书馆主任,当时馆内设有阅览室、书库等,有专业馆员21人。李大钊认为大学图书馆是具有教育职能和研究职能的机关,他于1921年在北京大学和北京高等师范学校亲自教授图书馆学课程,同年在《晨报》发表了《美国图书馆员之训练》一文,阐述向先进国家学习图书馆的建设和发展,并加强图书馆馆员训练。清华大学图书馆新馆落成后,主任戴志骞留美学习图书馆学归来后,建设了学校图书委员会,在图书馆主任、副主任下,设置了采购部、编目部、登记部、装订部、参考部、出纳部等图书馆内部机构,为大学图书馆的内部机构设置和图书馆员进行了工作和专业上的分工提供了重要参考。

民国时期的大学图书馆得到了较快的发展,图书馆员队伍日益壮大,作用日益增强。根据1936年全国大学的申报,全国图书馆的状况见表2-2。

表2-2　民国时期大学图书馆状况表①

馆名	藏书数(册)	馆长姓名	馆员人数(人)
"国立"山东大学图书馆	71 074	胡鸣盛	10
"国立"中山大学图书馆	271 862	谢明章	24
"国立"中央大学图书馆	162 592	洪有丰	27
"国立"四川大学图书馆	92 755	桂质柏	19
"国立"北平师范大学图书馆	105 381	何日章	15
"国立"北洋工学院图书馆	50 757	蔡远泽	/
"国立"交通大学图书馆	77 100	杜定友	15
"国立"同济大学图书馆	48 439	王味根	7
"国立"武汉大学图书馆	60 000	皮高品	16
"国立"浙江大学图书馆	60 704	沈学植	10
"国立"清华大学图书馆	159 000	朱自清	33
"国立"北平大学法商学院图书馆	56 817	/	5
"国立"北平大学医学院图书馆	9 539	侯宗濂	7
"国立"北平大学农学院图书馆	11 000	李协勋	3
"国立"北平大学工学院图书馆	10 910	陈峥宇	4
"国立"北京大学图书馆	237 000	严文郁	36
"国立"暨南大学图书馆	48 655	查 修	11
中央航空学校图书馆	20 593	潘树藩	3
"国立"杭州艺术专科学校图书馆	14 568	李朴园	4
"国立"音乐专科学校图书馆	8 410	萧友梅	1
省立山西大学图书馆	115 701	王禄勋	/

① 李朝先,段克强.中国图书馆史[M].贵阳:贵州教育出版社,1992:297-300.

续表2-2

馆名	藏书数(册)	馆长姓名	馆员人数(人)
安徽省立安徽大学图书馆	21 590	/	/
江苏省立教育学院图书馆	50 000	高 阳	6
省立东北大学图书馆	18 420	于学思	12
河南省立河南大学图书馆	51 586	许心武	/
湖北省立教育学院图书馆	10 100	徐 毅	2
河北省立法商学院图书馆	42 506	彭道真	4
河北省立女子师范学院图书馆	32 268	钱亚新	6
湖南省立湖南大学图书馆	48 897	胡庶华	/
福建省立福建学院图书馆	92 079	陈几士	7
广西省立广西大学图书馆	34 238	李次民	5
私立大同大学图书馆	30 170	胡 卓	3
私立大夏大学图书馆	42 239	吕绍虞	6
私立之江文理学院图书馆	38 349	潘淦鎏	4
私立中法大学图书馆	144 000	李麟玉	21
私立光华大学图书馆	25 979	唐孟高	5
私立东吴大学图书馆	47 431	潘圣一	4
金陵女子文理学院图书馆	58 783	/	4
私立南开大学图书馆	157 734	董明道	13
华南女子文理学院图书馆	31 738	梁绍芳	3
私立华中大学图书馆	40 082	沈祖荣	6
私立复旦大学图书馆	40 597	吴耀忠	7
私立燕京大学图书馆	285 083	田洪都	32
私立金陵大学图书馆	205 316	刘国钧	15
私立岭南大学图书馆	165 275	谭卓垣	15
私立中国大学图书馆	65 000	李华生	3
私立持志学院图书馆	5 000	何思毅	6
私立华西协和大学图书馆	112 640	程昌祺	6
焦作工学院图书馆	25 000	王洪涛	3
私立厦门大学图书馆	77 033	俞爽迷	8
私立圣约翰大学图书馆	106 435	黄维廉	14
私立辅仁大学图书馆	71 967	谢礼士(德国)	11

续表2-2

馆名	藏书数(册)	馆长姓名	馆员人数(人)
私立沪(沪)江大学图书馆	72 200	塘默笙(美国)	8
私立协和大学图书馆	67 615	金云铭	8
私立震旦大学图书馆	92 457	景培元	6
私立齐鲁大学图书馆	114 598	奚而恩(美国)	6
私立广州大学图书馆	39 720	何多源	4
私立国民大学图书馆	52 922	李青一	14
私立武昌艺术专科学校图书馆	11 935	许荫民	2
合　计	4 321 839		529

新中国成立后,图书馆事业得到快速恢复和加速发展。大学图书馆员的业务能力培养进一步加大,图书馆学发展进入新纪元。1957 年国务院颁布《全国图书协调方案》,北京大学、武汉大学图书馆学系分别召开图书馆学科讨论会,《图书馆学通论》《图书馆工作》等一批图书馆专业学术期刊成立并发表一系列高水平论文。一批图书馆学专家、学者为当代中国图书馆事业发展做出了重要贡献,如刘国钧、黄宗忠、周文俊、孟广均、张德芳、吴慰慈、徐家麟等。专家们也编著了大量图书馆学的著作,如钱亚新、白国应编的《杜定友图书馆学论文选集》《刘国钧图书馆学论文选集》,北京大学图书馆学系和武汉大学图书馆学系编著的《图书馆学基础》,黄宗忠著的《图书馆管理学》《文献信息学》,吴慰慈、邵巍著的《图书馆学概论》,吴晞著的《藏书组织学概要》等。

这些专家多是从事大学图书馆管理的专业馆员,或从事大学图书馆学教育的业界教授。刘国钧(1899—1980),生前曾任金陵大学图书馆主任兼教授、图书馆馆长、文学院教授,新中国成立后,曾任北京大学图书馆系主任并一直任教。刘国钧 1932 年出版了《图书馆学要旨》一书中,提出了图书馆"要素说",即图书、人员、设备、方法。1957 年,他进一步提出图书馆事业的五要素:图书、读者、领导和干部、建筑与设备、工作方法。黄宗忠(1931—2011),当代著名的图书馆学家,一生著述了大量图书馆学著作,提出了著名图书馆"藏用矛盾论"思想。周文俊(1928—),中国当代图书馆学家,曾任北京大学图书馆学系教授、主任,从事图书馆学和情报学的基础理论研究和教学,主要著作有《图书馆工作概要》(1980)、《文献交流引论》(1986)等专著,主编《图书馆学情报学辞典》(1991),为新中国图书馆学教育和图书馆专业人员培养做出了杰出贡献,他提出的文献交流思想,深刻影响着当前图书馆学、情报学的发展。新中国图书馆学教育的发展,为图书馆事业培养了大批专业馆员队伍。北京大学、武汉大学、中山大学、南京大学等图书馆学系培养的学生,在国内大学图书馆、公共图书馆、专业图书馆等都成为重要业务骨干,推动着大学图书馆事业的快速发展。

当前,在新技术的推动下,大学图书馆加快转型发展,图书馆员的业务能力、服务能力不断增强。21世纪以来,我国大学图书馆事业取得飞速发展,迅速拉近了与西方发达国家大学图书馆的距离。一幢幢标志性的大学图书馆建筑兴建起来,馆舍环境全面提升。一大批高学历专业人才加入大学图书馆员队伍,馆员能力进一步增强。除国防科技大学图书馆以外,41所进入世界一流大学建设行列的大学图书馆平均馆舍面积达到6.56万平方米,平均馆员人数126.5人,馆员拥有高级专业技术职务的比例达到27.8%,拥有硕士和博士学位的馆员比例达到47.1%。在日新月异的新技术推动下,大学图书馆的信息化水平全面提高,目前正在向智慧图书馆阔步前行。基于文献计量与情报分析的专业化深层次的大学图书馆新型服务体系,以及馆员以教学支持服务、科研支持服务、决策支持服务为基础的新型服务能力正演变为大学图书馆的核心价值,以北京大学图书馆、中国人民大学图书馆、上海交通大学图书馆、中山大学图书馆等为代表的国内高水平大学图书馆正引领大学图书馆事业快速发展,一大批水平高能力强的大学图书馆员在其中发挥着重要引擎作用。

第三章
国内外大学图书馆员能力建设现状

　　人才是第一资源。对于大学图书馆而言,同样如此,图书馆员是图书馆发展的第一资源和核心要素,图书馆员的能力很大程度上可以决定图书馆的发展水平和潜力。在当前互联互通的智慧时代快速发展的形势下,馆员面临的技术压力和能力挑战与日俱增。关于大学图书馆员的能力问题成为图书馆业界关注的焦点之一。本章重点研究与分析国外专业机构颁布的图书馆员的能力标准、调查和分析国内大学图书馆员建设的现状,从中探寻国内大学图书馆员建设面临的喜与忧,为推进国内图书馆员能力建设提供参考意见与建议。

第一节　国外图书馆员能力标准

　　国外有关图书馆员能力建设问题的关注起步较早,他们强烈地意识到,馆员的能力直接关系到图书馆的能力与价值,因而对图书馆员提出了较多能力评价问题,并形成了一系列馆员的资格认证和能力标准。

一、国外图书馆员职业资格的历史沿革和现行体系

　　西方发达国家对图书馆员的职业资格认证起步较早,要求较高,这对图书馆的建设与发展有着十分重要的意义。对图书馆员的素质和能力提出明确标准和要求,可以为申请成为图书馆员者提供专业选择与成长目标,也有助于图书馆制定馆员队伍的中长期发展规划,并以明确的馆员核心能力为基础,制定图书馆事业发展规划和路线图,更好地适应不断发展的技术变化和对学校的教学与科研的可持续支持。(表3-1)

表 3-1 国外图书馆员职业资格发展对比分析①

国家	历史沿革	现行体系
英国	1885 年英国图书馆协会举办了图书馆专业资格考试; 1898 年图书馆学会具有颁发图书馆从业人员资格权; 1909 年规定只有通过专业考试方可注册为图书馆员; 1964 年规定全日制大学文凭和学位才有注册图书馆员资格	注册专业馆员分为注册会员和注册研究员两个等级
日本	1897 年公布《帝国图书馆馆长、司书长、司书任用条件》; 1933 年修订《公立图书馆职员令》; 1950 年颁布《图书馆法》; 1953 年颁布《学校图书馆法》	公共图书馆员体系分为司书和司书补;学校图书馆员设司书教谕
法国	1952 年规定通过图书馆员的国家资格考试后由图书馆局授予馆员资格; 1963 年成立国家高等图书馆学院,培养专业图书馆员; 1992 年成立国家高等图书情报学院	分为政府公务员和文献专家;公务员分为专业馆员,图书馆员、图书馆助理
美国	1925 年颁布《图书馆学院最低标准》; 1951 年规定专业图书馆员应具有图书馆学情报学硕士学位; 1992 年制定《图书情报学硕士学位教育计划认可标准》; 2002 年美国图书馆协会建立图书馆行政管理人员资格认证计划	馆员分为专业馆员、支持馆员、学生助理;大学图书馆分为讲师、助理教授、副教授、教授四级。

二、美国图书馆员的能力标准

以美国为例,对图书馆员的素质与能力的标准研究一直都十分重视,并形成多个分类指导的馆员能力标准与指标。(表 3-2)"今天,对图书馆员的能力要求已成为国外图书馆界一种普遍现象。针对图书馆员的能力问题,有关组织还制订了多项计划。其中包括美国图书馆协会(ALA)的《员工发展实用指南》(第三版)(2001)、美国青年图书馆服务协会(YALSA)的《服务于青年的图书馆员能力》(1981,1998,2003)、美国法律图书馆协会(AALL)的《法律图书馆辅助人员核心能力》(1999,2000)和《法律图书馆员能力》(2001)、美国专业图书馆协会(SLA)的《专业图书馆能力》(1996)以及《21 世纪信息专业人员能力》(2003)、东南研究图书馆协会(ASERL)的《研究图书馆员能力》(2000)。此

① 孙占山.国外图书馆员职业资格认证情况比较[J].新世纪图书馆,2008(4):89-91.

外,很多图书馆都发布有关图书馆能力的指南。[①]"

表 3-2 美国图书馆员能力标准一览表[①]

能力标准	发布组织	能力要求
《员工发展实用指南》(2001 年第三版)	美国图书馆协会(ALA)	图书馆能力包括 12 个方面:①分析能力、解决问题的能力、决策能力;②沟通能力;③创新性;④经验和技术知识;⑤灵活性、适应性;⑥人际交流、群组交流能力;⑦领导能力;⑧组织理解力和全球思维;⑨归宿感、责任感、可依赖感;⑩计划与组织能力;⑪资源管理;⑫服务态度、用户满意
《服务于青年的图书馆员能力》(2003 年)	美国青年图书馆服务协会(YALSA)	图书馆员能力包括 7 大方面,共 66 条。7 个方面是:①领导与职业精神(10 条);②用户方面的知识(5 条);③沟通(5 条);④管理(17 条);⑤资源方面的知识(8 条);⑥信息利用(10 条);⑦服务(11 条)
《法律图书馆辅助人员核心能力》(2000 年)	美国法律图书馆协会(AALL)	能力主要包括:装订、编目、流通、催刊、数据库维护、终端处理、政府文献、馆际互借与文献传递、立法出版、活页的目录组织、缩微品加工、OPAC 利用情况、定购与接收、付款处理、期刊验收、书库管理、监督等
《法律图书馆员能力》(2001 年)	美国法律图书馆协会(AALL)	核心能力包括 16 个方面:①强烈的高水平用户服务意识;②充分认识和理解用户和用户群的多样性;③了解和支持图书馆及上级机构的文化环境;④具备立法体系和立法行业的知识;⑤了解立法系统所处的社会、政治和经济环境;⑥具备图书情报学理论、信息创建、组织和传递的知识;⑦坚持美国法律图书馆协会的伦理原则,支持图书馆员共同的价值观;⑧在管理结构中不论职位高低,都要具备领导技能,包括理性思维、承担风险、创新性;⑨具有团队合作精神实现共同的目标;⑩在组织内实施知识管理的原则;⑪认识到在组织内跨学科、跨功能的计划和项目研究的重要性;⑫与用户和同事共享知识和专长;⑬具备良好的沟通技能,能推广图书馆业务,宣传图书馆的需求;⑭有效地与出版商和其他信息提供者沟通,提高图书馆的收益;⑮认识到专业网络和积极参与专业协会的价值;⑯积极通过继续教育致力于个人和专业发展 专门能力包括:图书馆管理;参考咨询、研究与用户服务;信息技术;馆藏维护与管理;教学

① 杨永生,初景利.国外对图书馆员能力与核心能力的研究评述[J].国外社会科学,2008(3):79-84.

续表 3-2

能力标准	发布组织	能力要求
《21世纪信息专业人员能力》（2003年）	专业图书馆协会（SLA）	情报专业人员需要的两种类型的能力:专业能力和个人能力 专业能力是从业人员在信息资源获取、技术和管理等方面应具备的知识,以及以这些知识为基础提供高质量的信息服务的能力。专业能力包括4个方面:管理信息组织;管理信息资源;管理信息服务;应用信息工具与技术。个人能力是使从业人员有效开展工作所具有的一套态度、技能和价值观,并对组织、用户和行业有积极的贡献。这些能力包括:是良好的沟通者;体现所做贡献的增值性;在恒常变化的环境中保持灵活性和积极性 情报专业人员两大核心能力:情报专业人员共享最佳实践和经验,在整个职业生涯中,不断学习信息服务和管理实践,以此推动职业知识体系的建立;情报专业人员要追求一流的职业发展,遵从伦理道德,恪守职业价值观和原则
《研究图书馆员能力》（2000年）	美国东南研究图书馆协会（ASERL）	具体包括5个方面:①开展和管理有效的服务,满足用户的需求,实现研究图书馆的目的;②支持合作与协同,加强服务工作;③了解图书馆所在的高等教育环境(目标与任务)以及学生、教师和科研人员的需求;④了解信息资源的结构、组织、创建、管理、传递、利用和储存,以及新的和现有的各种载体形式;⑤遵从图书馆职业的价值观和原则
《图书馆员核心能力》（2007年）	内布拉斯加大学林肯分校图书馆	主要包括:责任心、适应性、沟通、用户和以质量为核心、包容性、职业知识、技术导向、以团队为中心、领导能力、解决问题、决策,并针对其中的每一种能力确定了若干关键行为
馆长核心能力	美国堪萨斯图书馆	主要包括6个方面:①堪萨斯图书馆服务基础,包括服务的哲学与伦理,法律、标准和治理,当前趋势和新的趋势;②公共图书馆管理,包括一般管理、政策管理、人力资源管理、物理设施管理、财政管理、数据管理;③公共服务,包括常规公共服务、信息服务;④资料收集,包括馆藏管理基础、选书、馆藏维护;⑤宣传推广,包括公共关系、市场营销、宣传;⑥技术服务,包括采访、编目、加工、期刊管理、储存

目前,在美国颁布和实施的图书馆员职业能力标准就超过20个,并针对不同类型、不同分工的图书馆员提出了不同的能力标准。比如"《美国青年图书馆服务协会图书馆员能力》(*YALSA's Competencies for Librarians Serving Youth:Young Adults Deserve the Best*)、《公共图书馆儿童图书馆员能力》(*Competencies for Librarians Serving Children in Public Li-*

braries)、《咨询与用户服务图书馆员职业能力》(*Professional Competencies for Reference and User Services Librarians*)、《教学图书馆员与协调员能力标准》(*Standards for Proficiencies for Instruction Librariansand Coordinators*)、《特色馆藏专业人员能力指南》(*Guidelines*：*Competencies for Special Collections Professionals*)、《地图、地理信息系统与编目/元数据图书馆员核心能力》(*Map, GIS and Cataloging / Metadata Librarian Core Competencies*)、《电子资源图书馆员核心能力》(*Core Competencies for Electronic Resources Librarians*)等。[①]"

"总结并对各自界定的能力条款进行内容分析,并摘录相应的能力要素,发现它们主要包含如下 18 个核心要素:组织管理、馆藏资源管理、营销与推广、交流技能、领导与规划、用户服务、职业素养、评估技能、信息技术、合作技能、教学技能、研究技能、客户知识、知识基础、职业发展、学科技能、课程知识、演讲技能。[①]"

面对新技术条件下转型发展的图书馆,国外对图书馆员的能力标准研究更加深入和细致。不仅有专门的图书馆协会或专门机构研究并发布行业能力标准,还有许多图书馆学界和业界研究人员,撰文发表对馆员能力方面的研究成果,形成了较为完备的馆员能力建设研究与实施体系,为图书馆员的可持续发展提供了重要依据,为图书馆事业发展提供了重要的人力资源支持。

第二节　中国大学图书馆员现状调查

为深入了解当前国内高水平大学图书馆馆员现状,本节主要是通过教育部高校图书馆事实数据库系统、网络、电话等形式开展了相关调研。调查的对象分别为 41 所进入世界一流大学建设行列的大学图书馆(未能调查到国防科技大学图书馆相关数据)和 11 所中部地区原"211"大学图书馆。调查时间为 2020 年 8 月 10 日—20 日,数据来源多数为2020 年 8 月份的当前数据,部分是 2019 年底的数据。

一、41 所一流大学图书馆员状况

通过对 41 所一流大学图书馆员状况调研,目的是了解和分析当前国内最先进的一流大学图书馆员的状况。这一方面可以让国内一流大学图书馆在馆员队伍建设中对标

---

① 盛小平,陶倩. 美国 7 个图书馆员职业能力标准的比较分析[J]. 图书情报工作,2016,60(24)：14-19.

国际一流水平,也为制定国内大学馆员队伍建设标准提供一定数据和参考。另一方面,也为国内其他大学图书馆在馆员队伍建设中对标国内一流水平,引领国内大学图书馆重视和加强馆员队伍建设,实现大学图书馆员整体水平的提高。

1.馆员人数及配比状况分析

国内41所进入世界一流大学建设行列的图书馆平均馆员人数为126.5人,学校全日制学生人数与馆员人数比为297∶1。也就是说,每个馆员平均服务约300位在校全日制学生,其中东北大学图书馆员平均服务的学生读者为598人,若加上非全职读者和教职工读者,馆员服务的读者人数会进一步增加。41所大学图书馆平均馆舍面积为6.56万平方米,生均1.74平方米,每个馆员平均管理的馆舍面积为519平方米。这一数据基本代表了国内一流大学图书馆的馆员配置水平。(表3-3、图3-1)

表3-3 国内一流大学图书馆员及馆舍面积调查分析表
(以学生与馆员人数比降序排列)

序号	学校名称	全日制在校生（人）	馆员人数	学生与馆员人数比	馆舍建筑面积（m²）	生均馆舍面积（m²）	馆舍面积与馆员人数比（人/m²）
1	东北大学	46 083	77	598	63 210	1.37	821
2	北京理工大学	26 640	47	567	46 026	1.73	979
3	北京航空航天大学	30 000	57	526	29 000	0.97	509
4	郑州大学	73 000	144	507	84 000	1.15	583
5	电子科技大学	39 800	84	474	68 000	1.71	810
6	大连理工大学	41 241	92	448	83 000	2.01	902
7	清华大学	48 739	110	443	70 000	1.44	636
8	西北工业大学	28 789	65	443	46 000	1.60	708
9	中央民族大学	16 274	41	397	24 500	1.51	598
10	中南大学	56 000	144	389	75 000	1.34	521
11	重庆大学	44 000	115	383	64 410	1.46	560
12	四川大学	63 000	169	373	63 100	1.00	373
13	新疆大学	28 104	77	365	50 000	1.78	649
14	南京大学	33 145	93	356	101 723	3.07	1 094
15	西安交通大学	40 000	114	351	39 994	1.00	351
16	山东大学	59 605	182	328	107 144	1.80	589

续表3-3

序号	学校名称	全日制在校生（人）	馆员人数	学生与馆员人数比	馆舍建筑面积（m²）	生均馆舍面积（m²）	馆舍面积与馆员人数比（人/m²）
17	华中科技大学	52 656	164	321	64 581	1.23	394
18	湖南大学	35 000	115	304	30 497	0.87	265
19	兰州大学	32 720	108	303	60 000	1.83	556
20	浙江大学	54 641	183	299	86 000	1.57	470
21	云南大学	25 679	89	289	75 375	2.94	847
22	天津大学	35 370	124	285	68 000	1.92	548
23	华东师范大学	34 746	123	282	56 000	1.61	455
24	中国海洋大学	26 300	94	280	52 000	1.98	553
25	同济大学	35 855	133	270	68 721	1.92	517
26	东南大学	30 664	115	267	93 500	3.05	813
27	哈尔滨工业大学	29 603	113	262	41 000	1.38	363
28	厦门大学	40 302	154	262	103 000	2.56	669
29	西北农林科技大学	30 566	123	249	32 906	1.08	268
30	中国科学技术大学	15 600	65	240	41 783	2.68	643
31	中国农业大学	20 019	85	236	61 665	3.08	725
32	武汉大学	56 267	239	235	94 015	1.67	393
33	南开大学	27 621	119	232	71 610	2.59	602
34	北京师范大学	22 861	99	231	40 911	1.79	413
35	中山大学	51 300	227	226	110 000	2.14	485
36	中国人民大学	25 267	113	224	45 000	1.78	398
37	吉林大学	68 606	341	201	97 629	1.42	286
38	北京大学	29 584	149	199	90 000	3.04	604
39	复旦大学	33 264	178	187	66 137	1.99	372
40	上海交通大学	38 450	211	182	61 700	1.60	292
41	华南理工大学	15 400	112	138	63 000	4.09	563
合计		1 542 761	5 187	297	2 690 137	1.74	519

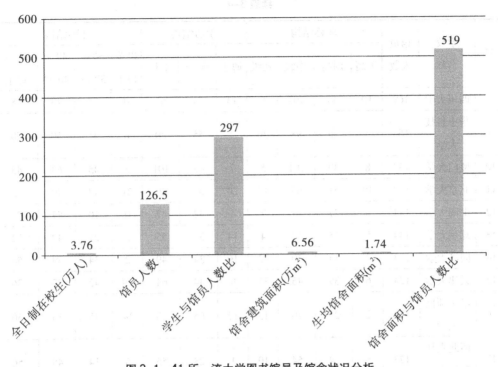

图3-1 41所一流大学图书馆员及馆舍状况分析

2. 馆员结构分析

为深入了解41所一流大学图书馆员的具体情况，我们从馆员的职称结构、学历结构、年龄结构做了进一步的调查与数据分析。具体数据见表3-4。

表3-4 国内一流大学图书馆员结构调查分析表（以馆员人数降序排列）

序号	学校名称	馆员人数	职称结构				学历结构			年龄结构			
			正高	副高	中级	初级	博士	硕士	本科	29岁以下	30~39岁	40~49岁	50岁以上
1	吉林大学	341	35	102	134	31	5	102	165	14	101	96	130
2	武汉大学	239	7	60	143	6	12	87	113	2	26	98	113
3	中山大学	227	4	21	76	89	20	103	79	8	81	79	59
4	上海交通大学	211	4	29	111	54	14	115	56	27	88	42	54
5	浙江大学	183	4	32	110	0	5	98	71	24	41	57	61
6	山东大学	182	4	50	96	29	7	71	80	15	12	64	91
7	复旦大学	178	7	35	100	21	30	94	31	13	56	63	46

续表 3-4

序号	学校名称	馆员人数	职称结构				学历结构			年龄结构			
			正高	副高	中级	初级	博士	硕士	本科	29岁以下	30~39岁	40~49岁	50岁以上
8	四川大学	169	10	36	102	6	13	74	51	0	33	48	88
9	华中科技大学	164	5	25	98	36	4	55	80	8	35	50	70
10	厦门大学	154	8	39	101	5	7	43	101	3	45	63	43
11	北京大学	149	19	51	63	12	20	89	29	21	43	40	45
12	中南大学	144	6	27	71	7	4	42	47	0	10	57	77
13	郑州大学	144	5	25	67	4	14	31	55	2	21	49	72
14	同济大学	133	2	14	70	22	10	34	49	2	34	39	58
15	天津大学	124	6	39	45	33	9	44	64	19	42	27	36
16	华东师范大学	123	2	29	70	13	12	65	30	14	45	33	30
17	西北农林科技大学	123	3	24	54	10	1	28	55	5	14	48	56
18	南开大学	119	4	41	56	11	9	61	42	12	37	31	39
19	东南大学	115	4	14	55	34	10	59	24	12	31	32	40
20	重庆大学	115	3	25	61	3	6	27	54	4	26	37	48
21	湖南大学	115	7	31	45	12	7	19	65	3	5	49	58
22	西安交通大学	114	6	37	54	6	1	46	50	0	14	35	56
23	中国人民大学	113	2	23	80	3	11	42	44	11	22	50	30
24	哈尔滨工业大学	113	8	33	46	0	6	42	43	0	22	49	42
25	华南理工大学	112	3	23	73	11	3	51	57	1	54	34	23
26	清华大学	110	5	50	49	0	16	55	30	0	11	44	55
27	兰州大学	108	4	25	62	3	3	39	46	2	30	41	35
28	北京师范大学	99	4	37	50	2	15	48	29	0	32	32	35

续表 3-4

序号	学校名称	馆员人数	职称结构				学历结构			年龄结构			
			正高	副高	中级	初级	博士	硕士	本科	29岁以下	30~39岁	40~49岁	50岁以上
29	中国海洋大学	94	7	15	51	16	5	49	22	4	27	32	31
30	南京大学	93	5	19	45	5	9	35	32	2	23	40	28
31	大连理工大学	92	5	22	55	6	0	45	39	3	23	26	40
32	云南大学	89	4	25	47	8	6	43	36	5	25	34	25
33	中国农业大学	85	6	36	34	2	13	29	40	0	10	33	42
34	电子科技大学	84	5	13	32	23	3	48	28	5	30	22	27
35	新疆大学	77	2	17	33	19	6	25	43	2	18	31	26
36	东北大学	77	1	23	33	15	1	48	18	12	23	19	23
37	中国科学技术大学	65	1	10	41	6	9	14	31	0	15	24	26
38	西北工业大学	65	1	19	34	6	5	32	23	5	21	16	23
39	北京航空航天大学	57	2	11	41	3	6	24	21	1	15	22	19
40	北京理工大学	47	4	13	26	0	17	11	13	0	6	22	21
41	中央民族大学	41	3	13	23	2	8	13	16	0	7	15	19
	合计	5 187	227	1 213	2 637	574	362	2 080	2 002	261	1 259	1 727	1 940

数据表明,41所进入世界一流大学建设行列的大学图书馆员中,正高级专业技术职务馆员占比为4.4%,副高级专业技术职务馆员占比为23.4%,也就是说,具有高级专业技术职务的馆员总体约占27.8%;中级专业技术职务是一流大学图书馆员队伍的主流,占50.8%;没有专业技术职务的其他工作人员,主要是工人或其他非专业馆员,占比为10.3%,如图3-2所示。

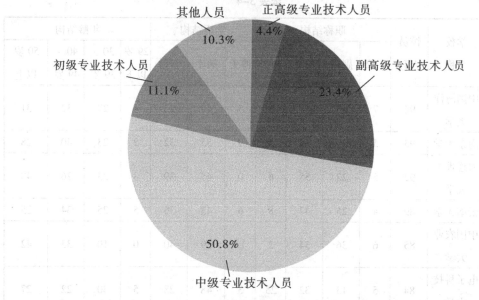

图 3-2　41 所一流大学图书馆馆员整体职称比例示意图

　　数据表明,41 所进入世界一流大学建设行列的大学图书馆员中,具有博士学位的馆员占比为 7.0%,硕士学位馆员占比为 40.3%,也就是说,具有研究生学历的馆员总体约占 47.1%;本科学历的馆员占 38.6%;图书馆职工队伍中本科以下学历者占比也达到了 14.3%,如图 3-3 所示。

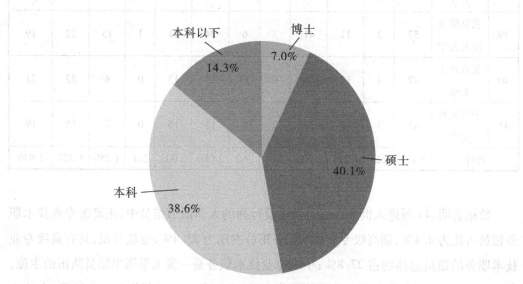

图 3-3　41 所一流大学图书馆馆员整体学历比例示意图

数据表明,41所进入世界一流大学建设行列的大学图书馆员,整体年龄偏大,50岁以上的馆员成为主流,占比为37.4%,40~49岁馆员占比次之,达到33.3%;而30岁以下的馆员仅占5%。如果每个年龄段都按照中间数计算,也就是30岁以下按照平均25岁、30~39岁按照平均35岁,以此类推,则推算出馆员的大致平均年龄为45.3岁,如图3-4所示。

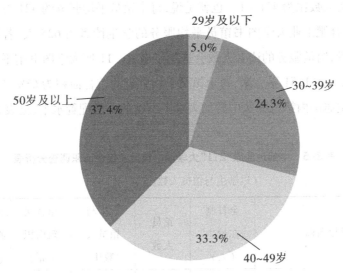

图3-4 41所一流大学图书馆馆员年龄学历比例示意图

二、中部地区11所原"211"大学图书馆员状况

中部地区位于国内较为发达的东部地区与欠发达的西部地区的中间地带,经济社会发展位于全国第二梯队。2010年7月中共中央、国务院颁布实施《国家中长期教育改革和发展规划纲要(2010—2020)》,提出要"优化区域布局结构。设立支持地方高等教育专项资金,实施中西部高等教育振兴计划",2011年教育部提出启动了该计划。实施"中西部高等教育振兴计划"主要是为了解决高等教育尤其是优质高等教育资源布局不尽合理的现象,重点扶持一批有特色有实力的中西部地区本科院校,加强本科教学基本设施的改善和本科教学质量的提高,进而解决中西部地区高等教育落后问题。

通过对11所中部地区原"211"大学图书馆员状况调研,目的是了解和分析当前位居国内第二梯队中游的大学图书馆员的状况。一方面可以为该地区大学图书馆在馆员队伍建设中对标国内一流水平,寻找差距,为进一步加强馆员队伍建设提供数据参考,实现该地区大学图书馆员整体水平和能力的提高。另一方面,为国内经济社会发展水平不同的各地区、各层次的大学图书馆,了解和把握本馆馆员队伍建设现状提供一定的对标与参照,也能较为清楚地分析和了解当前国内大学图书馆员队伍建设的整体水平,以此牵动国内大学图书馆员的能力建设与整体水平的提高。

1. 馆员人数及配比状况分析

调查数据表明,中部地区原"211"大学图书馆平均馆员人数为86.6人,学校全日制学生人数与馆员人数比为421:1。也就是说,每个馆员平均服务约421位在校全日制学生,其中最高的合肥工业大学图书馆员平均服务的学生读者为625人,若加上非全职读者和教职工读者,馆员服务的读者人数会进一步增大。11所大学图书馆平均馆舍面积为5.53万平方米,人均1.51平方米,每个馆员平均管理的馆舍面积为638平方米。这一数据基本代表了位居国内第二梯队中游的大学图书馆的馆员配置水平,见表3-5,图3-5。

表3-5 中部地区原"211"大学图书馆员及馆舍面积调查分析表

(以学生与馆员人数比降序排列)

序号	学校名称	全日制在校生(人)	馆员人数	学生与馆员人数比	馆舍建筑面积(m²)	生均馆舍面积(m²)	馆舍面积与馆员人数比
1	合肥工业大学	45 600	73	625	82 600	1.81	1 132
2	太原理工大学	38 268	74	517	90 000	2.35	1 216
3	河北工业大学	28 665	57	503	53 100	1.85	932
4	华中农业大学	26 196	56	468	31 000	1.18	554
5	南昌大学	51 593	118	437	62 000	1.20	525
6	中国地质大学	26 103	64	408	35 000	1.34	547
7	湖南师范大学	40 000	99	404	37 246	0.93	376
8	华中师范大学	32 000	84	381	39 357	1.23	469
9	安徽大学	28 800	78	369	64 045	2.22	821
10	武汉理工大学	55 003	159	346	73 624	1.34	463
11	中南财经政法大学	29 300	91	322	39 788	1.36	437
	合计	401 528	953	421	607 760	1.51	638

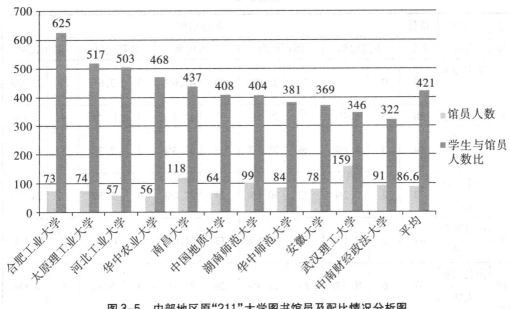

图 3-5　中部地区原"211"大学图书馆员及配比情况分析图

2.馆员职称结构分析

在中部地区"211"大学图书馆员中,正高级馆员占比最小,仅占约3.7%,其中华中师范大学图书馆尚未有正高级专业技术馆员,占比最高的为河北工业大学,约占10.5%;副高级专业技馆员,约占25.5%;中级专业技术职务是馆员队伍的主流,约占50.9%,最高的中南财经政法大学图书馆占比达到64.8%,最低的合肥工业大学占比为37.0%;没有专业技术职务的其他工作人员,主要是工人或其他非专业馆员,占比为12.2%,最高的合肥工业大学占比达到24.7%。如表3-6,图3-6所示。

表3-6　馆员各职称人数及占比情况分析表(以馆员总人数降序排列)

序号	学校名称	馆员人数	职称结构									
			正高	比例	副高	比例	中级	比例	初职	比例	其他	比例
1	武汉理工大学	159	9	5.7%	32	20.1%	75	47.2%	8	5.0%	35	22.0%
2	南昌大学	118	3	2.5%	27	22.9%	73	61.9%	6	5.1%	9	7.6%
3	湖南师范大学	99	1	1.0%	17	17.2%	53	53.5%	14	14.1%	14	14.1%
4	中南财经政法大学	91	2	2.2%	21	23.1%	59	64.8%	9	9.9%	0	0

序号	学校名称	馆员人数	职称结构									
			正高比例		副高比例		中级比例		初职比例		其他比例	
5	华中师范大学	84	0	0	21	25.0%	40	47.6%	3	3.6%	20	23.8%
6	安徽大学	78	5	6.4%	23	29.5%	37	47.4%	9	11.5%	4	5.1%
7	太原理工大学	74	3	4.1%	26	35.1%	35	47.3%	2	2.7%	8	10.8%
8	合肥工业大学	73	2	2.7%	22	30.1%	27	37.0%	4	5.5%	18	24.7%
9	中国地质大学	64	2	3.1%	17	26.6%	33	51.6%	10	15.6%	2	3.1%
10	河北工业大学	57	6	10.5%	15	26.3%	28	49.1%	3	5.3%	5	8.8%
11	华中农业大学	56	2	3.6%	22	39.3%	26	46.4%	5	8.9%	1	1.8%
	合计	953	35	3.7%	243	25.5%	486	50.9%	73	7.7%	116	12.2%

范大学和中国地质大学的占比不相上下，占比均超过10.5%，河北工业大学，约占10.5%。中级占比仍然最高，约为50.9%。其中华中师范大学的中级占比最高，约为50.9%。占比最高的是中国地质大学的初职占比，约为15.6%，河北工业大学初职占比最低，约为2.7%。至于其他人员占比，占比为12.2%，最高的合肥工业大学占比为24.7%。

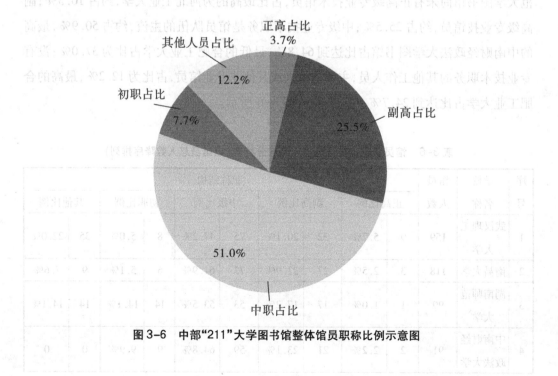

图3-6　中部"211"大学图书馆整体馆员职称比例示意图

3. 馆员学历结构分析

数据表明,在中部地区"211"大学图书馆员中,拥有博士学位的馆员占比最小,仅占约 5.5%,这一比例中最高的合肥工业大学图书馆,约占 16.4%,占比最少的安徽大学仅为 1 人,占比约 1.3%;拥有硕士学位的馆员占比为 32.1%;本科学历是馆员队伍的主流,约占 45%,最高的太原理工大学图书馆占比达到 78.4%,最低的河北工业大学占比为 26.3%;图书馆职工队伍中本科以下学历者占比也达到了 17.4%,最高的安徽大学占比达到 39.7%,如表 3-7,图 3-7 所示。

表 3-7　馆员各学历人数及占比情况分析表(以馆员总人数降序排列)

序号	学校名称	馆员人数	学历结构							
			博士比例		硕士比例		本科比例		本科以下比例	
1	武汉理工大学	159	7	4.4%	57	35.8%	60	37.7%	35	22.0%
2	南昌大学	118	4	3.4%	35	29.7%	57	48.3%	22	18.6%
3	湖南师范大学	99	2	2.0%	31	31.3%	55	55.6%	11	11.1%
4	中南财经政法大学	91	3	3.3%	29	31.9%	42	46.2%	17	18.7%
5	华中师范大学	84	5	6.0%	26	31.0%	43	51.2%	10	11.9%
6	安徽大学	78	1	1.3%	19	24.4%	27	34.6%	31	39.7%
7	太原理工大学	74	3	4.1%	8	10.8%	58	78.4%	5	6.8%
8	合肥工业大学	73	12	16.4%	20	27.4%	26	35.6%	15	20.5%
9	中国地质大学	64	6	9.4%	30	46.9%	22	34.4%	6	9.4%
10	河北工业大学	57	6	10.5%	24	42.1%	15	26.3%	12	21.1%
11	华中农业大学	56	3	5.4%	27	48.2%	24	42.9%	2	3.6%
	合计	953	52	5.5%	306	32.1%	429	45.0%	166	17.4%

4. 馆员年龄结构分析

数据表明,在中部地区"211"大学图书馆员中,年龄在 29 岁及以下的馆员占比最小,仅占 4.9%,其中安徽大学、太原理工大学、合肥工业大学三校图书馆员没有 29 岁及以下人员,占比最高的中南财经政法大学图书馆,也仅占 15.4%;50 岁及人员成为馆员队伍的主力,约占 39.8%,这一年龄段在各校图书馆比例比较均衡,占比最高的太原理工大学图书馆达到 52.7%,最低的湖南师范大学图书馆也达到 30.3%。占比第二高的是 40 ~ 49 岁的馆员,总体占比达到 33.5%,这一比例各图书馆也比较均衡,最高的南昌大学图书馆占比为 44.1%,最低的中南财经政法大学图书馆占比为 20.9%。总体上看,40 岁以上的馆员占到了馆员总数的 73.3%,40 岁以下的馆员仅占 26.7%。如果每个年龄段都

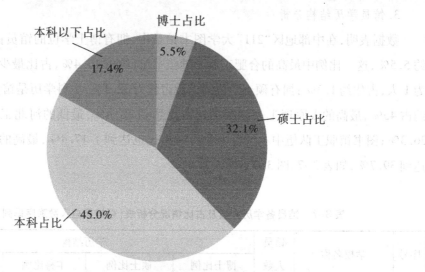

图3-7 中部"211"大学图书馆整体馆员学历比例示意图

按照中间数计算,也就是30岁以下按照平均25岁,30~39岁按照平均35岁,以此类推,则推算出馆员的大致平均年龄为45.8岁。如表3-8,图3-8所示。

表3-8 馆员各年龄段人数及占比情况分析表(以馆员总人数降序排列)

序号	学校名称	馆员人数	学历结构						
			29岁及以下		30~39岁人		40~49岁人		50岁及以上	
			人员	比例	员比例		员比例		人员	比例
1	武汉理工大学	159	14	8.8%	47	29.6%	38	23.9%	60	37.7%
2	南昌大学	118	2	1.7%	10	8.5%	52	44.1%	54	45.8%
3	湖南师范大学	99	4	4.0%	30	30.3%	35	35.4%	30	30.3%
4	中南财经政法大学	91	14	15.4%	14	15.4%	19	20.9%	44	48.4%
5	华中师范大学	84	2	2.4%	16	19.0%	30	35.7%	36	42.9%
6	安徽大学	78	0	0	21	26.9%	32	41.0%	25	32.1%
7	太原理工大学	74	0	0	7	9.5%	28	37.8%	39	52.7%
8	合肥工业大学	73	0	0	20	27.4%	24	32.9%	29	39.7%
9	中国地质大学	64	8	12.5%	12	18.8%	23	35.9%	21	32.8%
10	河北工业大学	57	1	1.8%	16	28.1%	22	38.6%	18	31.6%
11	华中农业大学	56	2	3.6%	15	26.8%	16	28.6%	23	41.1%
	合计	953	47	4.9%	208	21.8%	319	33.5%	379	39.8%

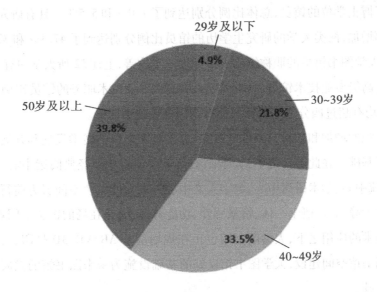

图 3-8　中部"211"大学图书馆整体馆员年龄比例示意图

第三节　国内大学图书馆员建设的喜与忧

通过调研,数据呈现了当前国内大学图书馆员的现状,总体上看,国内大学图书馆对馆员队伍建设与能力提高上均十分重视,尤其是面对当前的新形势新要求,在图书馆转型发展中,馆员的能力建设取得了较大的进步,馆员能力持续提高。但总体而言,大学图书馆员队伍与能力水平与国外发达国家相比仍差距较大,这方面的建设任重道远,喜忧参半,这需要大学在人力、资金、政策等方面进一步加大对图书馆的支持力度,需要大学图书馆积极谋划,重视和加强馆员队伍与能力建设,推进大学图书馆内涵式发展。

一、国内大学图书馆员建设的喜

第一,近年来,国内高水平大学均对图书馆投入增加,许多大学都建设了具有标志性的图书馆新大楼,馆舍面积进一步增加、内部环境进一步改善、馆内设备更加先进。41 所一流大学图书馆平均馆舍面积达到 6.56 万平方米、生均馆舍面积 1.74 平方米;11 所中部地区"211"大学平均馆舍面积也达到 5.53 万平方,生均 1.51 平方米。

第二,无论国内一流大学的图书馆员还是中部地区原"211"大学的图书馆员,每个学校有拥有了博士学位的馆员,总体比例分别达到了7.0%和5.5%。具有研究生学位的馆员比例大幅增加,两类大学的研究生学历的馆员比例分别达到了47.1%和37.6%。

第三,大学图书馆员的职称结构也得到进一步改善,上述52所大学中有51所大学图书馆拥有正高级专业技术馆员,两类大学具有高级专业技术职务的馆员比例分别27.8%和29.2%,均有超过四分之一的馆员拥有高级专业技术职务。

馆舍面积的增加和环境与条件的改善,为大学图书馆的转型发展和开展新型的空间服务提供了基础。在此带动之下,大学图书馆正在朝着构建经典阅读中心、知识共享中心、文化交流中心、学术研讨中心、数字人文中心等多功能馆舍空间努力前行。多数大学已经形成了动静结合、研学一体、情景感知、功能分区、文化在场的馆舍空间新功能、新布局。在新技术的应用之下,大学图书馆也正在规划基于AR/VR、3D打印、人工智能等技术的智慧图书馆空间建设,大学图书馆良好的基础设施为未来图书馆的发展提供了良好的条件与基础。

具有研究生学历和高级专业技术职务馆员的增加,说明了馆员整体素质和能力有较大提高,这必将大力推动大学图书馆的转型发展,推进图书馆基于馆员能力的内涵式发展。尤其在新技术快速演进和广泛应用的背景下,这为推动大学图书馆构建基于文献计量与情报分析的新型服务体系,培养和构建大学图书馆员的新型服务能力提供了有利条件。

二、国内大学图书馆员建设的忧

不可否认的是,透过这些调查数据,我们深刻认识到当前大学图书馆员队伍建设还面临着诸多问题,忧大于喜。主要表现为以下三个方面。

第一,馆员人数逐年减少。近年来,随着高校的扩招,每所大学的本科生与研究生的招生规模都在增加,但大学图书馆员的人数不但没有随在校生数量增加而增加,反而在减少。在开展调研的过程中,几乎每个图书馆都表明近来馆员逐年大幅减少,一半以上的图书馆在近10年内,馆员减少了1/3以上,部分图书馆甚至减员一半以上。馆员减少已经成为当前制约大学图书馆发展的重要因素,很多图书馆表示,以目前馆员的规模只能维持图书馆目前的业务与读者服务工作,甚至是处于低水平的维持,有些图书馆甚至不得不采用业务外包的形式,或者整合与减少部分读者服务工作。

第二,馆员的年龄结构老化严重。41所一流大学的图书馆员年龄超过50岁的占整体馆员总数达到37.4%,40岁以上的馆员超过七成,估算的馆员平均年龄达到45.3岁。中部地区11所大学图书馆也面临更为严峻的馆员年龄老化问题,四成馆员年龄超过50

岁,73.3%的馆员年龄超过40岁,平均年龄高达45.8岁。馆员年龄老化带来的主要问题是每年退休馆员处于高位,图书馆员减少的趋势正在加速。同时,馆员老龄化面临着保守思想严重,对新技术、新服务缺少敏感性,服务创新意识不强,这都成为图书馆改革发展的制约因素。

第三,年轻馆员断档。41所一流大学和中部地区11所大学30岁以下的年轻图书馆员仅占5%,与其他年龄段的馆员相比,均处于明显的断档期。这充分说明了近几年大学未能及时招聘和补充图书馆员。很多大学师资队伍建设的主要精力放在招聘专任教师上,这无可厚非,但对图书馆员队伍建设和馆员招聘与补充典型是缺少可持续的发展机制,甚至不管不问或硬性停招,以至馆员减少、队伍断档,这势必会对图书馆事业发展造成阻碍与负面影响。

三、对当前国内大学图书馆员建设的建议

面对忧大于喜的大学图书馆员建设状况,我们必须以高度的责任感,面向新时代新征程,从推动数字图书馆向智慧图书馆转型发展、推动大学图书馆新型服务体系,推动大学图书馆成为学校学术系统中重要组成部分,推动大学图书馆内涵式发展,推动大学图书馆服务创新等方面,深入思考大学图书馆员队伍建设。据此,笔者有几点思考与建议,供业界参考。

第一,要建立中长期图书馆员队伍建设规划。吴建中曾说,国内图书馆目前没有一个整体的发展规划。每个图书馆都按照自己的目标和步骤,按照自己的节奏在发展,大家各自为政,没有国家的或者区域性的图书馆整体发展规划引领图书馆事业的发展。

相比之下,美国图书馆界有较为值得关注中长期战略报告,"一是美国大学与研究图书馆协会(ACRL)在2009年做的战略报告,该报告提出了15年后的26个情景。美国研究图书馆协会在2010年对2030年的研究图书馆进行调研,强调从用户的角度探讨问题。美国图书馆与情报资源理事会(CLIR)2014年发布的《变化中的图书馆与情报服务事业》报告中指出,到2030年大部分图书馆建筑都将成为学术共享空间,并强调了文化的重要性。[①]"

因此,国内要以中国图书馆学会、教育高校图书情报工作委员会、中国科技情报学会、中国高等教育文献保障系统(CALIS)等全国性的图书馆行业组织牵头,研究制定中国图书馆事业发展的整体规划与愿景,尤其是研究制定各类型图书馆员队伍建设规划与目

---

① 白玉静.吴建中谈图书馆的下一个十年[N].新华书目报,2016-01-29(003).

标要求，以此引领和推动图书馆事业和馆员队伍建设的可持续发展。区域性的图书馆组织，如省级图书馆学会、高校图书情报工作位委员会、数字图书馆总馆、科技情报学会等组织也应研究建立省级的图书馆事业发展规划和馆员队伍建设发展规划，立足省情，推动本省图书馆事业的持续健康快速发展。

第二，建立大学图书馆员与在校学生数的控制比例。面对不断减少的大学图书馆员队伍，作为高等学校的主管部门，教育部或者由教育部授权教育部高校图书情报工作委员研究制定大学图书馆员的发展指标，尤其是需要规定全日制在校生与图书馆员的配备比例，指导大学图书馆员队伍的适当规模，避免因大学校长的个人理解随意配备图书馆员的规模，切实保障大学图书馆事业的健康发展。

第三，建立大学图书馆员的可持续发展机制。当前，大学图书馆员队伍呈现明显的老化趋势，这一定程度地说明了近 10 年来大学对图书馆员队伍建设的不关心不重视。造成这一情况的主要原因是没有一个大学图书馆员可持续发展的制度安排和常态化的体制机制。图书馆一度成为大学历史遗留人员和引进人才家属的收容所，馆员能力参差不齐、队伍结构明显不合理。21 世纪以来，在新技术推动下，大学图书馆的信息化水平明显提高，一部分劳动密集型和时间密集型的岗位被一站式大流通开放模式和自助式设备取代，造成许多大学图书馆员长期处于自然减员、只减不增的状态，缺少年轻人员加盟，以至大学图书馆员规模不断缩减，但素质和能力不但没有提高，反而因馆员减少而明显下降。这都需要大学图书馆管理部门、联盟组织、行业协会等制定大学图书馆员的可持续发展规划，以此指导各高校切实重视馆员队伍建设、改善馆员队伍结构，以可持续的人力资源推动大学图书馆事业的可持续发展。

第四，建立大学图书馆员的入职标准和资格认证制度。西方发达国家图书馆员的入职标准和资格认证制度早已建立。目前，国内还没有建立起全国性的、地方性或行业性的图书馆员入职标准和资格认证制度，以至许多大学将图书馆变成学校非专业人员的收容地，图书馆领导虽然极不情愿接纳，但却拿不出不接收的理由。而且，没有图书馆员的入职标准，部分图书馆在人员招聘中相对随意，有些是标准设置过低、专业要求不严，让部分非专业人员有可乘之机。部分大学图书馆招聘时则硬性要求博士学位，造成想要的人招不来，能招聘进的人员又专业未必对口等问题。这些问题都需要有一个科学的图书馆行业入职标准和资格认证制度，以规范大学图书馆员的人员招聘与队伍建设。

第五，建立大学图书馆员的素质与能力标准体系。面对当前国内大学图书馆员的现状，能力建设与素质提高是迫切需要和关键之举，这就需要有一个引领性的、指导性的大学图书馆员能力标准体系。上文已经提到，美国现行的馆员能力标准就有超过 20 个，指导各类图书馆员的培训与能力建设。国内图书馆主管部门和行业组织，要加强馆员分类建设研究,制定各类专业馆员的能力标准指标体系。大学图书馆更应率先研究制定馆员能力标准,推动各大学图书馆对标对表,强化馆员业务培训与能力建设,保障大学图书馆员的基本素质、业务能力和新型服务能力的全面提升,助力大学"双一流"建设。同时,以大学图书馆员的能力指标体系推动其他类型图书馆员的能力指标研究与建设,推动图书馆事业的健康可持续发展。

第四节　国内图书馆员职业能力要素实证分析

随着科学技术的蓬勃发展,人们进行信息传递的方式和工具有了越来越多的选择。由于互联网在互联互通及信息整合方面拥有不可替代的作用,各式各样的互联网信息服务提供机构在市场崭露头角。于是,可替代的图书馆功能、剧增的竞争对手使得图书馆在信息服务行业举步维艰。此背景下高校图书馆员不仅需要掌握科学高效的管理技术,而且需要掌握现代化的服务技术,这是图书馆员的职业核心竞争力所在。实际上,图书馆员需要正确认识构成职业能力的各要素,科学评估自身的职业能力,并在职业发展的过程中发现问题和差距。只有提高了图书馆员的职业能力,才能促进图书馆事业的持续发展。

图书馆员职业能力的高低虽然决定着图书馆事业的兴衰荣辱,但鲜有文献讨论图书馆员职业能力要素。于是,本文对图书馆员核心能力体系构建开展了实证研究,目的在于回答以下几个问题:①国内各高校图书馆关于馆员职业能力的前期研究有哪些;②前期研究中可以提取出馆员职业能力的哪些要素;③如何通过因子分析的方法构建图书馆员职业能力要素层级;④构建出的图书馆员职业能力要素如何解释其内涵。最终,希望通过本文的研究形成一套能够量化评估图书馆馆员职业能力的标准。

一、相关研究的文献梳理

图书馆员能否恪尽职守、计日程功的关键之处在于图书馆员所具备的职业能力,图书馆员的职业能力是对图书馆员在工作中全方位的考量,是图书馆员履行职业责任、完成职业任务所需的知识、技能和才能。图书馆员职业能力并非单独的某种能力,而是多种能力的综合。近年来,国内各高校为顺应时代对图书馆员的新要求,正在对图书馆员的核心能力进行探索与研究,其主要围绕着新技术、国外馆员职业能力制定标准和馆员发展要求三大方面进行展开。

1. 关于新技术环境对我国高校图书馆馆员影响的研究

陆春华结合"双一流"高校建设的时代背景对图书馆员的发展路径进行了探索,他指出,"双一流"建设方案的出台,为我国高等教育发展规划了新的蓝图,高校图书馆是为教学与科研提供文献资源保障的学术型服务机构,图书馆服务的质量取决于图书馆员的服务能力,图书馆员应抓住新的契机承担起建设高校图书馆的重任,根据岗位的要求,完善自身核心能力的构建①。袁红军通过对"互联网+"智慧图书馆的研究,全面地分析并总结了图书馆智慧服务转型升级的动力源泉——用户需求、信息技术和资源建设,并据此进一步提出推进图书馆智慧服务转型升级的发展策略,以求解决用户需求、实现智慧互联和完成跨界融合,从而带动在用户体验、智慧交互和社会价值全方位的升级②。段美珍、初景利认为以物联网、大数据和人工智能等为代表的新兴技术的兴起,互联互通与智能化成为不可阻挡的社会潮流,图书馆作为信息密集型行业,也必须融入智能化的潮流与趋势之中。而图书馆员作为图书馆的核心,在图书馆向智慧化转型的过程中,对馆员的能力和素质提出了更高的要求,应加强对图书馆员技术能力的培养③。郑章飞、陈希和陈有志总结国内外学者对图书馆发展趋势的研究,提出"人"是图书馆信息化进程中的关键因素,图书馆员的职业能力是图书馆信息化的关键所在,深刻影响着图书馆信息化的进程,并结合新时期图书馆员的职业能力要求、图书馆员职业能力构成要素、图书馆业务工作流程三大方面,构建新时期图书馆员职业能力模块化培养方案与模型④。杨沉指出,随着互联网技术和信息技术的飞速发展,图书馆的服务环境,服务内容,服务对象,服务形式都发生了巨大的变化,但图书馆员新型能力尚存不足,存在严重的能力差距。并从图书馆员新型能力的驱动因子出发,构建图书馆员新型能力框架,指明图书馆员新型能力的发展策略⑤。吴朋有娣通过对用户和馆员进行抽样调查分析,并据此建立馆员能力结构,借助目前国内实行的学科馆员评价体系,完成智慧馆员能力评价体系的功能、原则和评价指标的构建⑥。郑怿昕、包平依据多轮德尔菲法归纳出智慧图书馆环境下馆员核

① 陆春华."双一流"建设背景下高校图书馆员能力指标体系建构[J].大学图书情报学刊,2018,36(02):19-23.

② 袁红军.基于"互联网+"背景的图书馆智慧服务研究[J].图书馆理论与实践,2018(03):109-112.

③ 初景利,段美珍.智慧图书馆与智慧服务[J].图书馆建设,2018(04):85-90,95.

④ 郑章飞,陈希,陈有志.新时期图书馆员职业能力要求与模块化培养[J].高校图书馆工作,2018,38(04):3-9.

⑤ 杨沉.图书馆员新型能力:含义、驱动因子、框架及其建构路径[J].国家图书馆学刊,2017,26(05):59-67.

⑥ 吴朋有娣.智慧馆员能力评价体系研究[D].东北师范大学,2018.

心能力包含的四个方面,进而完成馆员核心能力指标体系的三个层次的构建。通过问卷调查分析馆员对智慧图书馆的认知及馆员核心能力预判情况。在理论与实证研究的基础上,总结出智慧环境下的高校图书馆员应具备的能力①。郑怿昕对国内外相关研究现状进行梳理,包括概念性的描述、技术应用和实践探索等多个方面,并对智慧图书馆的内涵、特征、要素进行具体阐释,在实际调研的基础上分析大众对未来智慧环境下馆员核心能力的预判情况,并对未来馆员应具备的核心能力充满信心②。

2. 关于学习国外图书馆员个人职业水平及能力制订基准的研究。

鄂丽君,王启云根据 Job List 网站公布的高校图书馆专业馆员招聘信息,分析了美国高校图书馆的招聘情况,认为美国高校非常重视图书馆信息教育,注重理论与实践的结合,我国也应在馆员培训中制定相应的专业能力发展要求,提升馆员积极性③。王启云在收集中外文献和运用科学研究方法的基础上,对比分析了国内外研究,提出我国图书馆应在充分了解馆员职业变化的基础上,加强各领域合作,提升自身能力的建议④。刘永洁以国家社会科学基金“中美图书馆专业能力比较研究”主题词。通过比较中美图书馆员在专业建设的异同,借鉴美国的先进发展经验,结合中国实际情况,提出促进了图书馆员的职业能力发展,从而提高自身水平⑤。在对国内外图书馆职业发展状况研究基础上,盛小平认为我国在图书馆职业能力研究领域对自己的领域没有足够的认知,应建立符合实际情况的能力体系模式⑥。勾丹、崔淑贞通过对国内外智慧图书馆的研究情况进行柜体。他们认为,智慧图书馆的智慧服务不但要依靠设备改进和新技术的应用,更要求智慧图书馆员转变思想认识,新的思维形式对智慧馆员的能力提升具备很大的作用,因此,智能服务应包括图书馆员的智慧与空间内容的智慧⑦。盛小平和陶倩剖析了美国图书馆协会发表的图书馆员职业能力标准,比较了条款之间存在的相似之处和差异,深入分析了其组成部分,并评估了不同用户对图书管理员能力的要求⑧。陶倩和刘泳洁对美国职业能力研究的条款中的主要因素及使用要求进行了比较,得出了不同职位馆员的相应因素,

---

① 郑怿昕,包平.智慧图书馆环境下馆员核心能力研究[J].图书馆理论与实践,2017(01):7-11.

② 郑怿昕.智慧图书馆环境下馆员核心能力研究[D].南京农业大学,2015.

③ 鄂丽君,王启云.美国高校图书馆专业馆员职业能力调查与分析——高校图书馆招聘视角[J].图书馆论坛,2018,38(01):128-134.

④ 王启云.国内外图书馆职业能力研究进展与启示[J].大学图书馆学报,2016,34(03):23-29.

⑤ 刘泳洁.序[J].图书情报工作,2016,60(24):5.

⑥ 盛小平.国外图书馆职业能力研究综述[J].图书情报工作,2016,60(24):6-13.

⑦ 勾丹,崔淑贞.智慧图书馆的智慧服务模式及其实现[J].情报探索,2016(3):112-115.

⑧ 盛小平,陶倩.美国7个图书馆员职业能力标准的比较分析[J].图书情报工作,2016,60(24):14-19.

由此指导了我国图书馆职业能力的发展①。刘泳洁和卢明芳分析了美国专业图书馆协会(SLA)3 次修订的能力标准,审查了修订中不断变化的指标项目,发现该能力标准的适用范围逐渐扩大,适用对象也越来越广,SLA 分析的因素越来越普遍,该职业能力标准旨在为我国逐步规范的图书馆专业化提供模板②。

3. 关于研究高校图书馆馆员发展方面的研究

朱朝凤根据原有的数据素养评价指标,经过归纳与分析,建立了一套科学高效的评价体系,其中一级指标有 6 个,而分属其下的二级指标共有 31 个③,其促进高校数据素养评价更加科学、合理。侯闽查阅了大量期刊、书籍,进行了深层次的分析探究。最后得出结论,在这日新月异的信息化时代,图书馆员能力培养问题更是应该被我们所重视,提升馆员迭代能力迫在眉睫④。景晶通过分析研究 2010—2015 年馆员能力的论文得出了这一结论:拟定出一整套科学高效的馆员能力培养体系是不可或缺的,而这需要相关机构对于这一问题给予高度的重视⑤。

二、大学图书馆员职业能力要素归纳

针对图书馆员职业能力要素,现有文献分类主要观点见表 3-9。

表 3-9　图书馆员职业能力要素分类汇总⑥⑦⑧

分类观点	内涵指标
两要素论	专业能力、个人能力
三要素论	个人能力、业务能力、知识能力
四要素论	知识资源组织、技术利用、人员与资源管理、客户服务

① 陶倩,刘泳洁. 美国专业图书馆员职业能力标准的内容分析[J]. 图书情报工作,2016,60(24):20-25.
② 刘泳洁,卢明芳. 美国专业图书馆协会能力标准的修订与启示[J]. 图书情报工作,2016,60(24):26-31.
③ 朱朝凤. 高校图书馆员数据素养能力评价指标体系构建研究[J]. 图书馆学刊,2018,40(12):38-42.
④ 侯闽. 智慧图书馆环境下馆员核心能力研究[J]. 四川省社会主义学院学报,2017(04):56-58.
⑤ 景晶. 2004—2015 年我国图书馆员能力研究述评[J]. 新世纪图书馆,2017(06):6-10.
⑥ 盛小平. 国外图书馆职业能力研究综述[J]. 图书情报工作,2016,60(24):6-13.
⑦ 黄宗忠. 图书馆管理学[M]. 武汉:武汉大学出版社,1992:467,513.
⑧ 刘泳洁,陶倩. 我国图书馆员职业能力要素实证分析[J]. 图书情报工作,2017,61(14):6-14.

续表3-9

分类观点	内涵指标
五要素论	存取能力、核心知识能力、营销能力、合作能力、资源与服务评价能力
六要素论	哲学、技术、教育、客户服务、管理与领导、信息素养
七要素论	领导与职业素养、客户群体知识、交流和营销、管理、馆藏资料知识、信息获取、服务
八要素论	职业基础、信息资源、知识和信息的组织、技术知识和技能、咨询和用户服务、研究、继续教育和终生学习、管理
美国专业图书馆员职业能力要素论	职业素养、专业学科知识、交流能力、领导与倡议、评估、信息机构/组织管理、信息资源管理、信息技术管理、计划管理、教学能力、信息服务、参考咨询与研究、阅读推广、知识管理
文献补充观点	资金管理、设备管理

基于表3-10中各种观点梳理,可以把我国图书馆员职业能力要素归纳为如下指标描述:具有图书馆职业道德;知晓图书馆使命和任务;能够进行职业规划;拥有图书馆学与信息科学专业知识;了解专业馆藏涉及的学科知识;掌握一门外语;能进行自我管理;拥有学士以上学位;进行图书馆组织结构设计;进行人力资源管理;组织并优化业务流程;控制图书馆任务进展;对图书馆进行全面评估;能够胜任馆藏采购(获取);馆藏组织(分类、著录标引等);馆藏维护;馆藏评估;馆藏数字化;知识获取;知识共享;知识转化;知识保护;知识应用;知识创新;能够聆听他人建议;准确进行口头表达;准确进行书面表达;能够阅读专业文献;能够进行专业论文写作;能够应用多种交流技巧;能够参加专业组织;能够参与学术交流;能够进行自主学习;能够及时更新知识;具备好的学习方法;具有终身学习意识;能够进行辩证思维;能够进行创新思维;具备坚强的学习意志;具备学习动力;具备团队意识,积极参与项目团队,为团队献计献策;进行有效谈判促成合作,在合作中解决冲突;积极承担团队责任;进行有效讨论,尊重团队成员,鼓励他人提出多样化观点;客观评价他人观点,分析团队各要素关联;文献借阅;文献答疑;阅读推广;文献翻译;文献传递;文献检索;发现用户需求,分析用户需求;进行信息分析;提供信息共享;进行科学研究;开展专业教学;提供战略决策支持;进行服务营销;开展学科知识服务;进行教学培训规划;进行教学培训评估;实施时间控制;运用教学技巧,进行教学互动;实施现场控制;熟悉计算机硬件;熟悉计算机软件;熟悉通信技术;熟悉数字化技术;熟悉多媒体技术;熟悉信息安全技术;熟悉存储技术;熟悉图书保护与修复技术;进行图书馆预算;进行成本收益分析;通过多种渠道进行融资;监督财务状况,进行财务风险控制;规划设备配置;排查设备故障、维护与维修设备;更新设备。

三、图书馆员职业能力要素的实证研究

本节根据上述 78 个要素的指标描述,设计了"高校图书馆员职业能力调查问卷",(见附录 3)。在 2020 年 8 月 1 日至 2020 年 9 月 30 日期间,利用问卷星对图书馆从业人员(图书情报研究系列)开展网上调查,删除无效答卷后共得有效答卷 226 份。利用 SPSS 24.0 对答卷数据进行因子分析。

1. 答卷题项的信度、效度检验

SPSS 统计后显示,78 个要素指标题项的皮尔森值都在 0.3 以上,即说明全部题项满足效度检验要求。同时,该问卷的总量表克隆巴赫系数为 0.986,且各题项"修正后的项与总计相关性"都>0.3,即说明各题项与其余题项的相关为中高度关系,全部题项满足信度检验要求。

2. 描述性统计

由类别变量描述性统计(表 3-10)可知,女性图书馆从业者答卷高于男性图书馆从业者,调查对象年龄集中在 31～60,职称集中在馆员和副研究馆员。

对于本次研究的 5 点量表而言,平均值>4.7 表示尺度过于集中,偏态绝对值<1.5,峰度绝对值<7 表示题项符合单变量正态分布(表 3-11)。题项 1(具有图书馆职业道德)和 2(知晓图书馆使命和任务)不符合进一步分析要求。究其原因是具有图书馆职业道德、知晓图书馆使命和任务几乎被所有人认为是非常重要的,不具备测量意义,于是在因子分析中将此 2 题删除。

表 3-10　类别变量频率统计

	问卷题项	频率	百分比	有效百分比	累计百分比
性别	男	76	33.6	33.6	33.6
	女	150	66.4	66.4	100.0
	总计	226	100.0	100.0	/
年龄	18～25	2	0.9	0.9	0.9
	26～30	4	1.8	1.8	2.7
	31～40	77	34.1	34.1	36.7
	41～50	60	26.5	26.5	63.3
	51～60	82	36.3	36.3	99.6
	60 以上	1	0.4	0.4	100.0
	总计	226	100.0	100.0	/

续表 3-10

问卷题项		频率	百分比	有效百分比	累计百分比
职称	研究馆员	17	7.5	7.5	7.5
	副研究馆员	68	30.1	30.1	37.6
	馆员	141	62.4	62.4	100.0
	总计	226	100.0	100.0	/

表 3-11 连续变量描述性统计

问卷题项	个案数	最小值	最大值	平均值	标准差	偏度	峰度
1.具有图书馆职业道德	226	3	5	4.93	0.267	−4.195	18.486
2.知晓图书馆使命和任务	226	2	5	4.83	0.450	−3.042	10.560
3.能够进行职业规划	226	1	5	4.60	0.694	−2.084	5.687
4.拥有图书馆学与信息科学专业知识,了解专业馆藏涉及的学科知识	226	3	5	4.72	0.524	−1.688	1.985
5.掌握一门外语	226	1	5	4.20	0.952	−1.094	0.667
6.能进行自我管理	226	3	5	4.64	0.573	−1.357	0.864
7.拥有学士以上学位	226	1	5	4.25	0.938	−1.165	0.862
8.进行图书馆组织结构设计	226	2	5	4.36	0.783	−1.006	0.254
9.进行人力资源管理	226	1	5	4.28	0.863	−1.075	0.827
10.组织并优化业务流程	226	3	5	4.62	0.609	−1.342	0.724
11.控制图书馆任务进展	226	1	5	4.38	0.793	−1.612	3.564
12.对图书馆进行全面评估	226	2	5	4.46	0.749	−1.241	0.814
13.能够胜任馆藏采购(获取)	226	1	5	4.49	0.738	−1.395	1.834
14.馆藏组织(分类、著录标引等)	226	1	5	4.54	0.730	−1.742	3.236
15.馆藏维护	226	1	5	4.49	0.744	−1.473	2.138
16.馆藏评估	226	1	5	4.49	0.726	−1.412	2.043
17.馆藏数字化	226	1	5	4.55	0.712	−1.703	3.225
18.知识获取	226	3	5	4.72	0.524	−1.688	1.985
19.知识共享	226	2	5	4.63	0.591	−1.507	1.890
20.知识转化	226	2	5	4.56	0.665	−1.416	1.450
21.知识保护	226	2	5	4.54	0.693	−1.372	1.093
22.知识应用	226	3	5	4.65	0.564	−1.343	0.841

续表3-11

问卷题项	个案数	最小值	最大值	平均值	标准差	偏度	峰度
23. 知识创新	226	2	5	4.58	0.697	−1.584	1.867
24. 能够聆听他人建议	226	3	5	4.72	0.489	−1.420	0.988
25. 准确进行口头表达	226	2	5	4.60	0.597	−1.349	1.425
26. 准确进行书面表达	226	3	5	4.57	0.602	−1.060	0.113
27. 能够阅读专业文献	226	3	5	4.49	0.662	−0.927	−0.279
28. 能够进行专业论文写作	226	2	5	4.33	0.783	−0.772	−0.583
29. 能够应用多种交流技巧	226	2	5	4.37	0.738	−0.839	−0.205
30. 能够参加专业组织	226	1	5	4.30	0.782	−0.979	0.807
31. 能够参与学术交流	226	1	5	4.36	0.743	−1.093	1.347
32. 能够进行自主学习	226	3	5	4.64	0.567	−1.295	0.711
33. 能够及时更新知识	226	2	5	4.67	0.573	−1.710	2.657
34. 具备好的学习方法	226	2	5	4.57	0.601	−1.203	1.050
35. 具有终身学习意识	226	2	5	4.68	0.579	−1.763	2.758
36. 能够进行辩证思维	226	2	5	4.45	0.705	−0.961	−0.081
37. 能够进行创新思维	226	2	5	4.54	0.680	−1.359	1.180
38. 具备坚强的学习意志	226	2	5	4.54	0.654	−1.208	0.690
39. 具备学习动力	226	2	5	4.52	0.668	−1.255	1.069
40. 具备团队意识,积极参与项目团队,为团队献计献策	226	2	5	4.63	0.583	−1.481	1.883
41. 进行有效谈判促成合作,在合作中解决冲突	226	2	5	4.44	0.704	−1.010	0.298
42. 积极承担团队责任	226	2	5	4.56	0.652	−1.281	0.853
43. 进行有效讨论,尊重团队成员,鼓励他人提出多样化观点	226	2	5	4.56	0.645	−1.285	0.914
44. 客观评价他人观点,分析团队各要素关联	226	1	5	4.49	0.719	−1.398	2.102
45. 文献借阅	226	2	5	4.52	0.688	−1.181	0.407
46. 文献答疑	226	2	5	4.54	0.731	−1.502	1.560
47. 阅读推广	226	2	5	4.61	0.673	−1.716	2.491
48. 文献翻译	226	1	5	3.92	0.975	−0.662	−0.012
49. 文献传递	226	1	5	4.30	0.852	−1.046	0.519
50. 文献检索	226	3	5	4.65	0.595	−1.476	1.121

续表 3-11

问卷题项	个案数	最小值	最大值	平均值	标准差	偏度	峰度
51. 发现用户需求,分析用户需求	226	3	5	4.71	0.536	−1.676	1.917
52. 进行信息分析	226	3	5	4.57	0.630	−1.183	0.291
53. 提供信息共享	226	2	5	4.54	0.660	−1.427	1.914
54. 进行科学研究	226	1	5	4.35	0.769	−1.036	0.910
55. 开展专业教学	226	1	5	4.27	0.843	−1.074	0.818
56. 提供战略决策支持	226	1	5	4.32	0.808	−1.000	0.553
57. 进行服务营销	226	1	5	4.16	0.892	−0.859	0.287
58. 开展学科知识服务	226	2	5	4.47	0.755	−1.331	1.138
59. 进行教学培训规划	226	1	5	4.40	0.767	−1.189	1.220
60. 进行教学培训评估	226	1	5	4.24	0.863	−1.120	1.311
61. 实施时间控制	226	1	5	4.22	0.885	−1.099	1.121
62. 运用教学技巧,进行教学互动	226	1	5	4.32	0.830	−1.266	1.679
63. 实施现场控制	226	1	5	4.25	0.854	−1.018	0.810
64. 熟悉计算机硬件	226	1	5	4.27	0.862	−1.025	0.470
65. 熟悉计算机软件	226	1	5	4.42	0.797	−1.476	2.437
66. 熟悉通信技术	226	2	5	4.25	0.824	−0.787	−0.275
67. 熟悉数字化技术	226	1	5	4.30	0.837	−1.166	1.298
68. 熟悉多媒体技术	226	1	5	4.38	0.758	−1.256	1.809
69. 熟悉信息安全技术	226	1	5	4.34	0.856	−1.319	1.560
70. 熟悉存储技术	226	1	5	4.25	0.849	−0.938	0.355
71. 熟悉图书保护与修复技术	226	1	5	4.23	0.879	−0.942	0.237
72. 进行图书馆预算	226	1	5	4.19	0.888	−0.930	0.442
73. 进行成本收益分析	226	1	5	4.00	0.996	−0.881	0.465
74. 通过多种渠道进行融资	226	1	5	3.84	1.081	−0.628	−0.304
75. 监督财务状况,进行财务风险控制	226	1	5	4.02	1.048	−0.817	−0.080
76. 规划设备配置	226	1	5	4.24	0.887	−1.066	0.756
77. 排查设备故障、维护与维修设备	226	1	5	4.25	0.871	−0.881	−0.010
78. 更新设备	226	1	5	4.26	0.872	−0.930	0.137

3. 因子分析

KMO取样适切性量数为0.947(表3-12),>0.7的要求,表中表示题项变量间具有共同因素存在,可以进行因子分析。

表3-12　KMO和巴特利特检验

KMO取样适切性量数		0.947
巴特利特球形度检验	近似卡方	18 653.231
	自由度	2850
	显著性	0.000

采取主成分分析法,基于特征值(特征值>1)进行因子提取,得到12个因子,12个因子累积总方差解释量为75.749,见表3-13,>70%,适合做因子分析。

表3-13　总方差解释

成分	初始特征值			提取载荷平方和			旋转载荷平方和		
	总计	方差百分比	累积%	总计	方差百分比	累积%	总计	方差百分比	累积%
1	37.693	49.596	49.596	37.693	49.596	49.596	11.606	15.272	15.272
2	3.638	4.787	54.384	3.638	4.787	54.384	7.049	9.275	24.547
3	2.640	3.473	57.857	2.640	3.473	57.857	5.794	7.623	32.170
4	2.408	3.168	61.025	2.408	3.168	61.025	4.969	6.539	38.709
5	1.957	2.574	63.600	1.957	2.574	63.600	4.964	6.532	45.240
6	1.667	2.193	65.793	1.667	2.193	65.793	4.505	5.928	51.168
7	1.545	2.033	67.826	1.545	2.033	67.826	4.288	5.643	56.811
8	1.391	1.830	69.655	1.391	1.830	69.655	4.214	5.544	62.355
9	1.345	1.770	71.425	1.345	1.770	71.425	3.460	4.552	66.907
10	1.200	1.579	73.005	1.200	1.579	73.005	2.799	3.683	70.591
11	1.052	1.384	74.388	1.052	1.384	74.388	2.350	3.093	73.683
12	1.034	1.361	75.749	1.034	1.361	75.749	1.570	2.066	75.749
13	0.928	1.221	76.970						
14	0.860	1.131	78.101						
15	0.799	1.052	79.153						
16	0.769	1.012	80.165						
17	0.730	0.960	81.125						
……	……	……	……						
76	0.032	0.042	100.000						

采用主成分分析法与凯撒正态化最大方差法，得到 12 个因子的旋转成分矩阵(表3-14)。

因子 1 包含 8 个题项，如能进行图书馆预算、进行成本收益分析、监督财务状况、进行财务风险控制、规划设备配置、排查设备故障、维护与维修设备等，这些题项分别代表了图书馆员的资金和设备管理能力，因此，该因子可命名为"资产管理能力"。因子 2 包含 10 个题项，如能进行教学培训规划、进行教学培训评估、运用教学技巧、进行教学互动实施现场控制、进行服务营销等，这些题项代表了图书馆员的信息素养培育能力，因此，该因子可命名为"教学培训能力"。因子 3 包含 8 个题项，如发现用户需求、分析用户需求、进行信息分析、提供信息共享、进行科学研究、开展专业教学等，这些题项代表了图书馆员的信息技术能力，因此，该因子可命名为"信息技术能力"。因子 4 包含 7 个题项，如能够进行自主学习、能够及时更新知识、具备好的学习方法、具有终身学习意识、能够进行辩证思维、能够进行创新思维、具备坚强的学习意志等，这些题项代表了图书馆员的学习能力，因此，该因子可命名为"学习能力"。因子 5 包含 7 个题项，如能够胜任馆藏采购(获取)、馆藏组织(分类、著录标引等)、馆藏维护、馆藏评估、馆藏数字化等，这些题项代表了图书馆员的馆藏管理能力，因此，该因子可命名为"馆藏管理能力"。因子 6 包含 7 个题项，如图书馆员具备文献借阅、文献答疑、阅读推广、文献翻译、文献传递、文献检索等能力，这些题项代表了图书馆员的文献服务能力，因此，该因子可命名为"文献服务能力"。因子 7 包含 7 个题项，如图书馆员具备知识获取、知识共享、知识转化、知识保护、知识应用、知识创新等能力，这些题项代表了图书馆员的知识管理能力，因此，该因子可命名为"知识管理能力"。因子 8 包含 6 个题项，如具备团队意识、积极参与项目团队、为团队献计献策、进行有效谈判促成合作、在合作中解决冲突、积极承担团队责任、进行有效讨论、尊重团队成员、鼓励他人提出多样化观点、客观评价他人观点、分析团队各要素关联，这些题项代表了图书馆员的团队合作能力，因此，该因子可命名为"团队合作能力"。因子 9 包含 6 个题项，如能够进行专业论文写作、能够应用多种交流技巧、能够参加专业组织、能够参与学术交流、掌握一门外语，这些题项代表了图书馆员的学术能力，因此，该因子可命名为"学术能力"。因子 10 包含 5 个题项，如能够进行图书馆组织结构设计、进行人力资源管理、组织并优化业务流程、对图书馆进行全面评估，这些题项代表了图书馆员的组织管理能力，因此，该因子可命名为"组织管理能力"。因子 11 包含 3 个题项，如能够聆听他人建议、准确进行口头表达、准确进行书面表达，这些题项代表了图书馆员的交流能力，因此，该因子可命名为"交流能力"。因子 12 包含 4 个题项，如能够进行职业规划、拥有图书馆学与信息科学专业知识、了解专业馆藏涉及的学科知识、能进行自我管理、拥有学士以上学位，这些题项代表了图书馆员的职业素养能力，因此，该因子可命名为"职业素养能力"。

表3-14 旋转成分矩阵

问卷题项	成分											
	资产管理能力	教学培训能力	信息技术能力	学习能力	馆藏管理能力	文献服务能力	知识管理能力	合作能力	学术能力	组织管理能力	交流能力	职业素养能力
Q77	0.783	0.113	0.258	0.057	0.088	0.087	0.115	0.124	0.077	0.066	0.029	0.101
Q79	0.771	0.068	0.300	0.128	0.058	0.040	0.109	0.139	0.073	0.220	0.068	0.045
Q78	0.751	0.080	0.264	0.022	0.075	0.066	0.187	0.164	0.035	0.116	0.102	-0.024
Q81	0.694	0.037	0.283	0.286	0.179	0.171	0.008	0.127	0.056	0.155	0.021	0.061
Q80	0.689	0.016	0.308	0.219	0.129	0.183	-0.021	0.146	0.059	0.327	0.114	0.080
Q76	0.667	0.094	0.259	0.137	0.227	0.225	0.030	0.078	0.076	0.225	0.007	0.218
Q82	0.657	0.158	0.136	0.162	0.115	0.255	0.248	0.184	0.277	-0.040	0.156	0.090
Q52	0.642	0.084	0.221	0.047	0.156	0.331	0.199	0.054	0.309	0.072	0.076	0.073
Q61	0.265	0.728	0.325	0.238	0.204	0.156	0.022	0.194	0.090	0.203	-0.090	0.028
Q64	0.334	0.719	0.322	0.173	0.169	0.088	0.221	0.137	0.189	0.084	0.240	0.115
Q58	0.150	0.702	0.175	0.214	0.137	0.197	0.234	0.140	0.451	0.110	0.035	0.101
Q65	0.260	0.700	0.256	0.205	0.200	0.188	0.242	0.110	0.235	0.053	0.293	0.088
Q66	0.470	0.694	0.215	0.206	0.139	0.185	0.170	0.150	0.202	0.163	0.181	0.117
Q67	0.326	0.687	0.273	0.249	0.154	0.239	0.193	0.166	0.180	0.083	0.251	0.011
Q59	0.316	0.683	0.152	0.129	0.192	0.179	0.227	0.196	0.361	0.068	-0.039	0.147
Q63	0.333	0.662	0.245	0.270	0.194	0.217	0.150	0.152	0.218	0.040	0.170	0.154
Q60	0.246	0.644	0.216	0.278	0.144	0.124	0.293	0.246	0.329	0.097	-0.055	0.142
Q62	0.486	0.644	0.214	0.194	0.080	0.453	0.199	0.166	0.144	0.121	0.156	0.070
Q15	0.376	0.644	0.070	0.267	0.208	0.017	0.169	0.224	-0.009	0.341	0.356	0.098
Q71	0.261	0.077	0.819	0.116	0.128	0.102	0.084	0.061	0.089	0.103	-0.023	0.122
Q72	0.297	0.204	0.787	0.065	0.105	0.124	0.043	0.116	0.125	0.051	0.078	0.047
Q70	0.355	0.079	0.735	0.125	0.130	0.108	0.055	0.105	0.189	0.119	0.075	0.046
Q69	0.150	0.041	0.723	0.215	0.139	0.098	0.106	0.052	0.100	0.033	0.058	0.107
Q74	0.310	-0.016	0.695	0.069	0.206	0.188	0.270	0.176	0.153	0.000	0.075	0.003
Q73	0.372	0.059	0.694	0.081	0.082	0.115	0.248	0.111	0.103	0.081	0.140	0.042
Q68	0.266	-0.112	0.654	0.132	0.061	0.201	0.120	-0.053	0.203	0.119	0.121	0.111
Q75	0.340	-0.216	0.600	0.172	0.195	0.210	0.149	0.168	0.056	0.072	0.123	0.079
Q39	0.158	0.177	0.138	0.747	0.061	0.167	0.163	0.155	0.102	0.152	0.133	0.120
Q41	0.241	-0.027	0.209	0.693	0.112	0.189	0.223	0.239	0.103	0.143	0.100	0.148
Q43	0.285	-0.044	0.129	0.683	0.288	0.101	0.122	0.220	0.295	0.059	0.064	0.026

续表 3-14

问卷题项	成分											
	资产管理能力	教学培训能力	信息技术能力	学习能力	馆藏管理能力	文献服务能力	知识管理能力	合作能力	学术能力	组织管理能力	交流能力	职业素养能力
Q38	0.202	0.089	0.251	0.642	0.155	0.180	0.254	0.093	0.212	0.218	0.260	0.024
Q42	0.269	−0.079	0.165	0.596	0.194	0.118	0.288	0.305	0.316	0.194	0.049	0.028
Q40	0.302	−0.011	0.225	0.541	0.127	0.067	0.303	0.395	0.199	0.134	0.158	0.108
Q37	0.134	0.226	0.240	0.534	0.053	0.354	0.081	0.163	0.198	0.401	0.079	0.199
Q18	0.130	−0.037	0.221	0.039	0.775	0.192	0.113	0.145	0.160	0.122	0.036	0.077
Q19	0.171	−0.064	0.135	0.085	0.711	0.171	0.153	0.246	0.118	0.135	0.164	0.020
Q21	0.289	0.068	0.130	0.214	0.690	0.070	0.188	−0.185	0.095	0.015	0.197	0.001
Q17	0.112	0.117	0.152	0.146	0.689	0.152	0.127	0.067	0.099	0.165	0.074	0.259
Q20	0.212	0.104	0.137	0.141	0.654	0.193	0.255	0.161	0.146	0.161	0.143	0.158
Q50	0.259	0.014	0.168	0.119	0.128	0.678	0.183	0.180	0.140	0.045	0.328	0.067
Q49	0.198	−0.124	0.235	0.097	0.238	0.669	0.132	0.069	0.057	0.012	0.295	0.046
Q54	0.158	0.237	0.248	0.240	0.233	0.628	0.103	0.144	0.090	0.169	−0.106	0.193
Q51	0.326	−0.008	0.123	0.245	0.232	0.608	0.217	0.177	−0.028	−0.021	−0.007	0.062
Q53	0.504	0.042	0.135	0.075	0.192	0.519	0.173	0.130	0.233	0.214	−0.061	0.125
Q57	0.330	0.016	0.204	0.225	0.146	0.510	0.240	0.366	0.271	0.077	0.019	−0.007
Q55	0.145	0.212	0.280	0.118	0.068	0.477	0.150	0.376	0.189	0.250	0.087	0.142
Q23	0.222	0.016	0.158	0.174	0.164	0.240	0.716	0.073	0.068	0.028	0.203	0.142
Q24	0.234	0.114	0.260	0.188	0.325	0.117	0.615	0.148	0.175	0.156	0.088	0.084
Q22	0.036	0.195	0.265	0.218	0.256	0.279	0.588	0.135	0.048	0.025	0.131	0.177
Q26	0.222	0.042	0.204	0.237	0.185	0.148	0.574	0.120	0.239	0.303	0.051	−0.045
Q27	0.282	−0.092	0.162	0.249	0.197	0.218	0.570	0.026	0.183	0.239	0.048	0.134
Q25	0.397	0.010	0.115	0.259	0.274	0.102	0.513	0.060	0.046	0.189	0.272	0.183
Q48	0.370	0.179	0.147	0.230	0.111	0.124	0.076	0.647	0.150	0.127	0.252	0.082
Q44	0.272	−0.015	0.131	0.340	0.135	0.276	0.068	0.628	0.132	0.171	0.035	0.130
Q45	0.340	−0.044	0.162	0.264	0.149	0.196	0.109	0.613	0.128	0.139	0.221	0.202
Q47	0.284	0.129	0.125	0.380	0.094	0.236	0.127	0.612	0.138	0.165	0.226	0.104
Q46	0.257	−0.055	0.081	0.419	0.156	0.323	0.087	0.556	0.144	0.090	0.198	0.151
Q56	0.252	0.191	0.231	0.094	0.153	0.376	0.296	0.426	0.390	0.191	−0.043	−0.065
Q32	0.324	0.002	0.268	0.264	0.163	0.057	0.048	0.153	0.650	0.096	0.017	0.115
Q31	0.176	0.137	0.304	0.252	0.134	0.104	0.125	0.136	0.630	0.144	0.215	0.150

续表3-14

问卷题项	成分											
	资产管理能力	教学培训能力	信息技术能力	学习能力	馆藏管理能力	文献服务能力	知识管理能力	合作能力	学术能力	组织管理能力	交流能力	职业素养能力
Q35	0.205	0.093	0.227	0.348	0.194	0.225	0.147	0.135	0.536	0.149	0.035	0.243
Q33	0.295	-0.016	0.233	0.191	0.214	0.171	0.119	0.227	0.516	0.146	0.397	0.054
Q9	0.237	0.062	0.177	0.096	0.340	0.086	0.286	0.021	0.447	0.190	0.150	0.338
Q34	0.324	-0.155	0.208	0.272	0.182	0.288	0.223	0.204	0.431	0.004	0.068	0.239
Q13	0.331	-0.038	0.071	0.216	0.158	0.097	0.107	0.074	0.099	0.676	0.164	0.212
Q14	0.241	0.084	0.121	0.253	0.274	0.122	0.199	0.187	0.144	0.625	0.126	0.046
Q12	0.470	-0.004	0.082	0.125	0.214	0.028	0.180	0.191	0.163	0.594	0.137	0.175
Q16	0.324	0.085	0.222	0.184	0.417	0.033	0.176	0.186	0.041	0.494	0.178	-0.021
Q36	0.041	0.064	0.317	0.339	0.054	0.407	0.152	0.169	0.326	0.456	0.009	0.106
Q29	0.104	0.012	0.171	0.149	0.299	0.161	0.215	0.223	0.157	0.186	0.675	0.025
Q28	0.069	0.080	0.118	0.221	0.213	0.136	0.164	0.208	0.062	0.182	0.629	0.262
Q30	0.261	-0.082	0.175	0.277	0.275	0.116	0.297	0.231	0.335	0.149	0.374	-0.056
Q11	0.175	-0.015	0.137	0.175	0.181	0.143	0.053	0.003	0.302	0.039	0.260	0.610
Q8	0.070	0.190	0.302	0.105	0.229	0.089	0.125	0.252	0.052	0.154	-0.088	0.577
Q7	0.343	-0.036	0.073	0.210	0.005	0.112	0.336	0.233	0.153	0.241	0.125	0.540
Q10	0.241	-0.086	0.072	-0.014	0.293	0.197	0.284	0.294	0.148	0.288	0.184	0.421

4. 因子信度分析

12个因子的Cronbach's Alpha均在0.8以上(表3-15至表3-17,其他因篇幅所限并未列出),表明各因子内部变量具有较高的可信度,也就是说因子分析的结果是较为可信的。

5. 因子收敛及区别效度分析

由表3-18可知,构面之间的相关系数大多在0.3~0.7(>0.7容易共线性且区别效度不易通过;<0.3容易产生不显着的问题),构面的收敛效度AVE基本>0.5,构面AVE之开根号值大于与其他构面的相关系数,所以,此次因子分析满足收敛及区别效度要求。

6. 基于因子分析的图书馆员职业能力要素分析

由因子分析结果,本文总结出图书馆员职业能力要素。由于题项5(具有图书馆职业道德)和6(知晓图书馆使命和任务)几乎被所有被测试者认为是非常重要的,所以将其归类为"职业素养能力"因子。最终图书馆员职业能力要素见表3-19。

表3-15　"资产管理能力"因子信度分析报表

题项	项目相关性矩阵								信度	
	Q76	Q77	Q78	Q79	Q80	Q81	Q82	Q52	修正后项目总相关	克隆巴赫 Alpha
Q76	1.000	0.758	0.594	0.722	0.764	0.672	0.676	0.608	0.795	0.946
Q77	0.758	1.000	0.769	0.805	0.693	0.655	0.639	0.632	0.832	/
Q78	0.594	0.769	1.000	0.820	0.643	0.625	0.592	0.680	0.791	/
Q79	0.722	0.805	0.820	1.000	0.764	0.705	0.680	0.655	0.870	/
Q80	0.764	0.693	0.643	0.764	1.000	0.790	0.759	0.622	0.839	/
Q81	0.672	0.655	0.625	0.705	0.790	1.000	0.816	0.609	0.807	/
Q82	0.676	0.639	0.592	0.680	0.759	0.816	1.000	0.608	0.787	/
Q52	0.608	0.632	0.680	0.655	0.622	0.609	0.608	1.000	0.729	/

表3-16　"信息技术能力"因子信度分析报表

题项	项目相关性矩阵								信度	
	Q68	Q69	Q70	Q71	Q72	Q73	Q74	Q75	修正后项目总相关	克隆巴赫 Alpha
Q68	1.000	0.571	0.691	0.619	0.588	0.638	0.660	0.632	0.735	0.943
Q69	0.571	1.000	0.625	0.698	0.686	0.625	0.603	0.541	0.723	/
Q70	0.691	0.625	1.000	0.779	0.757	0.685	0.775	0.662	0.843	/
Q71	0.619	0.698	0.779	1.000	0.842	0.731	0.695	0.642	0.846	/
Q72	0.588	0.686	0.757	0.842	1.000	0.745	0.696	0.581	0.826	/
Q73	0.638	0.625	0.685	0.731	0.745	1.000	0.734	0.645	0.810	/
Q74	0.660	0.603	0.775	0.695	0.696	0.734	1.000	0.733	0.829	/
Q75	0.632	0.541	0.662	0.642	0.581	0.645	0.733	1.000	0.743	/

表3-17　"教学培训能力"因子信度分析报表

题项	项目相关性矩阵											信度	
	Q58	Q59	Q60	Q61	Q62	Q63	Q64	Q65	Q66	Q67	Q15	修正后项目总相关	克隆巴赫Alpha
Q58	1.000	0.776	0.780	0.766	0.638	0.735	0.717	0.764	0.725	0.742	0.466	0.834	0.963
Q59	0.776	1.000	0.814	0.740	0.634	0.700	0.717	0.720	0.767	0.710	0.464	0.825	/
Q60	0.780	0.814	1.000	0.747	0.664	0.710	0.710	0.735	0.749	0.722	0.487	0.834	/
Q61	0.766	0.740	0.747	1.000	0.710	0.676	0.728	0.749	0.764	0.769	0.501	0.838	/
Q62	0.638	0.634	0.664	0.710	1.000	0.670	0.656	0.678	0.682	0.687	0.476	0.756	/
Q63	0.735	0.700	0.710	0.676	0.670	1.000	0.818	0.794	0.796	0.783	0.460	0.838	/
Q64	0.717	0.717	0.710	0.728	0.656	0.818	1.000	0.809	0.828	0.780	0.518	0.856	/
Q65	0.764	0.720	0.735	0.749	0.678	0.794	0.809	1.000	0.831	0.869	0.596	0.890	/
Q66	0.725	0.767	0.749	0.764	0.682	0.796	0.828	0.831	1.000	0.847	0.549	0.890	/
Q67	0.742	0.710	0.722	0.769	0.687	0.783	0.780	0.869	0.847	1.000	0.561	0.881	/
Q15	0.466	0.464	0.487	0.501	0.476	0.460	0.518	0.596	0.549	0.561	1.000	0.581	/

表3-18　因子收敛及区别效度分析报表

序号	收敛效度	区别效度												描述性统计	
	AVE	1	2	3	4	5	6	7	8	9	10	11	12	平均值	标准差
1	0.502	0.709	0.828	0.701	0.526	0.684	0.609	0.657	0.662	0.676	0.496	0.559	0.617	4.0913	0.81371
2	0.540	0.828	0.735	0.688	0.611	0.758	0.736	0.760	0.779	0.716	0.632	0.673	0.737	4.3128	0.69791
3	0.513	0.701	0.688	0.716	0.520	0.632	0.603	0.560	0.654	0.560	0.504	0.523	0.585	4.3053	0.70375
4	0.517	0.526	0.611	0.520	0.517	0.612	0.668	0.541	0.640	0.634	0.626	0.575	0.560	4.5124	0.61067
5	0.518	0.684	0.758	0.632	0.612	−0.720	0.693	0.763	0.695	0.633	0.582	0.614	0.682	4.5506	0.54446
6	0.492	0.609	0.736	0.603	0.668	0.693	0.701	0.643	0.707	0.687	0.661	0.649	0.709	4.6128	0.51752
7	0.442	0.657	0.760	0.560	0.541	0.763	0.643	0.665	0.720	0.693	0.659	0.633	0.779	4.5413	0.56417
8	0.457	0.662	0.779	0.654	0.640	0.695	0.707	0.720	0.676	0.689	0.661	0.710	0.747	4.3414	0.63756
9	0.430	0.676	0.716	0.560	0.634	0.633	0.687	0.693	0.689	0.656	0.634	0.654	0.716	4.4699	0.59050
10	0.493	0.496	0.632	0.504	0.626	0.582	0.661	0.659	0.661	0.634	0.702	0.600	0.664	4.6283	0.49141
11	0.589	0.559	0.673	0.523	0.575	0.614	0.649	0.633	0.710	0.654	0.600	0.767	0.629	4.5509	0.53298
12	0.513	0.617	0.737	0.585	0.560	0.682	0.709	0.779	0.747	0.716	0.664	0.629	0.716	4.5676	0.55352

对角线粗体字为AVE之开根号值,下三角为皮尔森相关

因子1:资产管理能力;因子2:教学培训能力;因子3:信息技术能力;因子4:学习能力;因子5:馆藏管理能力;因子6:文献服务能力;因子7:知识管理能力;因子8:合作能力;因子9:学术能力;因子10:组织管理能力;因子11:交流能力;因子12:职业素养能力

表3-19　我国图书馆员职业能力要素

要素	要素内涵
资产管理能力	进行图书馆预算、进行成本收益分析、监督财务状况、进行财务风险控制、规划设备配置、排查设备故障、维护与维修设备
教学培训能力	进行教学培训规划、进行教学培训评估、运用教学技巧、进行教学互动实施现场控制、进行服务营销
信息技术能力	发现用户需求、分析用户需求、进行信息分析、提供信息共享、进行科学研究、开展专业教学
学习能力	进行自主学习、能够及时更新知识、具备好的学习方法、具有终身学习意识、能够进行辩证思维、能够进行创新思维、具备坚强的学习意志
馆藏管理能力	胜任馆藏采购(获取)、馆藏组织(分类、著录标引等)、馆藏维护、馆藏评估、馆藏数字化
信息服务能力	具备文献借阅、文献答疑、阅读推广、文献翻译、文献传递、文献检索能力
知识管理能力	具备知识获取、知识共享、知识转化、知识保护、知识应用、知识创新能力
团队合作能力	具备团队意识、积极参与项目团队、为团队献计献策、进行有效谈判促成合作、在合作中解决冲突、积极承担团队责任、进行有效讨论、尊重团队成员、鼓励他人提出多样化观点、客观评价他人观点、分析团队各要素关联能力
学术能力	能够进行专业论文写作、能够应用多种交流技巧、能够参加专业组织、能够参与学术交流、掌握一门外语
组织管理能力	进行图书馆组织结构设计、进行人力资源管理、组织并优化业务流程、对图书馆进行全面评估
交流能力	能够聆听他人建议、准确进行口头表达、准确进行书面表达
职业素养能力	具有图书馆职业道德、知晓图书馆使命和任务、能够进行职业规划、拥有图书馆学与信息科学专业知识、了解专业馆藏涉及的学科知识、能进行自我管理、拥有学士以上学位

四、结论与研究不足

本文在梳理国内图书馆关于馆员职业能力的研究基础上,提取出图书馆馆员职业能力的要素指标,并通过问卷调查数据进行描述性统计和因子分析,最终构建出我国图书馆员职业能力要素层级。主要结论如下。

第一,从调查问卷的类别变量频率统计来看,调查对象是年龄集中在 31~60 岁的馆员和副研究馆员,其中女性居多。

第二,从调查问卷的连续变量描述性统计来看,大家普遍认为非常重要的图书馆员职业能力是:具有图书馆职业道德(平均值 4.93);知晓图书馆使命和任务(平均值 4.83);拥有图书馆学与信息科学专业知识,了解专业馆藏涉及的学科知识(平均值 4.72);知识获取(平均值 4.72);能够聆听他人建议(平均值 4.72)。大家普遍认为不是那么重要的图书馆员职业能力是:进行服务营销(平均值 4.16);监督财务状况,进行财务风险控制(平均值 4.02);进行成本收益分析(平均值 4.00);文献翻译(平均值 3.92);通过多种渠道进行融资(平均值 3.84)。这也很好理解,目前国内图书馆基本属于财政拨款,融资、收益、财务大多数图书馆都不用操心。

第三,实证研究结果表明,我国图书馆员职业能力要素由资产管理能力;教学培训能力;信息技术能力;学习能力;馆藏管理能力;信息服务能力;知识管理能力;团队合作能力;学术能力;组织管理能力;交流能力;职业素养能力构成。

第四,对因子分析结果进行信度和收敛与区别效度分析,结果表明因子分析的结果是可信的,且因子分析也基本满足收敛及区别效度要求。

研究不足主要如下。

第一,对构建出的图书馆员职业能力要素解释较为主观。因为测量题项在理论上不可能完全解释要素(构面),所以对要素的解释必然存在主观倾向。

第二,在图书馆员职业能力要素归纳上可以继续吸收新的要素指标,要素指标的全面系统是要素(构面)全面的根本保证。也就是说图书馆员职业能力要素是随着图书馆生态环境而变化的。

第三,因子分析的结果无法揭示图书馆员职业能力各要素所占的权重,这样就无法明确哪些要素是图书馆员职业能力的核心。找出构建图书馆员职业能力各要素权重的方法并实证研究将是下一步本课题组的工作。

第四章
基于战略与用户视角的馆员能力建设

随着计算机网络技术和信息技术的不断发展以及知识管理理念的引入,大学图书馆的服务模式由传统的被动式服务发展到主动式服务,逐渐向着知识化、个性化和专业化的方向发展。图书馆作为高校文献信息中心,在构建大学文献保障系统,为教学、科研、学科建设架构文献服务体系中有着不可替代的重要作用。大学图书馆员的能力在其中起着决定性的作用,直接关系着图书馆战略愿景的规划与实现,直接关系着用户的满意与黏性。本章重点从大学图书馆的战略目标和用户体验两个视角,调查和阐述大学图书馆员的能力建设。

第一节　基于战略愿景视角的馆员能力建设

"高校学校均有自己的发展战略和目标使命:一流大学、若干一流学科、特色发展、研究型、教学研究型、教学型等。这些都影响着学校的人才培养体系、学科建设体系,必将影响着图书馆的文献信息资源保障与服务体系建设。教育部高校图工委图书馆战略规划研究工作小组曾经对北美、欧洲、澳大利亚等经济发达地区的近 40 家以高校馆为主的图书馆进行了调查发现:服务、资源、馆藏、支持、用户是战略规划中词频排行前 5 名。由此,高校图书馆的战略与使命理应是服务于学校的发展战略;实现路径是建设优质的文献信息资源保障体系,构建优质高效的文献信息资源服务体系;价值体现是支持学校的教学、科研、学科建设,以及学生的创新创业、成长成才等中心工作。[①]"战略目标的实现,首先是人力资源支持。因此,通过大学图书馆的战略目标,可以透视大学馆员的队伍与能力建设。

---

① 刘荣清.基于 BSC 原理的高校图书馆绩效评价指标探析[J].农业图书情报,2019,31(11):58-63.

一、大学图书馆的战略愿景调研

调研的对象是北京大学、清华大学,以及"长三角地区"部分进入"双一流"建设行列的大学图书馆,主要是通过浏览大学图书馆的官方网站,从其中的"本馆概况""馆长寄语""读者服务"等相关栏目,调研的时间为 2020 年 9 月 1 日—10 日。希望通过国内"双一流"建设大学图书馆的办馆理念、发展愿景(表 4-1)、战略目标,解析当前我国大学图书馆员的能力建设的路径与目标。

表 4-1　部分大学图书馆战略愿景情况(单位排名不分先后)

单位	宗旨与理念	战略目标与愿景
北京大学图书馆	兼收并蓄 传承文明 创新服务 和谐发展	建设一个世界一流的,资源丰富、设施先进、高水平、现代化的,以数字化网络化为技术基础的北京大学文献资源保障与服务体系,为学校的教学科研提供文献信息保障,为创建世界一流大学服务
清华大学图书馆	读者为中心、服务为主导	紧密配合学校改革发展、人才培养和学科建设的要求,瞄准国际图书馆业界发展前沿,不断创新图书馆的服务方式和管理模式,大力改善读者学习与研究环境,为早日将图书馆建成具有清华特色、研究型、数字化、开放式的国际一流大学图书馆
上海交通大学图书馆	一流服务、主动服务、智能服务;一站式、自助式;个性化、人性化	创建"资料随手可得,信息共享空间;咨询无处不在,馆员走进学科;技术支撑服务,科研推进发展""以人为本,读者之家;知识服务,第二课堂;信息主导,共享空间"
复旦大学图书馆	服务第一,读者至上	加强馆藏建设,扩展和深化服务,深入院系开展学科服务。引进新技术,更新服务方式,提升服务理念,发挥图书馆文献资源保障和创新服务的功能作用
同济大学图书馆	读者第一,服务至上	开展文献流通阅览、电子阅览、国内外馆际互借、参考咨询、信息素养教研、科技查新、学科服务、情报分析与研究、知识产权信息服务等,并开展多元文化活动,全方位服务全校师生,为教学和科研服务,同时为兄弟院校和社会提供文献信息服务
上海财经大学图书馆	用户第一,持续改进和追求卓越	全面建设文献收藏与服务中心、文化传承与发展中心、学科资源研究与服务中心、信息素养教育与发展中心和学术数据集成与应用中心,不断提升图书馆的基础保障和学术服务水平,积极引领国内财经高校图书馆的资源共享事业不断发展

续表4-1

单位	宗旨与理念	战略目标与愿景
南京理工大学图书馆	读者第一,服务育人	贯彻国家的教育方针,认真履行图书馆的教育职能和信息服务职能,树立和落实全面、协调、可持续的科学发展观,加强内涵建设,以文献资源建设为先导,以信息基础设施建设为保障,以馆员队伍建设为核心,以读者服务工作为根本,为学校"双一流"大学建设做出积极贡献
合肥工业大学图书馆	以人为本,读者第一,服务创新	坚守"牢记立德树人的根本任务,建设优质的文献资源保障体系,传承文化,服务读者"的初心,以丰富的馆藏文献、高素质的馆员队伍、强大的服务能力、优质的服务水准,支持学校人才培养、科学研究、社会服务、文化传承创新和国际合作交流,建设成为与学校发展水平相适应的、有特色的、现代化的服务与研究并重型图书馆
南京农业大学图书馆	/	构筑信息平台,建设信息资源,创造优美环境,最大限度地推进学校的人才培养、科学研究、服务社会和文化传承文化,为建设世界一流的农业大学,提供及时、便捷和准确的服务
浙江大学图书馆	/	努力做好浙江大学建设世界一流大学和一流学科的支撑平台,为浙江大学建设中国特色的世界一流大学做出应有的贡献
东南大学图书馆	/	朝着专业化、信息化、卓越化的一流学术图书馆目标砥砺奋进
中国科学技术大学图速滑馆	/	将以建设一流研究型图书馆为目标,围绕服务支撑"潜心立德树人执着攻关创新"两大核心任务,不断优化文献资源体系和技术平台,拓展和创新服务功能,打造成为学校的文化中心、文明中心和交流中心,为学校建设中国特色、科大风格的世界一流大学做出更大贡献

二、基于战略愿景的馆员能力需求分析

一个单位的战略愿景在单位创新和职工能力建设过程中起到提供方向指引和创新思想的指导作用。在战略愿景和共同目标指导下,大学图书馆员的能力既要在既有服务领域上提升,又要在新的目标环境下拓展服务领域、创新服务内容,并获得比既有服务领域更具长期发展优势。通过战略愿景,可以折射出馆员能力建设需求、内容和目标,见表4-2。

表4-2 基于战略愿景的馆员能力需求分析(单位排名不分先后)

单位	能力建设目标	能力建设内容
北京大学图书馆	建设一个世界一流的文献保障与服务体系,为创建世界一流大学服务	资源丰富:高水平的文献采访和建设能力
		设施先进:新技术应用与建设能力
		文献资源保障体系:一流大学建设的文献保障能力
		文献资源服务体系:构建全面系统的一流大学文献服务能力
清华大学图书馆	与"一流大学"图书馆相匹配的馆员能力	瞄准国际图书馆业界发展前沿:科研能力、国际视野
		创新图书馆的服务方式和管理模式:创新能力、服务拓展能力、治理能力
		大力改善读者学习与研究环境:空间再造与空间价值提升能力
		研究型:开展服务的研究与研究的服务能力
		数字化:新技术的应用与建设能力
		开放式:基于空间、资源、服务的泛在图书馆建设能力
上海交通大学图书馆	一流服务、主动服务、智能服务;一站式、自助式;个性化、人性化	资料随手可得:数字服务、知识服务能力
		信息共享空间:信息发布、泛在服务能力
		咨询无处不在:互联网+咨询、智慧决策服务能力
		馆员走进学科:学科馆员的学科支撑服务能力
		技术支撑服务:技术馆员的新技术应用能力
		科研推进发展:科研团队服务能力、馆员科研能力
		以人为本,读者之家:空间再造、文化服务能力
		知识服务,第二课堂:信息素养、创新素养教育、教育职能发挥能力
		信息主导,共享空间:研学一体、专题服务能力
复旦大学图书馆	更新服务方式,提升服务理念,发挥图书馆文献资源保障和创新服务的功能作用	加强馆藏建设:文献资源保障与建设能力
		扩展和深化服务:创新、提升基础服务、拓展新型服务能力
		深入院系开展学科服务:学科馆员的学科支撑服务能力
		引进新技术:技术馆员的新技术应用与建设能力

续表4-2

单位	能力建设目标	能力建设内容
同济大学图书馆	全方位服务全校师生，为教学和科研服务，同时为兄弟院校和社会提供文献信息服务	开展文献流通阅览、电子阅览、国内外馆际互借：提升基础服务能力 参考咨询：信息咨询、知识服务能力 信息素养教研：信息素养教育与教研能力 科技查新：科研服务、科技服务能力 学科服务：学科支撑服务能力 情报分析与研究：文献计量、情报分析、情报产品服务能力 知识产权信息服务：知识服务、科技转化服务能力 开展多元文化活动：阅读推广、文化传承创新服务能力
上海财经大学图书馆	用户第一，持续改进和追求卓越；不断提升图书馆的基础保障和学术服务水平，引领国内财经高校图书馆的资源共享事业不断发展	全面建设文献收藏与服务中心：文献收藏、文献保障与建设能力 文化传承与发展中心：阅读推广、文化传承创新服务能力 学科资源研究与服务中心：学科支撑服务能力 信息素养教育与发展中心：信息素养、创新素养的教育与研究能力 学术数据集成与应用中心：数据管理、机构知识库、知识服务能力等
南京理工大学图书馆	读者第一，服务育人，为学校"双一流"大学建设做出积极贡献	贯彻国家的教育方针：支撑大学教育发展能力 认真履行图书馆的教育职能和信息服务职能：馆员的教育能力、知识服务、学科服务能力 树立和落实全面、协调、可持续的科学发展观，加强内涵建设：战略规划能力、新型服务能力 以文献资源建设为先导：文献保障与建设能力 以信息基础设施建设为保障：新技术应运与建设能力 以馆员队伍建设为核心：队伍规划、馆员培养与发展能力 以读者服务工作为根本：创新服务、提升基础服务、拓展和构建新型服务能力

续表 4-2

单位	能力建设目标	能力建设内容
合肥工业大学图书馆	以人为本,读者第一,服务创新,建设成为与学校发展水平相适应的、有特色的、现代化的服务与研究并重型图书馆	牢记立德树人的根本任务:教育能力 建设优质的文献资源保障体系:文献保障与建设能力 传承文化,服务读者:阅读推广、文化传承创新服务能力 高素质的馆员队伍:队伍规划、馆员培养与发展能力 强大的服务能力、优质的服务水准:创新服务、提升基础服务、拓展和构建新型服务能力 支持学校五大职能:支持学校发展的综合服务能力
南京农业大学图书馆	为建设世界一流的农业大学,提供及时、便捷和准确的服务	构筑信息平台:新技术新平台的应用与建设能力 建设信息资源:文献信息资源保障与建设能力 创造优美环境:空间再造与文化展现能力 支持学校五大职能:支持学校发展的综合服务能力
浙江大学图书馆	为浙江大学建设中国特色的世界一流大学做出应有贡献	做好浙江大学建设世界一流大学和一流学科的支撑平台:一流的文献保障、新技术应用、知识服务、学科服务、教育职能、文化创新服务等全方面能力
东南大学图书馆	一流学术图书馆目标	专业化:创新服务、专业服务、提升服务等能力 信息化:新技术应用、智慧化建设等能力 卓越化:一流的图书馆管理与服务能力
中国科学技术大学图书馆	一流研究型图书馆,为学校建设中国特色、科大风格的世界一流大学做出更大贡献	建设围绕服务支撑"潜心立德树人 执着攻关创新"两大核心任务:教育职能、科技攻关服务能力 优化文献资源体系和技术平台:新技术应用、新平台建设、智慧化建设等能力 拓展和创新服务功能:创新服务、提升基础服务、拓展和构建新型服务能力 打造成为学校的文化中心:文化展示、文化传承创新等能力 文明中心、交流中心:国际视野、人文交流服务能力等

三、战略愿景对馆员能力建设的积极作用

图书馆的战略愿景是对文献资源建设、空间价值体现、馆员队伍建设、新技术应用、内部治理、服务能力等多个领域的重大问题进行长远、全局、高层次的策划和指导,即从全局思考和谋划,实现全局目标的规划。战略愿景包含着对图书馆发展定位与竞争优势

的描述,明确图书馆的核心价值以及如何利用核心能力发挥核心价值,为图书馆的创新发展和馆员的能力建设提供方向与导引。

1. 清晰的战略愿景对馆员能力建设的引领作用

不难理解,在清晰的战略愿景导向下构建起来的发展目标,可以让图书馆全体馆员有清晰而共享的奋斗目标,促使有限的资源得到充分的整合和利用,发挥其最大的效能。沿着战略愿景出发,可以有效地统一指导,将图书馆各项工作的开展和各个阶段的发展有机联系起来,凝聚组织力量、形成共享文化,让图书馆真正成为一个不断生长着的有机体。同时,当文献、空间、馆员、资金等有限的资源围绕战略愿景来配置时,可以很大程度地排除其他不良干扰因素,资源配置的效率将会得到极大提高。也就是说,在清晰、共享的战略愿景导引下,能够明确图书馆的核心能力,能够指导构建和利用核心能力的方式,继而在高效的资源配置中实现图书馆能力的提升。

由此,战略愿景度馆员能力的引领和导向作用的逻辑在于:图书馆根据战略愿景制定阶段性发展目标,明确图书馆核心价值和馆员核心能力构建方向,进而合理配置资源,加强馆员能力建设,引导馆员能力提升(图4-1)。

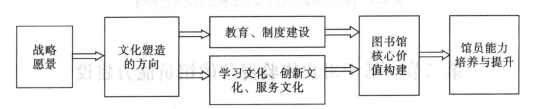

图4-1　战略愿景对馆员能力建设的导向作用

2. 战略愿景通过组织结构的匹配影响馆员能力建设

美国著名管理学者艾尔弗雷德·D·钱德勒(Alfred D. Chandler)提出的钱德勒结构跟随战略指出,组织结构是随着战略的变化而变化的,战略重点决定着组织结构,战略重点的转移决定着组织结构的调整,组织结构制约着战略重点的实施。也就是说,战略愿景直接影响组织结构的调整和组织机构的设置。大学图书馆的组织机构通常是以业务分工和工作职责来设置的。因而,组织机构的设置会影响综合资源,尤其是人力资源的配置,带来职责的调整和组织学习方式的更新,引发图书馆员能力建设和提升(图4-2)。

3. 战略愿景通过组织文化影响馆员能力建设

文化是重要的战略性要素,是战略的重要组成方面,同时也是一项重要的管理工具,对事业发展和绩效提升有着重要的影响。它主要通过影响组织的学习方式、行为方式和组织凝聚力来影响组织核心价值的形成和核心能力的构建。大学图书馆的战略愿景既

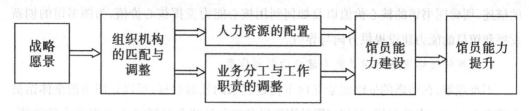

图4-2　战略愿景对组织机构和馆员能力建设的影响

是一种远景目标,也是一种组织文化,通过思想教育、建立制度等方式将文化中的战略制约型部分向战略支持型部分转变,实现战略与文化的协调发展,由此决定和影响着图书馆的学习文化、创新文化和服务文化,影响着馆员核心能力的构建与培养(图4-3)。

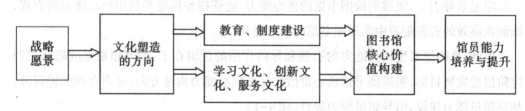

图4-3　战略愿景对组织文化和馆员能力建设的影响

第二节　基于用户体验视角的馆员能力建设

"ISO 9241-210"标准将用户体验定义为:人们对于针对使用或期望使用的产品、系统或者服务的认知印象和回应。即用户在使用一个产品或系统之前、使用期间和使用之后的全部感受,包括情感、信仰、喜好、认知印象、生理和心理反应、行为和成就等各个方面。该说明还列出三个影响用户体验的因素:系统、用户和使用环境。[①]"从这种意义上说,图书馆的用户体验就是图书馆"用户在利用图书馆过程中的全部印象与感受,它决定了图书馆服务和用户的满意度及忠诚度。[②]"

为优化图书馆功能布局,改善读者使用体验,提升图书馆管理与服务水平,合肥工业大学图书馆开展了基于对图书馆的资源满意度、服务满意度、馆舍环境满意度等方面的读者问卷调查。通过此次调研,了解读者对各种资源的需求、利用情况及满意程度,才能

---

① 百度百科.用户体验[EB/OL]. https://baike.baidu.com/item/% E7% 94% A8% E6% 88% B7% E4% BD% 93% E9% AA% 8C/1994? fr=aladdin.

② 张明霞等.图书馆用户体验的内涵及提升策略[J].新世纪图书馆,2015(7):10-13.

有针对性地进行资源建设,更好地发挥图书馆在保存资料和传播知识中的作用。通过对服务满意度和馆舍环境满意度的调查,可以对服务和馆舍环境进行针对性的改善,提升图书馆服务育人、环境育人功能。通过对用户体验的调查研究,才能更好地了解图书馆员还存在哪些方面的服务能力弱点,更好加强馆员的能力建设。

一、图书馆用户体验问卷

合肥工业大学图书馆问卷调查

为优化图书馆的功能布局,改善读者使用体验,提升图书馆的管理和服务水平,我们设计了图书馆用户体验调查问卷如下,请您抽出宝贵的时间参与此次调查,我们向您表示衷心感谢!

(1)您的职业为?〔单选题〕

    ○本科生　　　　　　　　○硕士研究生

    ○博士研究生　　　　　　○教师

(2)在校期间您每月平均来图书馆的频率是:〔单选题〕

    ○A. >15　　　　　　　　○B. 6–15

    ○C. <5　　　　　　　　○D. 平时不来,备考时集中来

(3)您来图书馆的目的是什么?〔多选题〕

    ○借还图书　　　　　　　○电子阅览室查阅电子资源

    ○查阅纸质学术杂志报纸等　　○研讨交流

    ○考研考公考证等自习　　○期中期末备考

    ○休闲娱乐

(4)您如何评价图书馆现有资源?〔矩阵单选题〕

项目	很满意	满意	一般	不满意	很不满意
纸质资源整体满意度	○	○	○	○	○
电子资源整体满意度	○	○	○	○	○
图书及时更新上架速度	○	○	○	○	○
图书复本量	○	○	○	○	○
图书与专业匹配度	○	○	○	○	○
书架上寻找图书难易度	○	○	○	○	○
图书馆网站新书推介服务	○	○	○	○	○
读者荐购服务	○	○	○	○	○

（5）您认为图书馆应加大哪方面的纸质资源投入？［多选题］

○不用调整，现有图书比例合适　　　○专业学术类

○小说文艺、畅销读物类　　　　　　○外文书刊类

○考试辅导类　　　　　　　　　　　○其他_____

（6）您认为图书馆应加大哪方面的电子资源投入？［多选题］

○不用调整，现有电子资源比例合适　○电子图书

○电子期刊　　　　　　　　　　　　○学位论文

○影音休闲类数据库　　　　　　　　○其他_____

（7）您希望图书馆开展哪一类培训？［多选题］

○数字资源介绍及使用方面的培训　　○利用电子资源进行开题与立项

○课题查新、学术论文的撰写培训　　○Internet 免费学术资源的检索与利用

○个人文献管理软件的功能与使用　　○其他_____

（8）您对馆员的服务质量如何评价？［矩阵单选题］

项目	很满意	满意	一般	不满意	很不满意
馆员的仪表、着装	○	○	○	○	○
馆员的言语及服务态度	○	○	○	○	○
馆员的整体素质及业务能力	○	○	○	○	○
馆员解决问题的效率	○	○	○	○	○

（9）您对图书馆提供的信息化设备及相关配套服务是否满意？［矩阵单选题］

项目	很满意	满意	一般	不满意	很不满意
信息化设备（检索查询机、读报机、自助借还机、选座机、消毒机等）	○	○	○	○	○
网络设施	○	○	○	○	○
电源配置	○	○	○	○	○

（10）您对图书馆以下服务是否满意？［矩阵单选题］

项目	很满意	满意	一般	不满意	很不满意
开放时间	○	○	○	○	○
图书借阅期限	○	○	○	○	○
借阅规则和管理规定	○	○	○	○	○

项目	很满意	满意	一般	不满意	很不满意
检索查询系统的满意度	○	○	○	○	○
图书馆网站、媒体公众号提供的服务和信息传递情况	○	○	○	○	○
书刊摆放的整齐度和准确性	○	○	○	○	○
图书馆处理读者反馈意见的及时性	○	○	○	○	○

（11）您对科技查新工作提供的服务如何评价？（非必答）［矩阵单选题］

项目	很满意	满意	一般	不满意	很不满意
科技查新报告整体质量	○	○	○	○	○
科技查新或查收查引工作提供的数据库资源	○	○	○	○	○
科技查新报告查全率、查准率	○	○	○	○	○
科技查新周期	○	○	○	○	○

（12）您在使用图书馆资源或服务遇到问题时，最希望通过什么方式进行咨询？［多选题］

○面对面咨询　　　　　○办公电话咨询　　　　　○网络在线实时咨询

○电子邮件咨询　　　　○留言板咨询

（13）您对图书馆馆舍环境如何评价？［矩阵单选题］

项目	很满意	满意	一般	不满意	很不满意
馆舍整体布局	○	○	○	○	○
环境美化	○	○	○	○	○
灯光照明、采光和通风换气情况	○	○	○	○	○
声音环境	○	○	○	○	○
饮水、卫生间环境	○	○	○	○	○
室温条件适宜性	○	○	○	○	○
卫生状况	○	○	○	○	○
学习氛围	○	○	○	○	○
阅览座位布局及座位数量	○	○	○	○	○
书库的分布	○	○	○	○	○
各种指引和标志设置	○	○	○	○	○

（14）您对图书馆还有什么意见或建议？（非必答）［填空题］

二、问卷的设计及对馆员能力的调查

1.调查问卷的设计

本次问卷调查的对象是合肥工业大学教师和在读的学生,问卷采用选择性回答和开放式回答相结合的方式。问卷主要包括 4 个部分:①填写调查问卷读者的身份、来馆频率、来馆目的的调查,主要了解不同类型读者使用图书馆的比例和行为习惯;②读者资源满意度调查,主要了解读者对图书馆现有资源的满意度以及对图书馆纸质资源和电子资源建设的建议,分析馆员的文献信息资源建设能力;③读者服务满意度调查,主要了解读者对图书馆读者培训服务、馆员素质、设备设施、规章制度、信息化服务、问题咨询以及科技查新工作等方面的评价,了解馆员的信息化建设、信息咨询、知识服务服务等方面的能力;④馆舍环境满意度调查,主要了解读者对馆舍布局、阅览环境、灯光、声音、卫生、学习氛围、阅览座位、书库分布等方面的评价,了解馆员对馆藏功能布局及空间再造方面的能力。

2.问卷所指向的馆员能力问题

馆员的能力直接决定着图书馆的服务质量,关系着用户的利用体验。本次问卷所涉及的问题背后都指向了馆员的服务能力,见表4-3。

表4-3 用户体验问卷与馆员能力分析表

问卷题项	指向的馆员能力
您如何评价图书馆现有资源	文献资源采购能力、文献资源分析能力、文献资源组织能力、导读能力、文献资源宣传能力等
您希望图书馆开展哪一类培训	文献资源利用培训能力、信息素养教育能力、创新素养教育能力等
您对馆员的服务质量如何评价	仪表端庄、着装得体、语言文明、富有亲和力、服务效率高等综合素质
您对图书馆提供的信息化设备及相关配套服务是否满意	信息化规划与建设能力、新技术应用能力、智慧图书馆建设能力等
您对科技查新服务如何评价	科技查新能力、文献检索与服务能力、科研支持能力、知识产权服务能力等
您最希望通过什么方式进行咨询	信息咨询能力、决策支持能力、新媒体服务能力等
您对图书馆馆舍环境如何评价	空间再造能力、功能布局能力、文化挖掘与展示能力等

三、调查数据分析

本次问卷调查通过问卷星平台进行，调查采用随机抽样的方法和不记名填写的方式，在读者服务群、图书馆网站和两校区总服务台和门岗处进行推广和发放，截至 9 月 27 日，共填写和回收问卷 422 份。在此基础上，采取统计分析法、对比法等方式对收回的数据进行研究和分析。

1.读者身份统计

从参加调查的读者身份来看，以本科生最多，达到了总人数的 46.92 %，其次是硕士研究生，博士研究生、教师人数最少（图 4-4）。这一方面与读者的人数相关，也一定程度上说明了几类不同层次的读者对图书馆利用程度。

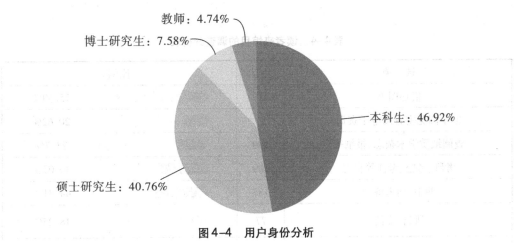

教师：4.74%
博士研究生：7.58%
本科生：46.92%
硕士研究生：40.76%

图 4-4 用户身份分析

2.读者来馆频率和来馆目的统计

从读者的到馆频率看，各有 30% 左右的读者每月到图书馆的次数分别为 15 次以上、6~15 次、小于 5 次，呈平均分布态势（图 4-5）。由于本次问卷调查主要采取的是线上征集，征集的渠道都与图书馆相关，所以主动参与调查的人员绝大多数都是热情度高且利用图书馆较多的人员，对图书馆的使用体验有较高的发言权，因此问卷调查结果具有较高的参考价值。

读者来图书馆的目的排名前三的分别是借还图书 75.59%、期中期末备考 44.31%、考研考公考证等自习 40.05%（表 4-4），结合下面阅览座位布局及座位数量满意度统计结果分析，图书馆在读者自习座位数量方面仍需要加强。

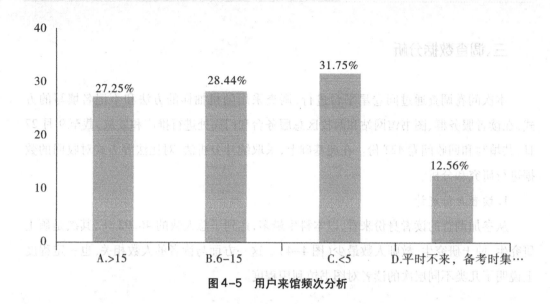

图4-5　用户来馆频次分析

表4-4　读者来馆目的调查分析表

选　项	小计	比例	
借还图书	319		75.59%
电子阅览室查阅电子资源	87		20.62%
查阅纸质学术杂志、报纸等	100		23.7%
考研、考公、考证等自习	169		40.05%
期中、期末备考	187		44.31%
研讨、交流	77		18.25%
休闲娱乐	31		7.35%
本题有效填写人次		422	

3. 图书馆现有资源满意度评价

读者对图书馆现有纸质资源和电子资源满意以上占比分别达到了77.72%和73.22%,总体还是比较满意的。书架上寻找图书困难的不满意比例达到了10.43%,不满意的比例稍大,需要进一步找出不满的原因(表4-5)。

合肥工业大学是一所以工为主,理、文、经、管、法、教育、哲学相结合的多科性大学,办学特色鲜明。专业学术类文献是读者需求度最高的,加大专业学术类纸质资源投入的比例达到了67.06%,需要图书馆为他们的专业学习提供丰富的文献信息资源保障

（表4-6）。其次是小说文艺、畅销读物类，比例为36.73%，反映了读者在课余时间对休闲类图书还是有一定需求的，其他类型书大致比例在25%~30%。

表4-5　图书馆文献资源满意度调查分析表　　　　　　　　　　人次/（占比）

题目\选项	很满意	满意	一般	不满意	很不满意
纸质资源整体满意度	125（29.62%）	203（48.1%）	83（19.67%）	7（1.66%）	4（0.95%）
电子资源整体满意度	126（29.86%）	183（43.36%）	96（22.75%）	15（3.55%）	2（0.47%）
图书及时更新上架速度	106（25.12%）	166（39.34%）	118（27.96%）	25（5.92%）	7（1.66%）
图书复本量	101（23.93%）	177（41.94%）	120（28.44%）	20（4.74%）	4（0.95%）
图书与专业匹配度	127（30.09%）	191（45.26%）	86（20.38%）	16（3.79%）	2（0.47%）
书架上寻找图书难易度	128（30.33%）	148（35.07%）	102（24.17%）	34（8.06%）	10（2.37%）
图书馆网站新书推介服务	115（27.25%）	151（35.78%）	130（30.81%）	24（5.69%）	2（0.47%）
读者荐购服务	124（29.38%）	159（37.68%）	117（27.73%）	18（4.27%）	4（0.95%）

表4-6　纸质文献资源状况数据分析表

选项	小计	比例
不用调整，现有图书比例合适	49	11.61%
专业学术类	283	67.06%
小说文艺、畅销读物类	155	36.73%
外文书刊类	122	28.91%
考试辅导类	126	29.86%
其他	25	5.92%
本题有效填写人次	422	

　　电子文献资源需求方面，见表4-7，加大电子期刊采购力度的比例最高为55.21%，其次是电子图书49.05%，学位论文为48.1%。不难看出，随着网络化、信息化应用的普及，电子资源服务平台可以简化传统借阅程序，更便捷的帮助读者查找、下载数字资源，极大地压缩了文献信息资源存储的物理空间，方便存取和携带，检索精准度更高。近些年，读者有从传统纸质文献过渡到使用电子资源的趋势，因此，图书馆员在文献信息资源采购中，应继续加大电子资源的采购比例，进一步开展更加广泛的读者调查，认真了解和掌握读者对图书馆电子资源的利用状况和需求，倾听读者对图书馆电子资源服务的意见和建议，并将其作为改进服务的重要依据。

表4-7　电子文献资源状况数据分析表

选项	小计	比例
不用调整,现有电子资源比例合适	68	16.11%
电子图书	207	49.05%
电子期刊	233	55.21%
学位论文	203	48.1%
影音休闲类数据库	69	16.35%
其他	11	2.61%
本题有效填写人次	422	

4. 图书馆服务评价分析

在对图书馆馆员的服务质量评价中,在仪表、着装、言语、态度、整体素质、业务能力、解决问题效率的评价中,满意以上评价比例均达到了 86% 以上,整体满意度较高,如图 4-6 所示。

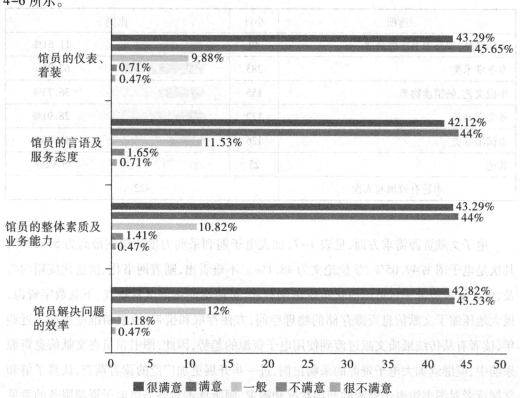

图4-6　馆员服务质量满意度分析

在信息化设备、网络设施、电源配置评价方面,读者对图书馆的整体信息化设备评价较好,不足之处在电源配备方面,不满意率达到 8%。图书馆无线 WIFI 已经建成,今后使用笔记本或 PAD 的读者会越来越多,对电源插座需求也会逐渐加大。今后,在图书馆的空间改造过程中要加以重视,在兼顾到美观和安全的基础上要尽可能地配置较多的电源插座,如图 4-7 所示。

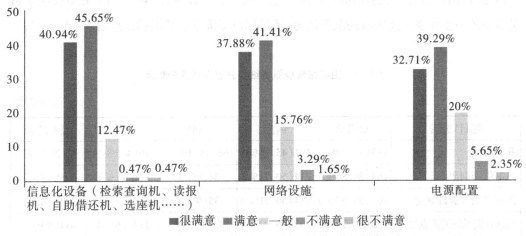

图 4-7　图书馆信息化设备及相关服务需求分析

读者对课题查新、学术论文的撰写培训兴趣较大,比例为 55.45%,对利用电子资源进行开题与立项兴趣稍小,比例为 37.68%,图书馆在开展读者培训活动时要进一步了解读者需求,设计更加精准的培训讲座主题,如图 4-8 所示。

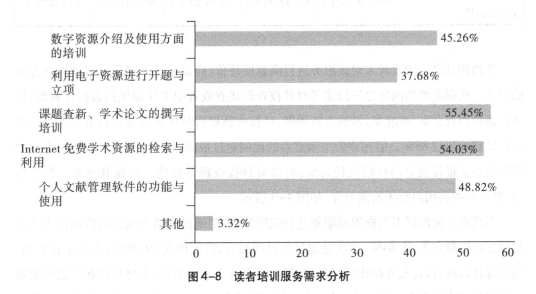

图 4-8　读者培训服务需求分析

读者普遍对图书借阅期限、借阅规则和管理规定等项目整体满意度较高,满意以上比例超过90%;对检索查询系统的满意度达到83.26%。图书馆开放时间满意度一般及以下比例达到22.74%,反映出部分读者有延长图书馆服务时间的需求。未来,在图书馆空间改造时考虑在合适位置增设具有独立通道的自习室,延长自习室开放时间。另外,在图书馆网站、媒体公众号提供的服务和信息传递情况、书刊摆放的整齐度和准确性、图书馆处理读者反馈意见的及时性等项目上,一般及以下比例在20%左右,充分说明了馆员需要进一步加强上述领域的服务能力,满足用户多维度多领域的信息需求(表4-8)。

表4-8 图书馆常规服务细节方面满意度分析表

人次(百分比)

题目\选项	很满意	满意	一般	不满意	很不满意
开放时间	135(31.99%)	191(45.26%)	65(15.4%)	19(4.5%)	12(2.84%)
图书借阅期限	164(38.86%)	214(50.71%)	38(9%)	3(0.71%)	3(0.71%)
借阅规则和管理规定	166(39.34%)	214(50.71%)	38(9%)	3(0.71%)	1(0.24%)
检索查询系统的满意度	155(36.73%)	198(46.92%)	58(13.74%)	7(1.66%)	4(0.95%)
图书馆网站、新媒体公众号服务和信息传递情况	147(34.83%)	188(44.55%)	70(16.59%)	13(3.08%)	4(0.95%)
书刊摆放整齐度和准确性	162(38.39%)	176(41.71%)	64(15.17%)	16(3.79%)	4(0.95%)
图书馆处理读者反馈意见的及时性	149(35.31%)	187(44.31%)	71(16.82%)	9(2.13%)	6(1.42%)

有约四分之一的读者未对该服务进行满意度评价,应该是没有接受过科技查新方面的服务。在剩余的约四分之三的读者对科技查新或查收查引工作提供的数据库资源,科技查新报告查全率、查准率,科技查新周期,科技查新报告整体质量等方面的总体满意度折合计算均超过85%。但在评价中满意者的比例超过很满意,充分说明科技查新方面的服务及查新报告质量仍有较大提升空间,需要科技查新馆员进一步提升业务与服务能力,进一步提高用户整体的满意度,如图4-9所示。

当读者在使用图书馆资源或服务遇到问题时,希望通过网络在线实时咨询的方式获得解答比例最高为65.64%,其次是通过面对面的方式,比例为59.48%,办公电话咨询、电子邮件咨询、留言板咨询比例相当,比例均为30%左右。由此,参考咨询馆员的咨询能力和服务能力提升尤为重要,要进一步增加网络在线咨询、面对面咨询等信息咨询的方

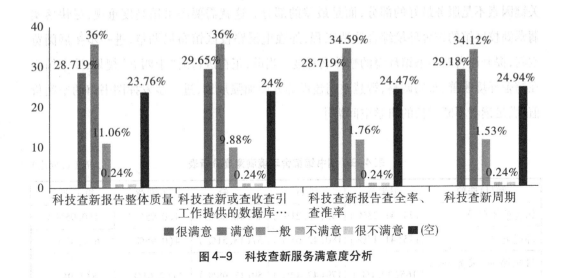

图4-9　科技查新服务满意度分析

法和路径,建设构建基于网络环境的在线客服系统,通过学生馆员队伍建设充当图书馆在线客服的角色,满足读者的信息咨询服务需求,如图4-10所示。

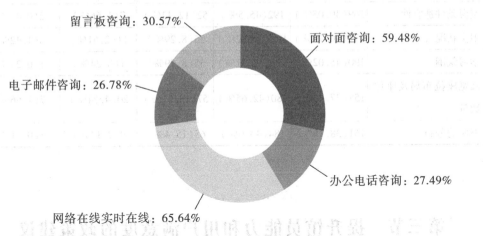

图4-10　用户咨询方式选择路径分析

5.图书馆馆舍环境满意度评价

在馆舍环境评价方面,学习氛围满意度最高,满意以上占比达到87.44%和91.23%。在卫生间环境、阅览座位布局及座位数量、照明和采光等方面,一般及以下比例超过了20%,这充分说明了图书馆在这些领域存在薄弱环节,这与图书馆馆舍环境的现状是相符的,如翡翠湖校区馆卫生间比较破旧、急需维修改造,屯溪路校区馆阅览座位严重偏少、不能满足读者的正常阅读需求等(表4-9)。根据木桶原理,决定木桶盛水量多少的关键因素不是其最长的板块,而是其最短的板块。影响读者对图书馆整体满意度评价的关键因素不是服务最好的部分,而是最差的部分。这就需要图书馆高度重视,尽快落实翡翠湖校区馆的馆舍环境综合改造工程,加强屯溪路校区馆布局调整、进一步拓展阅览空间,提升读者对图书馆环境的整体满意度。当前,正在进行的"十四五"规划,图书馆应在馆舍环境改善、布局调整,智慧空间建设等方面加强规划,进一步发挥图书馆的空间价值,满足读者不断增长的研学空间需求。

表4-9　图书馆馆舍环境满意度分析表　　　　　　　人次(百分比)

题目\选项	很满意	满意	一般	不满意	很不满意
馆舍整体布局	174(41.23%)	195(46.21%)	45(10.66%)	4(0.95%)	4(0.95%)
环境美化	175(41.47%)	180(42.65%)	57(13.51%)	4(0.95%)	6(1.42%)
灯光照明、采光和通风换气情况	165(39.1%)	179(42.42%)	59(13.98%)	11(2.61%)	8(1.9%)
声音环境	163(38.63%)	189(44.79%)	56(13.27%)	9(2.13%)	5(1.18%)
饮水、卫生间环境	162(38.39%)	182(43.13%)	57(13.51%)	13(3.08%)	8(1.9%)
室温条件适宜性	169(40.05%)	192(45.5%)	52(12.32%)	7(1.66%)	2(0.47%)
卫生状况	172(40.76%)	198(46.92%)	35(8.29%)	11(2.61%)	6(1.42%)
学习氛围	190(45.02%)	195(46.21%)	35(8.29%)	1(0.24%)	1(0.24%)
阅览座位布局及座位数量	158(37.44%)	180(42.65%)	57(13.51%)	20(4.74%)	7(1.66%)
书库的分布	161(38.15%)	184(43.6%)	65(15.4%)	9(2.13%)	3(0.71%)

第三节　提升馆员能力和用户满意度的政策建议

根据本次问卷调查,我们深切地感受到,用户体验是读者心声的真切反映。读者满意度高的,我们要进一步强化和提升;读者满意度低的,我们要分析问题产生的原因,要高度重视并及时研究解决。读者的满意度是图书馆一切工作的出发点,也是衡量馆员服务能力和服务质量的唯一标准。图书馆要从加强馆员能力建设,提高馆员的综合素质与服务能力为基础,通过优质高效的馆员服务提升用户体验效果,提高读者满意度。

一、提升馆员常规服务的精细化水平

随着时代的发展,大学图书馆转型发展的工作重点逐渐向以科研支持和决策支持为基础的学科服务和个性化服务转移,但图书馆传统领域的常规服务工作丝毫不能放松。馆员的常规服务能力虽然不能够给图书馆业务开展带来明显的亮点,且服务工作琐碎细小,但正是这些看似平常的工作却直接影响读者的体验和对图书馆的整体印象。比如,"书架上寻找图书难易度"的评价偏低,这显然就是图书馆没有及时对书架上的图书进行盘点的结果。

只有坚持不懈地把这些与读者学习联系密切的常规服务做细、做精,才能够吸引越来越多的读者关注图书馆,喜爱图书馆,利用图书馆。这就需要大学图书馆员以良好的职业素质做好图书馆的业务工作,以优质的服务能力为读者提供文献支持、阅读支持、科研支持、文化支持,这也为图书馆开展各种特色服务和深层次的新型服务打下良好的信誉基础。

二、提升馆员文献宣传和信息素养与数据素养教育能力

从问卷数据上看,合肥工业大学图书馆各类资源丰富,但仅有三成读者对图书馆的纸质资源和电子资源持很满意的态度。原因可能是读者对图书馆的各类资源和服务缺乏了解。因此,要加大馆员的资源推介能力,及时通过各类媒介发布新书通报和新增资源介绍,联合各学院团学组织开展阅读共建活动,架构读者、文献、馆员之间的桥梁。电子资源是图书馆建设的重点,更需要馆员加强馆藏电子资源加大宣传和利用培训力度;需要学科馆员的沟通能力、宣传能力、文献资源导航能力,密切与各学院、各学科和读者之间的联系,开展学科文献导航和教学与科研的文献的支持服务;需要技术馆员加强电子文献资源的平台建设,搭建一站式智能化服务平台,方便读者文献检索与发现。

近年来,合肥工业大学图书馆学科馆员每学期定期组织开展多场文献利用、阅读推广、文献管理软件使用等方面的培训和讲座,效果很好,很受读者欢迎。学科馆员要进一步提升讲座与培训课程的规划能力,形成本科生、研究生等不同群体读者的体系化培训课程。提高馆员利用新技术新媒体开展线上线下相结合的读者教育能力,比如,通过直录播平台建设,对讲座过程进行直播,馆员和读者通过互联网,利用电脑、手机、ipad 等终端设备进行实时观看。对讲座内容录制后,读者随时在图书馆网站上进行点播,解决读者时间、空间不同步问题,可以将培训的效果最大化,更好地提高培训课程质量,增强信息素养和数据素养教育的传播力和影响力,不断提升图书馆的综合影响力。

三、提升馆员的空间开发与服务能力

时代发展日新月异,随着生活水平的不断提高,物质文化的发展已经远远不能满足人们的生活需要,人们对精神文明的需求有了更高层次的追求。多数大学图书馆现有的馆舍空间格局已经不能完全满足读者的需求,亟需对图书馆的馆舍功能布局和阅览环境进行改造和提升。由此,馆员的馆舍空间开发与服务能力至关重要,尤其是基于智慧图书馆建设的智慧型空间开发能力更显紧要。图书馆要将空间视为重要的资源,为读者提供灵活多样的物理空间,通过嵌入丰富的纸质和电子资源,融合服务项目和文化活动,形成包含信息资源、空间和服务的有机体,促进知识和文化的交流。

在遵循以人为本、实用高效的原则下,结合空间结构、藏阅需求、功能定位、校园文化、精准服务等多方面元素,对图书馆功能分区进行深入细致的规划与开发,可以充分展示图书馆的整体形象,有效提升服务质量。本着功能布局的合理性、读者使用的便捷性、馆舍利用的充分性等原则,将馆舍按照功能进行区域划分,建设学术报告区、图书藏阅区、无纸化阅读区、主题阅读区、展览展示区、休闲阅览区、学术研讨区等多功能空间。将智能化智慧化的新技术应用于馆舍空间开发,将校园文化与图书馆馆藏文化融汇于空间利用之中,才能更好地满足读者的多样化空间需求,才能体现以文化人的图书馆空间价值,才能有更好的用户体验和较高的读者满意度。

第五章

大学图书馆员传统能力的提升

大学图书馆员是负责图书馆运营的专业人员。图书馆的传统业务和服务是以文献为中心建构以来的,主要是以文献信息的收集、组织、存储与利用,知识的创造、传播为主要内容的。大学图书馆员的主要职责是负责图书馆馆藏文献信息资源的采访、编目、揭示、流通、分析、宣传以及读者服务等一整套业务和服务工作。随着信息化、知识化、智慧化时代的到来,大学图书馆员的传统业务员与服务的形式和内容都发生了深刻的变化,需要馆员在传统业务与读者服务能力上有新的跃升。

第一节　大学图书馆员的传统业务能力

图书馆员是一项古老的职业。古代,收藏和保管是图书图书馆员的主要工作职责,图书馆员也被称为"图书保管员"。近期以来,随着图书馆事业的发展,图书馆的功能和馆员的作用也随之发生了拓展和深化。"17 世纪中叶,英国皇家图书馆馆长 J. 杜里主张图书馆员不应只是图书的保管人和提供者,还应是文化传播者。1894 年纽伯里大学校长哈珀提出图书馆员的工作不仅是管理图书,为书编目,还应充当读者利用图书的指导。"[①]图书馆员职责的巨大变化,尤其是基于对图书文献所彰显的文化传播和教育者的角色定位,对图书馆员的素质和能力也提出的更高的要求。"15 世纪意大利著名私人图书馆的拥有者费德里戈公爵要求图书馆员'学识渊博,神采奕奕,和蔼可亲,精通文学与语言'。德国图书馆学家 F. A. 艾伯特主张图书馆员必须接受严格的专业教育,他在 1820 年出版的《图书馆员的教育》一书中提出,图书馆员要有综合性的知识、广泛的外语和历史知识,

---

① 孟广均. 孟广均国外图书馆与情报学研究文选[M]. 北京:海洋出版社,2017:125.

还应了解文学史、目录学、古籍知识和百科词典。"①大学图书馆员的教育职能更显突出，指导学生查找和利用学术文献，开展经典导读辅导和学术研究专题服务等也都成为大学图书馆员的应有职责。由此，我们不能简单把图书馆员理解为图书的保管员或管理员。在长期的实践中，图书馆员已经是一项专业性很强，要求很高的专业技术人员，兼有对文献的分类与收藏和对读者的服务与教育等多重职责，兼备专业的文献保藏者、文化传播者、文明传承者和教育者等多重角色。

图书馆员的传统业务是以文献为中心开展的，主要有三大类，一是文献资源采购与馆藏建设工作，以"采访馆员"为主要办事主体和核心成员，主要包含文献采访、分类、编目、典藏等；二是文献管理与服务系统支持工作，以"技术馆员"为办事主体和核心成员，主要包含信息化建设、技术支持、系统维护等；三是为读者服务工作，主要以"流通馆员""咨询馆员"等为办事主体和核心成员，包含图书借还、参考咨询、科技查新、定题服务、信息素养教育等。不同业务分工的馆员需要掌握的专业知识和技能也各不相同。因此，传统图书馆馆员根据其职能不同可以分为采访馆员、编目馆员、系统馆员、参考馆员、查新馆员等。

2015 年 12 月 31 日，教育部印发《普通高等学校图书馆规程》，对高校图书馆的性质、任务等做了明确的阐述。规程将高等学校图书馆定义为："学校的文献信息资源中心，是为人才培养和科学研究服务的学术性机构，是学校信息化建设的重要组成部分，是校园文化和社会文化建设的重要基地。"规定："图书馆的主要职能是教育职能和信息服务职能。图书馆应充分发挥在学校人才培养、科学研究、社会服务和文化传承创新中的作用。图书馆的建设和发展应与学校的建设和发展相适应，其水平是学校总体水平的重要标志。""图书馆的主要任务是：①建设全校的文献信息资源体系，为教学、科研和学科建设提供文献信息保障；②建立健全全校的文献信息服务体系，方便全校师生获取各类信息；③不断拓展和深化服务，积极参与学校人才培养、信息化建设和校园文化建设；④积极参与各种资源共建共享，发挥信息资源优势和专业服务优势，为社会服务。②"

由此不难看出，大学图书馆是根据学校的职能定位和教育教学、科学研究、学科建设的需求，采购、搜集、收藏各种文献信息资源，构建文献信息资源保障体系，并为广大师生提供文献信息资源服务，成为大学图书馆的核心任务和核心价值。基于此，大学图书馆员基于文献的传统能力主要包括以下几个方面。

---

① 中国大百科全书总编辑委员会. 中国大百科全书 图书馆学·情报学·档案学[M]. 北京:中国大百科全书出版社,2002:442.

② 教育部.教育部关于印发《普通高等学校图书馆规程》的通知[EB/OL]. http://www.moe.gov.cn/srcsite/A08/moe_736/s3886/201601/t20160120_228487.html,2016-01-04.

一、大学图书馆员的文献采访与馆藏建设能力

根据国家科学技术名词审定委员会2019年全公布的《图书馆·情报与文献学名词》对"文献采访"的定义为："图书馆根据各自的性质、任务、读者需求和经费状况,通过购买、交换、受赠等方式尽可能经济、迅速地补充馆藏资源的过程。一般可分为购入和非购入两种方式。采访可分为两个阶段,即文献的选择和实际的购买过程,具体包括文献的筛选、查重、订购、接收和资金核算等环节。[①]"从上述定义可以看出,采访馆员的能力和素质至关重要,他们的工作直接关系图书馆的馆藏质量、品质、特色,是把好馆藏文献的第一道关口。因此,采访馆员应具备良好的政治素质、优良的道德品质、丰富的科学文化知识、扎实的图书馆学专业理论知识和技能。同时还要兼备市场意识、信息意识、意识形态安全意识、创新意识等良好的职业素养。

《普通高等学校图书馆规程》规定文献信息资源建设的主要内容有："第一,图书馆应根据学校人才培养、科学研究和学科建设的需要,以及馆藏基础和资源共建共享的要求,制订文献信息资源发展规划和实施方案。第二,图书馆在文献信息资源建设中应统筹纸质资源、数字资源和其他载体资源;保持重要文献、特色资源的完整性与连续性;注重收藏本校以及与本校有关的各类型载体的教学、科研资料与成果;寻访和接受社会捐赠;形成具有本校特色的文献信息资源体系。第三,图书馆应积极参与国内外文献信息资源建设的馆际协作,实现资源共建共享。第四,图书馆应根据国家和行业的相关标准规范,对采集的信息资源进行科学的加工整序,建立完善的信息检索系统。第五,图书馆应合理组织馆藏纸质资源,便于用户获取和利用;应加强文献保护与修复,保证文献资源的长期使用。第六,图书馆应注重建设数字信息资源管理和服务系统,参与校园信息化建设和学校学术资源的数字化工作,建立数字信息资源的长期保存机制,保障信息安全。[②]"

因此,就其专业能力而言,大学图书馆的采访馆员应具备根据学校学科分布与发展目标、教学科研需求、图书馆自身发展的定位等制定文献采访的方针、计划、实施细则等方面的规划能力;不断拓展经费来源、合理规划和利用专用经费、根据市场原则和学校规定做好文献采购的招标等工作能力;利用文献采访系统开展藏书选择、订单制作、书目查

① 图书馆·情报与文献学名词审定委员会. 图书馆·情报与文献学名词[M]. 北京:科学出版社,2019:70.

② 教育部. 教育部关于印发《普通高等学校图书馆规程》的通知[EB/OL]. http://www.moe.gov.cn/srcsite/A08/moe_736/s3886/201601/t20160120_228487. html,2016-01-04.

重、送审订购、现场采选等文献征订能力；研究国内外出版发行动态，收集图书和报刊出版发行信息，开展馆藏书目与出版书目比对、文献补充、委托采购、联合采购、接受捐赠等提高馆藏采全率的能力；及时开展读者文献需求调研与信息收集，加强读者荐购、书单征集、定向采购等提高馆藏文献采准率的能力；注重收集参考工具书、珍本专藏、行业或地方史料收藏、名人手稿专藏、教师和校友著作专藏等本馆特色馆藏文献的收集和整理能力；熟悉和利用最新的图书分类法按照统一标准开展图书分类、加工、编目等馆藏文献的元数据加工处理能力；对文献进行典藏、布局、排架、清点、剔除、馆藏地变更等文献的全流程管理能力；开展新书推介、经典导航、阅读推广、专业书目推荐等文献的宣传推广能力；定期开展采访入藏文献的来源和利用率分析、质量评估等提高馆藏质量和品质的能力；等等。

　　从图书馆是现代大学的"三大支柱"之一和图书馆自身的公益性文化事业机构的功能定位角度，采访馆员理应具备深入了解和研究大学学科设置和学位建设、师资状况、科研水平以及各类学生的课程设置和培养目标等方面的能力；应从文化收藏和传承者的角色出发，具备学习和研究国家文化发展的方针、政策，善于挖掘、收藏、利用中华优秀传统文化资源，积极宣传和推广我国经典名著，引导广大青年大学生在欣赏和品读经典文化资源中接受民族优秀文化和传统美德的熏陶。大学图书馆员的教育职能和教育能力也并是其中应有之义。

二、大学图书馆员的信息化建设与技术支持能力

　　20 世纪 50 年代开始，以微电子技术、信息技术、空间技术、网络技术等为代表的第三次科技革命，带来了"电子计算机的广泛应用，促进了生产自动化、管理现代化、科技手段现代化和国防技术现代化，也推动了情报信息的自动化。以全球互联网络为标志的信息高速公路正在缩短人类交往的距离。同时，合成材料的发展、遗传工程的诞生和信息论、系统论和控制论的发展，也是这次技术革命的结晶。"①第三次科技革命将人类社会由工业社会推进到了信息社会，信息对整个社会的影响已经提高到绝对重要的地位。图书馆作为文献信息资源中心，必然要顺应信息量、信息传播和信息处理的速度、信息应用的程度等都以几何级数增长的信息时代中的要求，图书馆已进入了一个由计算机技术、网络技术、数据技术为基础的全新的信息环境。大学图书馆无论在信息资源的采集、信息加工、信息服务、管理模式上都发生着深刻的变革。大学图书馆的信息化不可避免要站在

---

①　人民教育出版社历史室.世界近代现代史[M].北京:人民教育出版社,2006:108.

信息时代的前沿,这就必然要求图书馆要拥有一批具备利用现代信息技术与网络技术推进信息化基础建设、数字图书馆建设和信息服务能力的技术馆员。

就信息化基础建设而言,大学图书馆的技术馆员应具备根据图书馆馆舍状况、文献馆藏状况、读者使用状况研究和制定信息化建设规划方案的能力;研究信息化技术发展状况,熟悉最新的网络设备、服务器设备、终端设备等信息化设备的重要技术参数,开展信息基础设备的采购和部署能力;研究并掌握支撑图书馆业务和文献信息管理系统、组织管理信息系统、决策信息管理系统等信息化软件建设能力;应用计算机、网络、新媒体等现代信息处理技术对图书馆文献信息资源开展开发和信息共享的能力;具备形成持续的信息化管理机制,对信息化基础设施开展常态化运行维护、系统升级等信息化维护和保障能力等。

"数字图书馆(Digital Library)是用数字技术处理和存储各种图文并茂文献的图书馆,实质上是一种多媒体制作的分布式信息系统。它把各种不同载体、不同地理位置的信息资源用数字技术存贮,以便于跨越区域、面向对象的网络查询和传播。它涉及信息资源加工、存储、检索、传输和利用的全过程。通俗地说,数字图书馆就是虚拟的、没有围墙的图书馆,是基于网络环境下共建共享的可扩展的知识网络系统,是超大规模的、分布式的、便于使用的、没有时空限制的、可以实现跨库无缝链接与智能检索的知识中心。[①]"

由此,自21世纪开始方兴未艾的数字图书馆建设过程中,大学图书馆的技术馆员需要具备"对数字资源进行挑选、组织、提供智能化存取、解译、传播、保持其完整性和永久性等工作,从而使得这些数字式资源能够快速且经济被特定的用户和群体所利用"[②]的能力;大学图书馆的电子资源和数字馆藏日益丰富,多元异构的文献信息资源和多平台的电子文献数据库,给读者检索和利用图书馆资源带来了不便。技术馆员应具备资源管理和整合,利用搜索平台和搜索引擎等技术搭建图书馆异构信息资源的统一检索平台,为读者提供更为快捷的文献信息获取通道等资源整合技术能力;在海量的电子文献和数字资源面前,大学图书馆技术馆员应具备对本校各学科的专业资源进行分类、整理,使之成为系统性专业性的知识信息,构建学科信息资源导航等技术能力;在数字化网络化时代,图书馆网络主页是图书馆的对外服务的窗口,是提供图书馆各类文献信息资源访问的平台,是图书馆办馆水平的重要表征,技术馆员理应具备网站建设与管理的技术能力。

总之,大学图书馆的信息化建设水平直接影响着读者利用图书馆的体验,先进的信息化水平,必将带给读者方便快捷、远程可用、触手可及的良好的用户体验,增强读者对

---

① 魏蔚,张亚君.图书馆学基础[M].成都:电子科技大学出版社,2013:71.
② 李培.数字图书馆原理及应用[M].北京:高等教育出版社,2004:2.

图书馆黏性,这就需要图书馆技术馆员能承担起不断架构先进的图书馆信息管理与服务平台的能力。

三、大学图书馆员的读者服务能力

1931年,阮冈纳赞撰写的是一本享誉世界的图书馆学名著《图书馆五定律》(The Five Laws of Library Science),提出了"书是为了用的""每个读者有其书""每本书有其读者""节约读者的时间""图书馆是个生长着的有机体"的图书馆五定律。图书馆五定律成为图书馆工作不可逾越的金科玉律,至今仍成为指导图书馆各项工作的至理名言。

图书馆五定律的精髓直指图书馆如何为读者开展服务。第一定律指出"图书馆的主要职能不是收藏和保存图书,而是使图书得到充分的利用。阐明了图书馆的性质和任务,指明了图书馆工作的出发点和目的。阮冈纳赞还详细地论述了图书馆贯彻第一定律应采取的对策和措施。[①]"由此,读者服务是图书馆核心的价值所在,是贯穿于图书馆建设与发展的主线和全过程。2008年10月,中国图书馆学会正式发布《图书馆服务宣言》。这是中国图书馆界的第一个行业宣言,向社会公众宣示了图书馆人所承担的社会责任、所秉持的职业理念以及对于现代图书馆理念的基本认同。更为重要的是,它是图书馆人向全社会的庄严承诺。《宣言》的发布标志着中国图书馆界正在步入行业自觉的新时代,具有里程碑的意义。

传统意义上的大学图书馆读者服务主要是以图书文献为中心展开的,主要根据读者的需求,利用馆藏文献的优势,面对读者开展的一切服务活动,主要包括图书借还服务、阅览服务、文献复制服务、信息咨询服务、文献检索服务、定期服务、情报服务等。据此,大学图书馆员首先应具备读者身份认证、读者登记、读者分类管理等组织读者的能力;具备研究读者的阅读需求,了解各类型读者的阅读的特点和规律、读者的阅读心理、阅读方法等,深入了解和研究读者的能力;具备对不同类型读者的阅读行为和阅读偏好分析,有针对性开展馆藏布局和个性化的阅读推荐能力;具备主动向读者揭示文献的形式和内容,尤其是专业文献的推荐和导读,向读者宣传先进的思想、科学的知识、专业的信息等读者宣传能力;具备开展阅读推广、经典导读、专题阅读辅导等辅导读者的能力;具备对读者开展文献分类法、文献知识、文献检索、电子文献资源的检索与利用等如何利用图书馆的培训,开展读者信息素养教育的能力;具备深入了解图书馆馆藏文献信息,开展读者信息咨询和定题服务能力;具备利用图书馆海量文献信息和学术资源,对学校教学、科学

① 魏蔚,张亚君.图书馆学基础[M].成都:电子科技大学出版社,2013:71.

研究开展情报分析与学术定题服务的能力,等等。

总之,读者服务工作时图书馆工作的出发点和最终归宿,"读者第一、服务至上"的理念要深入到每一名图书馆员的思想深处,一切为了读者,为了读者一切的工作思路要贯穿于图书馆的全部工作之中,不断创新读者服务方式、优化读者服务环境、扩展读者服务范围、增加读者服务内容,提高读者服务质量是读者服务工作的永恒主题。为了读者的满意,大学图书馆员除了要具备丰富的科学文化知识和文明友善的亲和力,还应具备不断学习进步、善于了解和研究读者需求、创新和开展针对性和个人化的读者服务等专业能力。正如阮冈纳赞所言,作为一种机构的图书馆就是一个生长着的有机体,图书馆正是由藏书、读者和馆员三个生长着的有机部分构成的综合性有机体。

第二节 新技术催生大学图书馆员传统能力的革新

人们常用互联网时代、数字化时代、移动互联网时代、知识经济时代、大数据时代、云计算时代等词语来表述当今时代。这一切并非概念,而是真切地发生在我们面前的实景。[①] 在高新技术发展日新月异,社会信息化持续推进,互联网影响广泛而深刻的时代,云计算、大数据、社交媒体、人工智能等新技术的融合发展,催生了广泛的新技术应用场景,正在深刻影响和改变着当代社会的信息生态,也改变着大学图书馆的发展生态。

然而,在新技术生态中,互联网、数字化、知识经济、大数据、云计算都与图书馆密切相关。大学图书馆正站在时代潮头,一端连接着信息与知识的海洋,一端连接着个性化、专业化的庞大读者群。因此,呈现知识、连接读者,构建便捷的信息与知识获取平台是图书馆的责任与使命。

一、新技术在图书馆中的应用

以电子计算机技术、网络技术、信息技术为代表信息控制技术革命带来的第三次科技革命以后,新技术以前所未有的速度突飞猛进,我们快速地进入了"以电子信息技术为基础,以信息资源为基本发展资源,以信息服务性产业为基本社会产业,以数字化和网络化为基本社会交往方式的信息社会"[②]。这是一个数字化、信息化、充满无限可能的时代。

---

① 汪琴.图书馆"十三五"规划编制要这样做[J].公共图书馆,2015(03):90-93.
② 张文元.计算机应用基础[M].北京:中国铁道出版社,2009:8.

20世纪50年代,第三次科技革命在美国兴起。但中国对信息技术的应用较晚,1994年4月,中国全功能接入国际互联网以后,信息革命的浪潮才真正影响中国。中国接入国际互联网以来,互联网信息技术迅猛发展,计算机技术、网络技术、云计算、大数据、区块链技术、人工智能技术等多个领域实现一系列重要的技术突破,取得了显著成就。

从新技术在大学图书馆的应用而带来的图书馆的变革而言,大学图书馆大致经历了三个发展阶段,图书馆自动化阶段、数字图书馆阶段,以及正在兴起的智能化、智慧化图书馆建设阶段。

1.大学图书馆的自动化

信息科技给大学图书馆带来的变革首先是图书馆的自动化。所谓图书馆自动化就是以计算机技术为核心,与网络通信技术相结合,对图书馆的各项业务实行自动控制的过程。图书馆自动化首先由西方发达国家的图书馆发起并开发和投入使用。1969年,基于计算基数的机读目录在美国国会图书馆正式发行,标志着图书馆自动化网络的正式开始。1971年,联机计算机图书馆中心(OCLC)在美国俄亥俄州学院图书馆开始提供书目数据库的联机查询服务,成为世界上第一个提供联机服务的图书馆自动化网络。1973年,加拿大多伦多大学图书馆自动化系统(UTLAS)开发成功并提供联机书目服务。20世纪七八十年代,英国、日本、澳大利亚等也相继建立了图书馆自动化网络。

中国图书馆的自动化起步较晚,20世纪80年代后期,中国图书馆纷纷投入到自动化网络和系统的研究和开发中。90年代初期,深圳图书馆承担并组织开发图书馆自动化集成系统(ILAS)、北京邮电大学图书馆立项开发并实现商品化的"现代电子化图书馆信息网络系统(MELINETS)"、江苏汇文软件有限公司开发推广的"汇文文献信息服务系统"、大连网信软件有限公司开发的妙思文献管理系统软件(Muse)等投入使用,成为国内图书馆使用量较大的第一代图书馆自动化文献集成管理系统。这些文献管理系统在图书采访、编目、分编、典藏的多个环节实现了基于计算机和网络技术的自动化管理;实现了基于海量信息存储管理、多媒体检索技术的读者自动化和个性化文献检索和服务平台,实现了基于网络技术的读者在线荐购、查询、续借、预约、咨询以及电子文献利用服务。实现了基于CALIS OPAC联合目录公共检索系统、CALIS联合编目系统等的文献资源共建共享建设等等。

在图书馆自动化管理的大潮下,大学图书馆还实现了对电子阅览室、图书光盘、本校学位论文、读者入馆等方面的自动化管理。

2.大学图书馆的数字化

随着计算机技术、网络技术、多媒体技术等新技术进一步发展,现代高新技术与文献信息资源的结合,改变了传统图书馆基于静态实体文献的馆藏与服务的特点。实现了多介质的文献存取、网络远程传输、一站式检索、跨平台链接等超时空、泛在化的文献资源馆藏与信息服务的新境界。图书馆数字化或者数字图书馆应运而生。"数字图书馆是一种拥有多种媒体内容的数字化信息资源，能够为用户提供方便、快捷、高水平的信息化服务机制"。它"表现为一种新型信息资源组织和信息传播服务。它借鉴图书馆的资源组织模式、借助计算机网络通讯等高新技术，以普遍存取人类知识为目标，创造性地运用知识分类和精准检索手段，有效进行信息整序，使人们获取信息消费不受空间和时间限制。[①]"

20世纪90年代，西方发达国家率先提出图书馆数字化。1993年在德国的埃森召开了首届国际电子图书馆会议，拉开了数字图书馆建设的序幕。1994年，国家数字图书馆会议在美国德克萨斯召开。随后，美国计算机协会（ACS）、美国信息科学学会（ASIS）、美国电气与电子工程师协会（IEEE）等也纷纷发表数字图书馆相关研究成果，快速推动了美国数字图书馆的发展。中国图书馆的数字化于21世纪之初开始提出后，就得到了许多大学图书馆的积极响应和实践投入，并在2010年后得到了飞速发展。

数字图书馆首先是文献资源的数字化，海量的数字化资源是数字图书馆的"物质"基础和核心内容。网络化存取、分布式管理、远程化服务、集成化检索是数字图书馆的基本特征。因此，架构和建设数字图书馆的核心业务系统主要有文献数字化加工系统、数字化资源组织系统、数字化资源保存系统、统一检索系统、资源发布于服务系统、统一用户管理系统、唯一标识符系统、版权信息管理系统、信息整合服务平台、网页资源获取系统、电子报刊阅读平台等。

中国大学在数字图书馆建设中，关注点和成果主要体现在以下几个方面。

第一，数字资源快速发展。大学图书馆订购多种类型的海量的电子文献，将国内外最新的科研成果快速地呈现在用户和研究者面前，尤其是国际一流的出版社或专业学会的电子文献数据库，如爱思唯尔的SD数据库、Wiley电子期刊和电子图书数据库、SCIE数据库、美国电气与电子工程师协会IEEE数据库等，为中国大学研究者了解科研前沿动态和最新成果、为中国大学科研水平的跃升，以及国家科学技术的跨越式发展都起到了重要作用。目前，大学图书馆藏数字化和数字化馆藏均得到了快速发展。

第二，构建了文献发现和一站式检索平台。大学图书馆构架了基于知识挖掘和整合资源的一站式搜索平台，通过分面聚类、引文分析、知识关联分析等实现高价值学术文献发现、可以精确定位相关文献，深度知识挖掘、可视化的全方位知识关联，有效帮助读者从整体上把握相关文献状况、科研课题的研究现状、发展方向和趋势、分析课题研究的价

---

① 方晓红，郭晓丽，汪涛，等.数字图书馆研究［M］.天津：天津科学技术出版社，2014：20.

值和目标。

第三,文献信息资源共建共享深度发展。数字图书馆带来的泛在信息和知识环境,为文献信息资源的共建共享提供了广阔的舞台。文献资源共建共享的机制、平台、服务等领域都取得了快速发展。当前,中国数字图书馆的共建共享机制主要有数字资源的联合采购,如全国高校图书馆数字资源采购联盟(DRAA)、各省的数字图书馆总馆等,实现了全国性、区域性、校际联盟等多渠道多类型的数字资源联合采购。同时,也搭建了多个全国性或区域性的数字图书馆共享服务平台,如中国高等教育文献保障系统(CALIS)、中国高校人文社会科学文献中心(CASHL)、大学数字图书馆合作计划(CADAL)、国家科学数字图书馆(CSDL)、中国国家数字科技文献资源长期保存体系(NSTL)等,以及区域性图书馆联盟。高校图书馆应积极加入其中,发挥好资源馆际互借与文献传递、馆藏发展与联合采购、数字资源保存、期刊分类订购与保存等文献资源的共建共享,以及信息化平台共享、学术与学科联合服务与共享建设等。为中国高等教育文献资源共享建设,以及高校图书馆事业的发展做出了积极的贡献。

第四,实现了泛在化的读者服务。数字图书馆条件下,“泛在信息时代的到来为图书馆用户构筑了获取信息资源的全新环境,也为图书馆运用新一代互联网、数字图书馆等技术革新和延伸传统服务创造了必要条件,使得图书馆泛在服务应运而生并蓬勃发展。泛在信息环境作为图书馆泛在服务得以开展的根本基础,也深刻烙印在图书馆泛在服务的概念之中。[①]”泛在化的读者服务,即任何用户在任何时候任何地点均可以获得图书馆拥有的任何信息资源。在泛在知识环境下的数字图书馆可以更好地以用户需求为导向,图书馆资源的远程泛在获取、用户需求的泛在化满足,可以在更开放的时空内、以灵活的、个性化服务方式实现对读者无处不在的信息服务,彰显图书馆在网络时代、知识社会中的作用和价值。

3. 大学图书馆的智慧化

近年来,云计算、大数据、物联网、人工智能、区块链等高新技术层出不穷,也深刻地影响着大学图书馆的发展。新技术催生了智慧图书馆,智慧图书馆正在成为大学图书馆新的建设目标和服务要求。

由全球众多网站、论坛、博客、微博等新媒体联合多家报纸、杂志、出版社等传统媒体共同发起的国际新媒体合作对话交流平台——新媒体联盟,近年来三次发布了地平线报告2014图书馆版、2015图书馆版、2017图书馆版,重点关注未来5年新的技术和创新实践对全球学术和研究型图书馆的重要影响,列举图书馆发展的关键趋势、面临的重要挑

---

① 曹文振.国内外图书馆泛在服务研究述评[J].图书馆理论与实践,2018(10):32-36。

战和重要的新技术将对图书馆战略、管理和服务发展的影响与挑战等,见表5-1。

从新技术的角度看,2014版,撰写报告的专家们关注的技术有文献计量学和引用技术、电子出版、移动应用程序、开放内容、语义网和关联数据、物联网等对大学(学术和研究型)图书馆将产生重要影响。

2015版报告,专家们关注的新技术有信息可视化、智能定位、机器学习、创客空间、在线学习、语义网和关联数据等重要新技术对大学图书馆发展的价值。

2017版报告,专家们认为,大数据、数字学术、图书馆服务平台、在线身份识别、人工智能、物联网6项重要技术,将成为促进大学图书馆发生改变的能力。

表5-1　重要的新技术在图书馆的应用与发展①

重要新技术的发展	2014 版	2015 版	2017 版
人工智能			√
文献计量学和引用技术	√		
大数据			√
数字学术技术			√
电子出版	√		
信息可视化		√	
图书馆服务平台			√
智能定位		√	
机器学习		√	
创客空间		√	
移动应用程序	√		
网络身份			√
在线学习		√	
开放内容	√		
语义网和关联数据	√	√	
物联网	√		√

地平线报告图书馆版对上述技术的关注,聚焦的是新技术在图书馆的应用以及给图

① S·亚当斯贝克尔,M·卡明斯,A·戴维斯,等.新媒体联盟地平线报告:2017图书馆版[J].开放学习研究,2017,22(5):1-13.

书馆带来的变革。图书馆业界也清醒地认识到,随着"互联网+"、大数据与人工智能时代的到来,图书馆正逐渐由信息化、数字化向智能化、智慧化发展,这已成为新技术条件下大学图书馆建设与发展的必由之路。

智慧图书馆建设之路是开放的,并没有现成的模式和标准,但其作为未来发展的新模式,所带来的智慧型、创新型、泛在性、精准性的服务是共同的目标。智慧图书馆建设应该有两个层面的内容。一是以5G网络建设,以及智能化、智慧化的新产品和5G带来的新技术、新业态、新场景的融合发展,如AR技术及其产品带来的对虚拟图书馆场景应用,基于VR技术的阅读和文化场景体验、机器人及其在图书传导和读者推送的应用等。二是基于图书馆多类型文献信息资源、读者资源、馆舍空间资源、馆员资源于一体的元数据仓储和大数据管理,架构起资源、读者、图书馆舍、馆员之间的智慧感知与交互服务的综合性管理与服务平台。

当前中国大学图书馆的智慧化建设也取得了较快发展,重庆大学图书馆的数字资源管理与服务平台、浙江大学图书馆的大数据中心、南京大学的下一代智慧图书馆管理系统等都是智慧图书馆建设的探索者和领路人。

二、新技术催生大学图书馆员的能力革新

日新月异的新技术发展带来的经济全球化、文化多样化、信息泛在化的深入发展,在新一轮信息革命面前,传统图书馆面临着严峻挑战,尤其是置身于快速发展的中国高等教育的大环境,图书馆在数字化变革和新技术带来的强烈冲击中也存在发展的有利契机。大学图书馆员也正在以前所未有的速度通过自身的变革实现传统能力的转型升级,展现自身的价值。

新技术给图书馆带来的变革首先是业务流程的重构和工作内容的拓展和升级。地平线报告2017图书馆版开宗明义地指出:"十大亮点体现了组织变革主题全貌。

[亮点1]图书馆仍然是丰富信息和知识的守护者。

[亮点2]将新媒体和技术纳入战略规划至关重要。

[亮点3]开放获取是应对资金紧缩的潜在解决方案。

[亮点4]图书馆必须有效平衡独立学习场所和协作学习场所。

[亮点5]想要有效满足用户需求,图书馆需采用用户中心设计和关注可访问性。

[亮点6]保持数字传播流畅性是图书馆的核心职责。

[亮点7]图书馆必须积极捍卫自身基本价值观。

[亮点8]图书馆推进服务和业务创新需要重塑组织结构。

[亮点9]通过数字学术技术,图书馆不断发展研究领域。

[亮点10]人工智能和物联网有望扩大图书馆服务的实用性和范围。"

这就意味着文献信息资源的保障与信息与知识的守护依然是大学图书馆的核心要义,不断扩大可利用性和增加便利性的读者服务仍是大学图书馆的核心功能和价值,然后这些都需要图书馆员的能力有新的跃升和变革。

1.大学图书馆员文献资源建设能力的革新

在新技术催生下,传统图书馆实现了自动化和数字化的转型,并正在向智慧图书馆方向发展。无论图书馆如何发展,文献资源建设都是永恒不变的核心内容,但对图书馆员的文献信息资源建设能力提出了新的要求。图书馆自动化时代,图书馆员文献资源建设关注的重点和需要具备的能力主要有:利用基于网络中心的大型书目数据库开展联合编目的能力,不断丰富和发展图书的编目数据;借助联合编目数据库,了解各大学图书馆的采购与馆藏情况,制定具有本馆特色的馆藏采购规划和馆际协调采购的能力;利用书目数据库的规范文档,规范编目过程中的作者名、书刊名、机构名称和主题词,实现编目规范化与标准化建设的能力;具备制定基于协调采购和联合编目条件下,制定具有本馆特色的文献采购与编目、典藏细则,实现规范控制的能力;具备利用联合目录实现连续出版物的自动化管理的能力;具备研究自动化时代的光盘、磁带等文献载体,实现对其统一编目和检索的自动化管理能力等。

数字图书馆时代,数字资源逐渐成为大学图书馆的主要采购内容,这对图书馆员文献资源建设的能力提出了更高的要求,数字资源采访馆员需具备多方面的素养和能力。首先是数字资源的版权意识和版权管理能力,这是数字资源可持续发展的重要保障。作为数字资源采访馆员,需要有"围绕中心、服务大局"的意识,围绕学校战略目标、发展规划和学科发展,立足本馆数字图书馆建设规划,既要从宏观上把握和制定数字资源的建设规划,也要从微观视角制订、完善数字资源的效益评估和年度建设方案。具有依据数字资源采购规划和方案,拟定年度经费预算和专项数字资源建设项目申报等方面的能力;具有了解和研判大学图书馆数字资源的发展状况,收集和加工网络原生数字资源、OA学术资源等多媒体数字资源的能力;具备制定本馆数字资源与纸本资源协同发展的规划与联合采购的能力;具备期刊、电子图书、音频、视频、创新创业等多种数据库的协同采购和分类管理与维护的能力;具备数字资源采购的价格谈判能力,尤其是如何构建数字资源的联合谈判、组团采购、协同发展等方面的能力;具有必要的法律知识和意识形态识别能力,在数字资源采购合同中,明确在法律保护范围内的权利和义务,构建数字资源采购的安全管理机制的能力;具有不断创新采购方式,实现基于 PDA(patron driven acquisition用户驱动购买)、DDA(demand driven acquisition)、POFU(pay only for use 只支付我们使用的信息)等多方式多渠道采购数字资源的能力;具有数字资源的宣传推广、利用培训,引导读者高效和合理使用数字资源的能力,等等。

智慧图书馆的到来,图书馆员文献资源建设能力的革新已成为当务之急和重中之重。所谓智慧图书馆除了从基于5G网络和智慧化设备的硬件条件意义上之外,更重要的是基于图书馆核心内容的文献信息资源的大数据驱动。由此出发,图书馆员的学术资源的元数据研究和管理、大数据处理、信息分析等能力就格外重要;泛在化的图书馆服务也要求图书馆员具备传递特定信息资源,服务多维度信息资源需求的能力,这些资源和服务包括数据仓库、书目指导、远程学习、馆际互借、文献传递、特藏文献、政府文件、标准与指南、网络教学、虚拟参考咨询等方面的能力;智慧图书馆条件下,图书馆从单纯的馆藏图书服务逐渐向虚实结合的智能化、多元化服务方向转变,基于文献信息资源的空间再造、数字人文服务与大学生的数字人文素质教育等也成为馆员文献资源建设的重要能力。

2.大学图书馆员信息技术能力的革新

中国图书馆学会高等学校图书馆分会2014年开展了一次图书馆关键技术发展趋势问卷调查,问卷中涉及了35项与图书馆有关的技术,主要包括:"3D打印,APPS应用,BYOD(bring your own device),HTML5,Beacon,近场通信(near field communication,NFC),RDA(resource de-scription and access,资源描述与检索),射频识别(radio-frequency iden-tification,RFID),SKOS(simple knowl-edge organization system,简单知识组织系统),SNS,Web App,本体(Ontology),创客空间,大数据(big data),电子书,二维码,关联数据(linked data),内容分析,全自动密集书库(automated storage and retrieval system),发现系统,书目框架(BIBFRAME),数据服务(data as aservice),数字人文(digital humanities),数字阅读平台,替代计量学(alternative assessment metrics),微博(mi-croblogging 或 microblog),微信(wechat),位置服务 So-LoMo,自助图书馆,下一代图书馆自动化系统,移动图书馆,游戏化,云计算,智慧图书馆,智能参考问答。[①]"

新技术在图书馆的应用,促使图书馆传统业务发生了技术环境和空间的变革。在技术变革中,图书馆员的工作场景也发生着以图书馆实体空间为中心的传统业务模式,向以数字化、多媒体和虚拟空间为基础的实体与虚拟并构的混合式服务场景的延伸。图书馆员的工作形式、内容、载体、对象也发生了改变。一方面,伴随着图书馆信息化和数字化,馆员在技术环境变革中被赋予新的期望,图书馆员的技术压力就不断增加、给馆员带

---

① 图书馆关键技术发展趋势研究 [EB/OL]. [2017-07-13]. https://wenku.baidu.com/view/d4617dfe8ad63186bceb19e8b8f67c1cfad6eeb1.html.

来了严重挑战。每个图书馆员都面临着提升和加强信息技术应用能力、信息鉴别与处理能力、信息组织能力、信息导航能力等业务能力。另一方面,图书馆员在应对技术变革压力过程中,也为自己的能力与素质提升找到了发展方向。

在图书馆自动化阶段,图书馆信息技术应用刚刚起步,馆员的能力革新主要体现在:①计算机网络知识的学习和应用,能够利用相关知识使用和维护计算机设备及计算机操作系统的能力;②具有信息搜集能力、资源整合等方面的能力等,表现为图书馆员利用计算机及相关自动化集成系统、标准文献管理系统制定 MARC 编目规则,开展机读编目,实现图书馆在采访、分类、编目、流通等业务流程的自动化;③具有图书情报相关知识的学习与研究能力。④大学图书馆员在学习能力、科研能力、语言能力等方面都得到了较快提升。

数字图书馆的到来,大学图书馆员能力的革新速度更快,图书馆员的能力呈现爆发式增长阶段,主要表现在:①计算机网络知识的熟练应用,图书馆员对门户网站的制作、维护能力,以及利用数字处理技术构建数字图书馆网络平台的能力普遍增强;②利用计算机网络、高密度存储等现代信息技术对文献信息进行描述、组织的能力、信息鉴别与处理能力快速发展;③多元异构的数字资源,要求大学图书馆员的资源整合能力显著提高,一方面是对纸质载体的文献资源进行数字化处理加速其传播效率,另一方面是在多平台的文献资源中架构资源整合与发现系统,提高信息导航与检索效率;④数字图书馆的建设与发展,大学图书馆对基于现代信息技术的信息系统、信息需求、信息用户、信息计量等方面的研究和实践能力均得到长足发展;⑤随着基于大数据、云计算等信息技术在数字图书馆的应用和发展,数字学术资源已成为一种重要的战略资源,对科研数据的收集、存储、分析、利用等成为大学图书馆员能力革新的最新增长点。

智能技术的发展,催生了智慧城市、智慧交通、智慧医疗等众多"智慧化"的概念,"智慧图书馆"就是当前大学图书馆努力建设的方向。智慧化时代的到来,技术的革新速度让我们难以想象,大学图书馆员的能力和技能压力持续增长。在正在进行的智慧图书馆建设中,大学图书馆员在基于文献为基础的建设与服务体系中的传统业务能力也得到了快速革新。①要有构建基于用户、馆员、供应商、出版社、文献信息资源为一体的智能感知和互联互通的文献资源的智能采访能力。②对文献信息资源,尤其是传统纸本图书的智能定位,由此,大学图书馆员具备了应用基于 RFID 等为基础的智能感知技术,实现了图书的自助借还、定位、盘点、查找等智能化基础工作能力,也正在努力实现形成将定位和虚拟技术的结合,实现图书的智能推送工作能力。③基于文献信息资源的元数据加工与仓储,打通异构信息资源的底层架构,大学图书馆员的智能检索和文献智能推荐能力正在形成。④大数据的广泛应用,带来情报学的快速发展,大学图书馆员对信息资源,尤其是学术资源或专项信息的挖掘和分析能力应运而生。同时,大学图书馆的给用户带来的智能信息咨询和多维度的智慧服务能力也正在形成。

3. 大学图书馆员馆舍空间建设能力的革新

现代信息技术不仅给图书馆带来了文献信息采购、管理与服务的重组与变革,也给图书馆空间建设带来了新契机。《新媒体联盟地平线报告:2015 图书馆版》就提出未来要"重新思考图书馆空间",地平线报告图书馆 2017 版,进一步提出在未来 3~5 年,大量图书馆面临空间反思和改造的问题①。近年来,基于新技术应用的图书馆空间再造成为大学图书馆研究与实践的重要内容。大学图书馆员的在空间建设方面的能力也同样重要且不断革新。

随着数字图书馆的发展,文献信息资源的远程访问将图书馆物理空间的价值推向了边缘,"图书馆尸检报告"和图书馆在未来消亡的预言均表现为对图书馆物理空间功能弱化的担忧。为此,大学图书馆都重新思考在新技术条件下图书馆空间的价值和意义,并正在从纸质文献的供给与借阅场所,向支持和促进读者开展专题学习、技能训练、素质拓展、协同创新、交流和研讨中心延伸。

大学图书馆员的空间建设能力首先表现为先进的空间建设理念,有建设适用、高效、安全、绿色、开放的馆舍空间的原则,人性化、智慧化、虚拟化的建设理念和技术实现能力。要有满足用户协作、交流和创新的需要的空间设计与布置能力。虚拟空间和物理空间的融合和交互发展的空间建设能力。要有图书藏阅实行分类管理和馆藏布局的能力。也就是说,图书藏阅功能按照一线、二线、三线书库,实行固定空间布局和藏书分类管理。一线书库藏阅新近及借阅量大的图书;二线书库收藏相对老旧和借阅量较低的图书;三线为密集书库,以收藏老旧图书为主要功能。要有馆舍空间分功能区块布局的能力,要设置图书藏阅区、无纸化阅读区、学术研讨区、主题阅读区、新技术体验区、展览展示区、素质拓展区等功能区域。要有建设信息化智能化基础条件的能力,实现 5G 网络和 WIFI 无死角全覆盖,对读者开放使用的检索、电子阅读等终端机器架构云平台统一管理。充分利用现代信息技术、网络技术和人工智能,把图书馆的每一个空间都打造为读者触手可及、远程可用的现代化智能型图书馆。

4. 大学图书馆员读者服务能力的革新

图书馆传统的读者服务主要是以文献为中心建构起来的,主要包括文献借阅服务、参考咨询服务、馆际互借服务、文献传递服务、导读服务等方面。随着新技术在图书馆的

---

① 高茜,曹红岩,徐路,等译. 新媒体联盟地平线报告:2017 图书馆版[J]. 开放学习研究,2017,22 (5):1-13.

广泛应用,读者服务工作在理念、内容、形式、方法、效果等方面都发生了重要变化。大学图书馆员的读者服务能力在现代信息技术推动下也全面革新,主要表现为对现代化技术手段充分应用,以网络为依托,注重读者教育与用户体验,开展信息服务,特色服务,呈现服务场所泛在化、服务空间虚拟化、服务手段智能化、服务方式集成化、服务内容知识化、服务体验满意化,不断提高图书馆文献信息资源的利用率。

图书馆借阅服务正呈现以技术主导和用户需求为导向,大学图书馆员的借阅服务能力表现为中介性的现场服务和借阅推荐与导航能力,向网络化、个性化、知识化服务能力转变。随着读者决策采购(PDA)借阅模式的广泛应用,基于PDA模式下的图书馆与书店联合借阅与图书转借服务,以及借此产生的信息交互和联动服务能力有效保障了用户(大学生)的个性化文献借阅需求。随着网络技术和数字出版的发展,数字阅读服务和基于阅读器、ipad、智能手机的移动阅读和电子借阅服务能力也成为大学图书馆员的必备能力。移动图书馆和基于App的微信阅读、有声电子书、微书导航、社交阅读等全新阅读方式的兴起,大学图书馆员的"互联网+图书馆"服务能力正在改变借阅服务的广度与深度。

参考咨询服务在图书馆读者服务中已有上百年历史,是最为古老的图书馆服务之一。"IFLA参考咨询与信息服务部也发布图书馆发展声明,指出参考咨询和信息服务是图书馆业务的核心,特别是在当前复杂的信息环境中,为了满足用户有效而准确获取信息的需求,图书馆参考咨询服务必不可少。[①]"数字化、信息化、智能化图书馆时代的到来,深刻地改变了参考咨询服务的内容与方式。大学图书馆员的参考咨询能力正在从文献服务向内容服务,从信息服务向知识服务,从数字服务向数据服务拓展和深化。大学图书馆员的科技查新能力、关联数据技术、文献管理软件使用与教学能力、文献计量与分析能力,学科与学术服务能力等都成为参考咨询馆员的能力要素。

阅读推广能力是图书馆员的传统和基础业务能力。新技术催生了图书馆服务模式的变迁,大学图书馆员的阅读推广能力也在技术变革中催生新的增长点。馆员利用大数据研究和了解大学生的阅读需求、阅读心理、阅读现状、阅读能力等是开展好阅读推广的基础能力。书目推荐、经典阅读、国学朗诵、征文比赛等传统阅读推广活动的组织和活动能力,当下还有需要适应与应用互联网、多媒体场景、自媒体平台等新技术手段,开展对大学生更具吸引力和感染力的阅读场景和比赛形式的能力。基于专家导读、专业导读、出版信息导读等精准导读服务能力,基于微信、微博、抖音等新技术微媒体、多媒体、全媒

① 李晓妍,徐军华.高校图书馆"互联网+学科专家"数字参考咨询新探[J].图书馆,2019(09):101-110.

体开展互动式阅读推广能力还需要不断提升。如何利用好图书馆丰富的文化资源和经典阅读,辅助开展好大学生的思想政治工作,提升图书馆立德树人根本任务的能力也极为重要。

总而言之,新技术在图书馆的应用和给图书馆带来的转型和变革,在不同阶段都对信息资源建设、信息描述、信息组织等图书馆传统业务内容带来了革新,这也给大学图书馆员在文献资源建设、信息化建设、馆舍空间建设、读者服务等传统领域的业务能力得到了极大提高,图书馆员的价值在信息化时代正大放异彩。

第三节 "双一流"背景下大学图书馆员传统能力的新内涵

习近平总书记强调教育是国之大计、党之大计,民族振兴、社会进步的重要基石,是功在当代、利在千秋的德政工程,对提高人民综合素质、促进人的全面发展、增强中华民族创新创造活力、实现中华民族伟大复兴具有决定性意义。坚持党对教育事业的全面领导,坚持把立德树人作为根本任务,坚持优先发展教育事业,坚持社会主义办学方向,坚持扎根中国大地办教育,坚持以人民为中心发展教育,坚持深化教育改革创新,坚持把服务中华民族伟大复兴作为教育的重要使命,坚持把教师队伍建设作为基础工作。培养德智体美劳全面发展的社会主义建设者和接班人是根本任务,教育"要在坚定理想信念上下功夫""要在厚植爱国主义情怀上下功夫""要在加强品德修养上下功夫""要在增长知识见识上下功夫""要在培养奋斗精神上下功夫""要在增强综合素质上下功夫"。

习近平总书记在十九大报告中指出,"建设教育强国是中华民族伟大复兴的基础工程,必须把教育事业放在优先位置,深化教育改革,加快教育现代化,办好人民满意的教育";高校学校要"加快一流大学和一流学科建设,实现高等教育内涵式发展"。当前,对高等教育的需要比以往任何时候都更加迫切,加快建设"双一流"是新时代中国高校教育的迫切要求和历史使命。

2015年10月24日,国务院印发《统筹推进世界一流大学和一流学科建设总体方案》。2017年1月,经国务院批准同意,教育部、财政部、国家发展和改革委员会印发《统筹推进世界一流大学和一流学科建设实施办法(暂行)》;9月21日,三部委又联合发布《关于公布世界一流大学和一流学科建设高校及建设学科名单的通知》,正式公布世界一流大学和一流学科建设高校及建设学科名单。由此拉开了中国高校"双一流"建设的大幕。

"双一流"建设已然成为国内众多大学的战略目标。作为大学的重要组成部分,大学图书馆应积极发挥自身在"双一流"建设中的作用和价值,建设与学校"双一流"建设相匹配的一流图书馆和一流服务。然而,在服务至上的大学图书馆建设中,图书馆员的作用显得至关重要。没有一流的图书馆员,馆员没有一流服务能力,就不会有一流的大学图书馆。储节旺指出:"高校图书馆'双一流'建设理念可以确定为:围绕学科服务这个中心,在资源、环境、制度、人才、设备和服务6个方面重新进行战略安排"[①]。"双一流"背景下,大学图书馆员的作用日益重要。本节重点论述在此背景下,大学图书馆员的传统能力的新内涵。

一、文献资源建设能力的新内涵

"一流图书馆应汇聚优质资源、学科资源、特色资源、通用资源,全面推进数字化资源建设,构建起支持一流服务的资源体系。""从实际情况看,绝大部分时候,资源成为决定服务水平的重要条件。高校图书馆要不断创新,不仅要建设自己有特色的资源体系,还应通过馆际协作充分利用联盟内其他高校乃至国际高校图书馆的优质文献资源。[②]"由此,一流的文献信息资源建设能力是一流大学图书馆员的必然要求,是支持大学"双一流"建设的重要的基础保障。

1. 具备文献信息资源的精准采选能力

大学图书馆"应加强国内外出版信息,尤其是采购量较大的中央级大社出版信息的获取与研究;国内外权威机构发布的高质量文献信息的获取与研究,如'五个一'工程获奖图书、中国出版政府奖、中华优秀出版物奖、文津图书奖、中国好书榜等;国内外权威机构发布的各科学高影响力专业学术期刊信息的获取与研究;各学科核心作者信息研究,如两院院士、学部委员、长江学者、国家自然科学基金创新研究群体带头人、国家杰出青年基金获得者等;以及通过对所在学校各学科不同层次读者的调查和访问,建设具有自身图书馆特色的文献采选信息库。"

大学图书馆同样"需要从基于数据库利用分析、所在学校高质量论文的引文分析、学科需求分析、各数据库的内容分析等方面,撰写文献采购与利用的分析报告,以便更加精准地做好文献的采选工作。[③]"

①② 储节旺,张瑜,刘青青.高校图书馆"双一流"建设的战略思考[J].大学图书馆学报,2019(1):6-16.

③ 刘荣清.分类需求驱动的高校图书馆服务创新[J].大学图书馆情报学刊,2019(5):36-38.

2.具备文献资源的共建共享建设能力

大学图书馆应积极加入并充分利用全国综合型图书馆联盟平台 CALIS(中国高等教育文献保障体系)、CADAL(大学数字图书馆合作计划)、CSDL(国家科学数字图书馆);全国专业性图书馆联盟平台 CASHL(中国高校人文社科文献中心)、DRAA(高校图书馆数字资源采购联盟)、NSTL(中国国家数字科技文献资源长期保存体系);以及区域性图书馆联盟,做好馆际互借与文献传递、馆藏发展与联合采购、数字资源保存、期刊分类订购与保存等文献资源的共建共享,以及信息化平台共享、学术与学科联合服务与共享建设等。

3.具备制定具有学校特色的文献资源发展规划与实施方案的能力

大学图书馆可以在累积纸本资源与数字资源采购与利用分析数据和学校各学科不同层次读者的调查访问数据基础上,制订学校各专业的学术期刊分级目录、图书馆的文献信息资源采选细则、纸本资源与数字资源协调发展规划,文献资源中长期发展规划和实施方案等。

二、文化环境建设能力的新内涵

信息时代、数字图书馆和正在向我们走来的智慧图书馆,作为文献信息资源服务场所的图书馆物理空间的作用不断式微。在"双一流"背景下,大学对图书馆作为支持师生研学,支持学生成长和学科建设的技术创新、文化创意等馆舍空间的作用期待却明显增强,这都催生了图书馆对文化环境建设的反思与变革。2009 年 8 月,国际图联的意大利都灵会议,就把"作为场所与空间的图书馆"作为会议主题。2010 年 6 月,美国研究图书馆协会(ACRL)发布《2010 年学术型图书馆十大趋势调研报告》就提出"图书馆的定义将随着物理空间的重塑和虚拟空间的拓展而改变"这一发展趋势。《地平线报告:2017 图书馆版》也预测,未来 2~3 年内图书馆空间的改造和设计将出现重大变革。如此,大学图书馆的文化环境建设能力需要的新内涵有以下 3 个方面。

1.加强馆舍空间再造,满足到馆读者多元空间需求的能力①

新世纪以来,全国高校图书新馆建设风起云涌,单体面积不断被刷新,馆舍功能更加多样,设备更加先进。"国内学术界也为图书馆新的空间思考模式敞开了大门:"信息共享空间""社会公共空间""第三文化空间""知识共享空间""社会创新空间""学习交流空间""知识生活空间""休闲娱乐空间"等多元化阐释,赋予图书馆空间许多新的活力。

---

① 刘荣清.分类需求驱动的高校图书馆服务创新[J].大学图书馆情报学刊,2019(5):36-38.

因而,优化图书馆馆舍的空间和功能布局,根据学校学科和自身馆舍特色,对将馆舍进行空间再造和功能分区,如馆藏功能区、休闲阅览区、主题阅览区、学术研讨区、素质拓展区等,才能满足日益个性化的读者需求。

2. 基于智慧图书馆条件下的图书馆空间设计能力

新世纪以来,大学图书馆更加注重用户体验,构建对用户学习、科研和创新创业的空间支持日益明显。"高校图书馆学习空间布局应倡导信息化、开放化、生活化、绿色生态化,构建融知识性和灵活性为一体的更加人性化的可持续发展空间环境,不仅能支持广大师生的学习和科研,也应扩大到对于教育、文化、休闲、娱乐等需求的满足。①"充分应用新的信息技术,尤其是人工智能技术,持有更加开放、灵活、智能的图书馆空间设计理念,把图书馆建设成为促进用户交流、支持团队学习、体验学习、互助学习等个性化、探究式的学习空间成为主要趋势。提供创客空间、文化创意空间、项目拓展空间等基于 AI 的人机协同的交互学习空间,帮助提升用户核心科学和人文素养的服务环境将成为未来图书馆空间设计的核心。

3. 基于优秀校园文化元素的图书馆文化建设能力

"双一流"建设的核心是立足本校特色。图书馆员要有了解学校特色,挖掘和宣传校园文化,加强馆舍空间文化建设的能力。要充分利用和挖掘具有本学特色的学科、人才、历史等优秀校园文化元素和图书馆文献、历史、阅读、知识等自身文化元素,让图书馆拥有几处独具特色、有人文或科学情怀的区域,把图书馆建设成为校园文化的展示和创新基地。要有注重馆舍空间细节布局的能力,充分挖掘图书馆的每一处空间,小空间要充分利用、注重特色,要从细微处考虑用户体验和文化元素,让图书馆的每一处角落都经得起推敲、说得出文化。要将图书馆打造为学校优秀文化的基地,传播学校坚毅的创业文化、优良的学风文化、杰出的校友文化、动人的科研文化,感染读者,教育学生。

三、读者服务能力的新内涵

《统筹推进世界一流大学和一流学科建设总体方案》指出,"双一流"建设的基本原则是以一流为目标、以学科为基础、以绩效为杠杆、以改革为动力,其目标是分阶段建设一批世界一流大学和一流学科,到本世纪中叶,基本建成高等教育强国。主要任务是建设一流师资队伍、培养拔尖创新人才、提升研究水平、传承创新文化、着力推进成果转化。

---

① 张黎,代根兴,郭敏.国外高校图书馆学习空间现状、特点及启示[J].图书馆论坛,2016,36(3):112−120.

作为"双一流"建设的支持和服务机构,大学图书馆的服务能力必然要从单一的文献信息资源服务向支持一流师资、创新人才、科研水平、文化创新、成果转化等多元化服务转变。大学图书馆员的服务能力需要在传统的文献信息服务能力基础上赋予新内涵。

1. 具备一流的服务意识

储节旺教授指出,必须建设与"双一流"大学相适应的"双一流"图书馆,即一流图书馆和一流服务建设。一流的服务就是"在原有的服务基础上,必须实现服务的7个转变,即①由被动服务转变为主动服务;②由供给型服务转变为伙伴交流型服务;③由简单机械服务转变为多元深层次服务;④由封闭式服务转变为开放型服务;⑤由传统手工为主的服务转变为自动化、智能化为主的服务;⑥由单馆服务转变为联盟馆协同服务;⑦由内向型服务转向社会化服务。①"这些一流的服务转型,一是需要大学图书馆员服务意识的转变,二是需要一流的服务基础设施建设,然后是在一流服务意识基础上的馆员服务能力培养与形成。

2. 基于培养拔尖创新人才的教学支持服务能力

拔尖创新人才的培养的主战场是专业的课程教学和学术指导。大学图书馆员在建设丰富的专业文献,精准的教参文献,并利用丰富的馆藏资源给予专业文献导航与最新文献推送服务上,必然是独特而精准,无可替代的。图书馆员在培养大学生系统而深度的阅读习惯,选择和反思阅读内容,产生认知和情感共鸣上大有作为;这种训练思维、陶冶情操的"深阅读"体验,对培养有专业知识、人文素养和家国情怀的青年大学生是大有裨益的。馆员开展面向读者深度拓展的信息素养教育,可以提高大学生对文献信息的元认知能力,继而带动和提高学生一系列深入的自我学习能力。由此,在一流人才培养的任务面前,图书馆员的参与与支持能力是一流大学图书馆的重要内容。

3. 基于提升科研水平与推进成果转化的知识服务能力

大学图书馆员的科研服务首先在于基础文献资源的供给服务,在当前更需要创建专业性的学科服务平台,学科咨询、精准化的个性资源推送服务。需要有开展学科建设水平分析、科研选题评价、机构对标分析、高影响力学者引文追踪等为研究者提供全面的科研信息服务能力。需要有创建管理与服务一体化的机构知识库服务平台的能力,从而实现让机构的研究者了解同行的研究动态与学术前沿、学术领域内的合作关系,体现学者的学术缘脉、构建学者学术圈等功能,为本校研究人员开展科研合作、交叉学科合作和跨学科研究提供服务。同时,要有积极推动图书馆成为高校知识产权信息服务中心,为本

---

① 储节旺,张瑜,刘青青.高校图书馆"双一流"建设的战略思考[J].大学图书馆学报,2019(1):6-16.

校科研用户提供全面的知识产权信息服务,从而为知识产权的创造和管理提供全流程的能力。要利用知识产权的信息管理和服务,为科研用户的协同创新和科技成果转化提供信息服务的能力等。

4. 基于传承文化创新的文化服务能力

图书馆作为人类文化载体的收藏和保护机构,文化传承的重要场所,图书馆员提供文献资源、推动文化创新,保护人类文明、开展人文教育、传送知识情报、启迪人类智慧等是其本质内涵和价值所在。在新技术飞速发展、文化创新节奏加速。在大学向教学回归的今天,一流大学建设首先需要培养一流学生。图书馆员需要有利用丰富文献信息资源,提供丰厚文化供给的能力。需要有充分利用校园文化,培育和构建阅读文化品牌,助力立德树人根本任务的能力。需要有学习和利用大数据、人工智能等新技术,开展体验式文化感知和交互式文化创新活动的能力,如充分利用 VR 技术,创建具有多维信息空间的虚拟环境,让读者身临其境感知大型典籍文献、优秀传统文化,体验祖国大好河山、领略大千世界的风土人情等文化体验活动,为大学生的文化熏陶和文化创新拓展想象空间。需要有进一步拓展图书馆数字人文的资源、空间、教育功能,强化读者的信息素养教育,爱党爱国爱校爱家爱馆爱书等人文素养教育等能力,这些是大学图书馆员始终不渝的自我提升和价值追求。

5. 基于一流师资建设的学术服务能力

"双一流"大学建设和一流师资的学术能力建设需要各方力量的支持,大学图书馆丰富的学术资源和完备的学术服务是必不可少的一部分。大学图书馆员的学术服务能力首先表现在对全校师资学术状况的了解,构建基于师资学术成果的机构知识库服务平台,并以此实现对教师学术的评价和分析能力。具备为教师提供文献管理、学术信息搜索等工具或平台,提供学术与科研导航与精准服务的能力。具备为学校师资管理部门开展专业学科师资的动态与横向比较与对标分析的能力,为师资队伍建设提供学术分析支持。

总之,在"双一流"大学建设背景下,对大学图书馆的服务提出了新的更高要求。一流大学需要有一流大学图书馆,一流的大学图书馆需要有一流的图书馆员,馆员能力在新形势下正在以前所未有的速度向外拓展,向内深化。

第六章

大学图书馆员新型能力的构建

当前,大数据蓬勃发展、开放获取途径越来越多、图书数字出版快速发展、信息技术日新月异、人工智能方兴未艾,读者的文献获取手段和阅读倾向正发生着深刻变化,这都需要大学图书馆不断思考如何适应时代条件,加快转型发展,响应读者需求,创新服务模式,构建馆员新型服务能力。本章旨在对大学图书馆转型发展的趋势分析、读者需求分类分析基础上,全面分析大学图书馆员面临的技术压力和能力不足,阐明馆员能力建设面临的挑战与机遇,以便更好地推进馆员的新型服务能力,建构在新的时代条件下大学图书馆的核心价值。

第一节　大学图书馆的转型发展

一、大学图书馆读者的分类分析①

《普通高等学校图书馆规程》规定图书馆的主要任务有"建设全校的文献信息资源体系,为教学、科研和学科建设提供文献信息保障;建立健全全校的文献信息服务体系,方便全校师生获取各类信息"。由此,读者的需求驱动着大学图书馆的定位与发展。

分析大学读者,大致可以分为三类:第一类是经常到馆的读者,主要是在校本科生,他们对图书馆的需求主要是书刊借阅与自修、阅览,因而对图书馆的物理空间和阅览环境的要求很高;第二类是不经常到馆的读者,主要是在校研究生,他们对图书馆的需求主要是电子文献数据库和学术研讨空间,因而对图书馆的信息资源和学术研讨空间需求旺

---

① 刘荣清.分类需求驱动的高校图书馆服务创新[J].大学图书馆情报学刊,2019(5):36-38。

盛;第三类是基本不到馆的读者,主要是教师、教授、行政管理人员等教学科研人员与政策决策者,他们对图书馆除了远程访问和利用电子文献数据库这一显性需求外,往往还有隐性的或潜在性的需求,那就是希望图书馆在学术咨询、学科服务、专业评估、人才引进等方面提供基于文献计量与情报分析的信息咨询与决策参考。

如果说上述是源于不同学龄或身份的读者到馆的频次来分类的,那么我们还可以依据读者此时是否在馆,把他们划分为两大类,即在馆读者与不在馆读者。在馆读者的需求是直接的、显性的,他们的需求能否得到满足是读者对图书馆是否满意的直接表现。不在馆读者的需求往往是隐性的、潜在性的,如何挖掘和激发他们的需求,吸引他们来馆研学或为他们提供学术与智库服务产品,是数字化图书馆的核心价值体现。

因此,分析、挖掘、激发和超越读者的需求,充分满足到馆或在馆读者即时性的显性需求,同时将不到馆或不在馆读者隐性的、潜在的需求转化为现实需求,并努力地加以满足,这是大学图书馆服务创新的出发点和落脚点。

二、基于读者分类需求的大学图书馆服务体系及其特征

1.大学图书馆基础服务体系及其特征

大学图书馆的传统服务体系主要是以服务到馆读者而构建以来的,图书馆业务和服务工作的内容主要包括文献采选、流通阅览、文献检索、文献传递、读者教育、参考咨询等,我们可以称其为大学图书馆的基础服务体系。其主要表现以下几个方面的特征。

第一,它是资源为中心的构建起来的。柯平教授曾提出图书馆的三维空间:资源(Resources)维,服务(Service)维,管理(Management)维[①]。然而,传统图书馆文献资源建设构成了图书馆的基本业务链:采选、分类、加工、编目、典藏、上架、排序、剔除等。文献资源服务构成了对读者的基本服务链:查询、借阅、续借、归还、检索、参考咨询等。文献资源管理也成为图书馆的基本管理维度。由此,图书馆的三维都是以资源为中心的建构的。

第二,馆员的工作特点表现为事务性与中介性。吴慰慈和邵巍在其《图书馆学概论》中说:"图书馆在文献交流过程中,的确是处于一个中介物的地位的。……人类的思想活动及其结果,除了用语言、动作、实物进行人与人之间的直接交流之外,主要是利用文献进行间接交流。图书馆便是帮助人们利用文献进行间接交流的中介物[②]"。故而,在以资

---

① 柯平.重新定义图书馆[J].图书馆,2012(05):1-5.

② 于无声.我对图书馆"中介性"的理解[J].图书馆,1987(03):23-25.

源为中心的传统图书馆阶段,馆员"频繁地出现在读者面前,凡是有读者到达之地都必有馆员坚守,大大小小的服务都有专人管理,读者对图书馆的任何了解和利用都必须在馆员的协助下进行。这个时代,图书馆员是读者与书刊之间必不可少的中介人,馆员几乎参与读者在图书馆内的一切活动"①。馆员的事务性工作与中介性角色非常明显。

第三,馆员的能力要求相对不高。长期以来,由于图书馆员的事务性与中介性工作特点,造成对馆员的整体能力水平要求不高。因而,具有图书资料专业背景的人可以在图书馆做文献资源建设工作,具有一定学历的其他专业人员可以做资源的管理与服务人员,甚至学历较低的人员也可以在图书馆做书库和阅览室管理人员,以致很多大学图书馆往往成为学校人事部门的收容所,也客观地造成了图书馆员整体素质参差不齐和相对较低。

第四,图书馆的服务表现为读者走进图书馆。在传统图书馆阶段,馆员在馆工作,读者只有进入图书馆,才成为图书馆的服务对象。图书馆被动模式成为馆员的惯性思维和"路径依赖"。

2. 大学图书馆新型服务体系及其特征

随着信息技术的飞速发展和网络时代的到来,读者获取信息的手段越来越多样,图书馆的文献信息资源和"阵地服务"对读者的吸引力越来越小,图书馆被边缘化的现象严重。美国学者 Brian T. Sullivan 于 2011 年甚至撰写了《2050 年大学图书馆尸检报告》,宣告了大学图书馆未来的终结。

因而,在大数据和知识经济时代,大学图书馆更需要紧跟时代条件,主动适应不到馆读者的需求,满足他们对电子文献推送服务、学术咨询、学科服务、信息化及新技术服务、文献计量与情报分析、大数据管理、智库服务等方面的需求,以此构建以智慧图书馆和知识情报为中心的新型服务体系。其主要表现以下几个方面的特征。

第一,它是以知识为中心构建起来的。也就是说,新型服务不是依赖于对资源的原始态呈现与输送,而是提供经过对文献的数据挖掘和计量分析而形成的知识与情报产品,具有较强学术性和科研参考价值。

第二,馆员工作的特点表现非中介性和非事务性。与传统图书馆员的中介性与事务性不同,新型服务是基于馆员对文献的挖掘和研究而形成的,馆员的工作表现为一种学术研究与知识创造,创新性、学术性成为图书馆员工作的新特征。

第三,图书馆的服务表现为图书馆主动走进读者。图书馆的新型服务主要是对不到馆或不在馆读者需求的挖掘与激发,是对读者的个性化延伸和推送服务。由此,大学图

---

① 杜玲.馆员角色的重新定位[J].图书馆建设,2001(02):96.

书馆新型服务也必须从"内向型"转向"开放型",从"被动型"转向"主动型",从"面对面"转向"远程",从"文献供应"转向"学术参与"①。这都需要馆员走出图书馆,深入到读者之中,深入到读者的科研过程之中。

第四,馆员的能力要求很高。图书馆的新型服务体系必然要求"馆员队伍的主体应为学科馆员与嵌入式信息专员;图书馆员个体应为学科情报专家、情报分析与知识服务专家、数据管理与服务专家、信息技术开发与应用专家。"②这就对大学图书馆员提出了很高的要求,大学图书馆急需专业型、研究型、复合型、创新型高层次人才。

三、大学图书馆的转型发展

习近平总书记在十九大报告中强调,中国特色社会主义进入新时代。面对新时代,大学图书馆也必然要有新的思考新的定位新的思考。图书馆的转型发展在业界早已开始思考和布局。"从2014年4月美国图书馆协会(ALA)发起图书馆转型运动,成立图书馆转型团队(Libraries Transforming Communities),并与哈伍德公共创新研究所合作开展图书馆服务转型项目到2018年8月第84届国际图联(IFLA)大会以'图书馆转型,社会转型'为主题,转型发展成为全球图书馆事业的主要特征③。"所谓图书馆的转型,提法最多的就是由资源为中心向以用户为中心的转型和发展。为实现这一转型,大学图书馆开始主动适应读者新需求,创新读者服务,加强内涵发展,推动图书馆向数字化、智能化、智慧化方向发展。北京大学信息管理系刘兹恒教授认为,资源、空间、服务是图书馆创新发展的三要素。南开大学柯平教授认为资源、服务、管理是图书馆的三大支柱。由此,我们从资源、空间、服务、管理四个维度论述图书馆的转型发展。

1.图书馆资源转型

图书馆的资源转型就是正在经历着从纸本文献为主体向数字文献、多媒体文献为主体的转变。在大数据和自媒体时代,图书馆的文献资源的来源需要被重新定义。传统文献和学术资源以出版为主体,而今天我们正在经历学术交流和开放获取的繁荣和发展期,OA学术资源、会议PPT、课程讲义、网络公开课,自媒体条件的微信、博客、今日头条等个人空间资源,民间生活中呈现的文化资源等也都是文献的重要来源。文献资源的存储方式需要进一步整合,也就是从馆舍空间实体存储、网络单一平台存储向全类型、全媒

① 李阿莹.试论高校图书馆服务模式的转型[J].教育探索,2007(8):91-92.
② 黄孝群.转型变革期高校图书馆馆员能力建设策略[J].图书情报工作,2014(9):51-56.
③ 柯平,邹金.后知识服务时代的图书馆转型[J].中国图书馆学报,2019(1):4-17.

体的综合管理和服务平台统一存储转变。文献资源的利用也需要被重新定义,图书馆的文献服务不仅是基于馆藏的内容供给,更需要基于知识呈现与情报分析的知识供给与决策参考。基于内容挖掘、元数据仓储、全媒体应用的文献资源价值需要被深度发现。"在图书馆转型过程中,需要重新定义资源,改变长期以来资源与服务分立的局面,促进数字资源向数字资产(Digital Asset)转化,促进资源与服务的一体化[①]。"

2. 图书馆空间转型

传统图书馆空间以收藏文献、提供阅览为主要功能,在数字化图书馆的今天,读者利用图书馆的渠道和方法多元,网络远程获取正式成为主流。读者对图书馆的实体文献收藏空间的利用程度逐渐下降。图书馆空间概念也由单一物理有限空间向馆舍实体空间与基于图书馆泛在服务的网络空间、虚拟空间等无限空间转型与延伸。传统图书馆的实体空间以书库、阅览室、自修室等为主要功能,也在向建构知识中心、学习中心、交流中心、体验中心等柔性化的主题空间转型。随着智慧图书馆的到来,图书馆基于智慧化图书馆条件的功能布局和空间再造也正在成为馆舍空间建设的热点,动静结合、研学一体、情境感知、触手可及、文化在场的图书馆空间已经悄然成为下一代智慧与泛在图书馆的自然选择。

3. 图书馆的服务转型

服务是图书馆的生命线。首先,大学图书馆的服务转型就应该从读者需求出发,从传统图书馆服务以资源和馆员为中心、馆员决定服务向注重读者体验,读者主动参与的读者决定服务转型;其次,要充分利用计算机网络、大数据、人工智能等技术,结合先进的现代信息技术,创新读者服务模式,开展多层次多维度的读者个性化服务,分类满足到馆读者和不到馆读者的服务需求;最后,大学图书馆要拓展服务内容,构建新型服务体系,也就是要加强基于文献挖掘与计量分析为基础的学科服务、学术服务、团队服务、决策服务等新型服务内容。"我国大学图书馆经历了传统的文献检索与传递服务、信息服务、知识服务、学科服务、智库服务及互联网+智慧服务等服务模式,正在打破传统的局限,向知识、智能、智慧、泛在及开放创新方向转型。"[①]

4. 图书馆管理转型

党的十九届四中全会审议通过了《中共中央关于坚持和完善中国特色社会主义制度、推进国家治理体系和治理能力现代化若干重大问题的决定》,国家治理体系与治理能力要实现现代化,大学图书馆的治理体系和治理能力也必然要向现代化转型。首先,大学图书馆的管理理念要以资源、馆舍、设备等以物中心的要素管理向着以读者、馆员等以

---

① 朱佳林.我国大学图书馆转型发展可视化研究[J].图书馆工作与研究,2020(6):92-98.

人为中心的理念转变。其次,强化组织文化与读者服务文化融合并进的以文化人的管理文化建设,以人为本、服务创新的管理文化需要进一步彰显。最后,建立在先进技术基础上的管理能力现代化,构建规范化、数据化、智慧化的管理体系也是智慧图书馆的应有之义。

　　总之,图书馆的转型发展可以从转型要素的维度去思考和实践,对图书馆的资源、空间、服务、管理等进行创新和变革,让图书馆主动适应技术革新和读者需求。也要从整体维度去思考图书馆的理论、理念、方法、路径等体系化转型,要着眼时代背景,围绕学校战略,立足自身发展,构建资源、空间、服务联动的一体化、智慧化的大学图书馆发展新格局。

第二节　大学图书馆员的技术压力与能力不足

　　面对大学图书馆的转型发展,图书馆的数字化转型与智慧化建设,也给图书馆员带来了技术压力和能力不足的困扰和担忧。在大数据、云计算、互联网+,人工智能等日新月异的新技术面前,在个性化、知识化、数据化、泛在化、智慧化服务功能变革面前,大学图书馆员承担着直面新技术新服务的能力和素质提升要求,而且这种要求并没有丝毫的停歇,而是在图书馆转型发展中不间断演进并以日益加快的节奏持续着。

一、技术压力和能力不足的成因

　　大学图书馆员的技术压力和能力不足的主要原因表现为:①新技术在大学图书馆的运用使得馆员工作节奏加快、信息量增大、工作方式改变等,从而导致工作负荷增加。②不断发展的新技术,迫使图书馆员不得不利用业余时间学习,从而导致学习压力、休息时间不足,甚至与家人的相处时间减少等,个人生活受到技术的入侵和影响。③新技术比较复杂,很难短期掌握并应用到实际工作中,学习的困难和能力的不足造成工作压力增大。④新技术的运用代替很多劳动密集型工作岗位,如图书馆 RFID 自助借还系统代替了流通阅览岗位上的馆员,部分馆员的工作因此而受到被技术代替的风险。⑤不断创新的图书馆服务,不断变革的岗位设置,使得部分馆员很难适应新的岗位要求,由此不确定性所引发而带来工作压力等。

二、技术压力的主要表现

在新技术不断涌现的今天，大学图书馆员所面临的技术压力始终存在。在图书馆自动化时代，随着文献管理系统、信息检索系统、自动化联合编目系统等的应用，图书馆员必须学习和掌握计算机技术并需要在工作中尽快应用，馆员不仅仅要面对技术、设备、系统，还是主动适应技术变革带来的工作改变。在互联网技术的应用和数字图书馆时代，远程信息处理、网络技术、数字技术、无线射频技术等信息与通信技术广泛应用于图书馆，各类技术软件和信息管理平台再次刷新了图书馆员的工作环境。由此而产生的信息超载、岗位异动、组织支持缺失等造成了图书馆员的工作焦虑。在大数据、云技术、区块链、人工智能等新技术快速演进的智慧图书馆时期，关联数据、数字人文、替代计量学、数据管理与服务、下一代图书馆管理系统等新的图书馆技术环境与业务流，给大学图书馆员带来了又一次巨大冲击。多数图书馆员对这些纷繁复杂的技术闻所未闻，对新技术无所适从的焦虑感进一步加剧。

"新技术环境下馆员产生的技术压力情绪包括新技术应用导致的焦虑、拒绝、排斥、恐惧、冲突、精神疲劳甚至身体不适，有如下"症状"：担心失去自主性、担心失去晋升机会、担心失去对自己工作领地的控制权、害怕被社会孤立、害怕改变而表现出恐慌、担心失去自由以及隐私和控制权、担心新技术会让自己成为"计算机盲"、担心无法跟上新技术发展，甚至因此而产生人际关系问题。①

三、能力不足的主要表现

面对新技术的冲击，图书馆的转型发展加快演进。图书馆的基础业务与服务不断升级，新型业务与服务不断创建。随着大学教育的规模扩大和教师队伍的编制增加，图书馆要服务读者增加明显，但几乎所有大学并没有以此为依据确定图书馆的人员编制，基本上是以已有馆员人数为基数，向下减员定编，图书馆员数量不仅不能随着学校规模的扩大而增长，而且背道而驰持续减少。另外，一直以来，很多大学对图书馆员的配备要求不高，图书馆成为解决引进人才家属、校内转岗人员等政策性安排的场所。陈焕文说："高校都不认为图书馆工作是一项专业工作，图书馆馆员也不会像医院医生那必须由具有医学背景的人员担任否则会草菅人命，可随便安排非专业人员担任。专业工作必须由

① 罗晓兰. 图书馆员技术压力：变革与对策[J]. 图书情报工作,2016 (3):38-45.

专业人士来做,道理非常简单,但是大多数高校都是揣着明白装糊涂,无可奈何。"

　　大学图书馆员在人数减少、整体水平不高,结构不合理的情况下,同时面临着时代快速进步、创新技术层出不穷、图书馆转型发展等问题,馆员能力不足已成为所有大学图书馆的面临的紧迫问题。大学图书馆员的能力不足主要表现为:①馆员沉浸于传统图书馆的服务模式,图书馆的发展没有引起自己相应的学习和进步,致使业务和服务工作思维陈旧、缺乏创新,传统服务能力未能得到较好提升;②面对新技术无动于衷,感觉大数据、云计算、物联网、人工智能等技术与图书馆无关,缺少主动适应新技术的意识和能力;③在图书馆转型发展进程中,图书馆员没有跟上步伐,缺少主动参与、寻求改变的意识和能力;④在图书馆以资源为中心向以用户为中心的服务转型下,馆员的意识不强,实践不够、能力不够;⑤在图书馆大力构建以文献计量与情报分析为基础的新型服务体系中,馆员的图书情报专业能力、文献计量与分析能力,学科服务能力、数据管理与服务等均发展滞后、能力严重不足,不能很好地适应图书馆的新型服务建设要求等。

第三节　大学图书馆员新型能力建设的主要内容

　　当前,我们正处在一个数字化时代、大数据时代、互联网时代、知识经济时代、智慧时代等新的时代环境下,新技术催生大学图书馆的变革与发展。面对新技术新环境新发展,大学图书馆正处在快速发展的机遇期。机遇带动了大学图书馆技术、设备、管理、服务等的跨越式发展。大学图书馆的功能布局和空间再造顺势而为。信息技术、网络技术、人工智能技术等正在把图书馆推向读者身边,读者利用图书馆的空间更广、时间更多,形式更多样。传说的口袋图书馆、移动图书馆已经变为现实,智慧图书馆正在向我们走来,正在拓展更加广阔的图书馆发展和服务空间。同时,多媒体多类型的文献资源、虚实结合的多空间交互、专业化知识呈现、深度性文献挖掘、数据管理与服务、学科特色服务等新型服务方式和服务内容加速呈现。这就需要我们开阔视野、创新思路、迎接挑战,加速推进大学图书馆新型服务体系和大学图书馆员的新型服务能力建设。

　　十九大报告中强调,中国特色社会主义进入新时代,我国社会主要矛盾已经转化为人民日益增长的美好生活需要和不平衡不充分的发展之间的矛盾。新时代图书馆也面临着用户对图书馆新型服务的需求与图书馆服务能力不足之间的矛盾。"美国高校图书馆一般要求应聘者需图书馆信息管理相关专业背景及硕士以上学历,在2009年美国图书馆协会颁发的《图书馆员核心能力》中,明确要求所有拥有图书信息学硕士学位的人员必须掌握和运用以下基本知识:图书馆专业基础知识、信息资源、知识和信息整理、技术知识和技巧、参考咨询和用户服务、研究、继续教育和终身学习以及行政管理"[1]。

本节将重点从围绕大学图书馆的新型服务能力建设,从嵌入式学科服务能力、知识发现与知识咨询能力、创新素养教育能力、情报分析与研究能力、数据管理与服务能力、图书馆出版与出版服务能力、智库研究与服务能力、智慧图书馆建设与智慧服务能力等方面,论述大学图书馆员的新型服务能力建设的主要内容。这些新型的服务都是直接面向用户需求与用户过程,基于服务的研究与基于研究的服务为基础的集知识性、创造性、增值性为一体的专业化服务。

一、嵌入式学科服务能力

学科服务是大学图书馆在以文献为中心的传统服务基础上,为深化图书馆在大学学科建设中的作用和价值,对服务内容、服务模式的创新和深化而产生的主动服务项目。在此之前,大学图书馆对学科建设的支撑主要体现为对学科专业文献资源的建设与保障,而学科服务则是通过专门的学科馆员,主动的、显性的开展对学科领域的文献资源建设、学术研究前沿与热点、学术团队、师资建设等情报与咨询服务,是大学图书馆服务创新与能力提升的重要体现。自 1988 年清华大学图书馆率先实施学科馆员制度以来,在其示范与引领下,学科服务逐渐成为大学图书馆的一项重要服务内容。目前,多数大学图书馆成立了学科馆员团队,开展了学科服务。

学科服务是一种不断演进不断深化的服务项目。CALIS(中国高等教育文献保障系统)三期项目把大学图书馆的学科服务作为重点工作加以推进。大学图书馆业界关于学科服务的研究与学科馆员培训也密集展开。上海交通大学图书馆就组织承办了多期学科馆员培训班,为国内大学图书馆的学科馆员的培训做出了重要贡献,有力推进和深化了大学图书馆的学科馆员服务。

随着学科服务的深化和演进,近年来,嵌入式学科服务持续成为业界研究热点,许多大学图书馆把嵌入式学科服务作为服务创新的重要亮点加以重视,国内清华大学、北京大学、上海交通大学、武汉大学等一流大学的嵌入式学科服务处于国内领先水平。所谓嵌入式学科服务,美国专业图书馆协会将"嵌入式图书馆服务"定义为"为专业用户提供专业服务""嵌入式学科服务"和"嵌入式馆员"[2]也就是要让图书馆员主动嵌入用户,把

① 宋惠兰、陈宣.基于大数据环境的知识创新型馆员能力再造[J].内江师范学院学报,2017(10):134-140.

② 李金芳.美国高校图书馆嵌入式学科服务的典型案例研究[J].图书馆杂志,2012(11):73-77.

图书馆的文献资源与信息服务与用户的需求相结合。根据用户在教学、科研过程中的信息需求，主动提供及时有效、匹配度高、精准的文献信息输送，并不断深化对用户需求信息的深化挖掘与分析，提供精深的文献情报与知识服务，直接支持用户的教学和科研。通过与用户的交流，建立合作伙伴关系，成为他们教学与科研过程中信息助手和情报专家，进一步彰显图书馆的功能与价值。

1. 嵌入式学科服务的历史演进

1990 年，国外大学图书馆就开始逐渐开展嵌入式服务，也就是把图书馆员嵌入到用户中，开展主动式、分散式、个性化的文献信息服务。1993 年，美国学者 Tom Davenport 和 Larry Prusak 发表了"Blow Up the Corporate Library"一文，提出图书馆开展嵌入式服务概念。文章倡议图书馆员的服务不应仅限于馆舍实体空间内，还应走出图书馆、走进用户之中，主动评估谁拥有信息，谁需要信息，了解他们的文献信息需求并提供相关服务[①]。国内大学图书馆开展嵌入式学科服务开始与 21 世纪。"2006 年 6 月，中国科学院国家科学图书馆创立了以'融入一线、嵌入过程'为标志的第二代学科馆员服务模式推动了学科馆员服务模式的变革、服务机制的创新和服务层次的提升"[②]。拉开了中国图书馆嵌入式学科服务的大幕。根据中国知网的文献检索，以"嵌入式学科服务"为题名检索，共检索出相关文献 238 篇，最早开展研究的是武汉大学情报学博士刘颖，她于 2010 年撰写了《高校图书馆嵌入式学科服务研究》，文章提出："嵌入式学科服务是一种以用户为中心以有机融入用户控件、嵌入用户社会网络中，为用户构建适应其个性化信息需求的信息保障环境为目标，主要以学科、专业或项目为单元提供集约化的深入信息服务，及以此为基础的机构重组、资源组织、服务设计、系统架构等全新运行机制。"[③] 2011 年，曹静仁、李红发表了《泛在知识环境下的图书馆嵌入式学科服务》一文，张翔在《大学图书馆学报》发表了《基于 SERVICE 的嵌入式学科服务营销——武汉大学图书馆学科服务探索》。自此，中国大学图书馆嵌入式学科服务在理论研究和服务实践中全面展开。目前，基于泛在知识环境、科研环境、用户体验、大数据环境、"双一流"背景、智慧化环境等的嵌入式学科服务研究依然热点不减。国内大学图书馆也掀起了嵌入式学科服务的热潮，除北京大学、清华大学、上海交通大学等国内顶级大学图书馆开展深度的嵌入式学科服务之外，西南交通大学、东北师范大学、东华大学、江南大学等国内知名大学的嵌入式学科服务也开

① Shumaker D，Tyler L A．Embedded Library Services：An Initial Inquiry into Practices for Their Development，Man-agement，and Delivery[EB/OL]．[2012-06-20]．http://www. sla. org/pdfs/sla2007/ShumakerEmbed-dedLibSvcs. pdf.

② 初景利. 学科馆员对嵌入式学科服务的认知与解析[J]. 图书情报研究，2012(5)：1-8.

③ 刘颖. 高校图书馆嵌入式学科服务研究[D]. 武汉：武汉大学，2010：31.

展得如火如荼,成绩显著。

2. 嵌入式学科服务的主要内容

大学图书馆的学科馆员的主要职责和工作的主要内容包括,作为图书馆与学科或院系的联络人、为学科的文献资源建设提供决策参考、学科的文献信息资源服务,学科领域内的读者信息素养教育,提供学科领域内的信息咨询服务、为学科领域内的学者做好定题服务等。无论时代变迁还是图书馆的创新发展,学科服务的主要内容不会有根本性的变化,但学科服务的形式和工作机制会不断创新,学科服务的专业性和实效性也会有所不同。

嵌入式学科服务主要内容包括:嵌入文献资源建设、嵌入教学、嵌入科研。嵌入文献资源建设主要是两个方面的工作,一方面要深入了解学科领域内的出版信息、精品文献资源信息、核心作者、核心出版社等,嵌入到图书馆内部采访馆员的工作中,为文献资源建设提供选择参考;另一方面是深入到学科的专家、读者之中,了解他们对文献信息资源的需求,为图书馆的文献采购和文献的精准推送提供服务。嵌入教学,就是要把信息知识服务嵌入到备课、授课、复习、考核等教学的全过程之中,为教学提供文献支持和信息参考。嵌入科研,就是要把信息与知识的传送与学术情报嵌入到课题申报、课题研究、项目结题、成果出版、项目报奖等全流程中,让学科馆员成为学术团队和科研环节中的主要参与人和决策参考者。

3. 嵌入式学科服务的工作机制

David Shumaker 认为图书馆嵌入式服务的方式有三种:物理嵌入(physical embedding)、组织嵌入(organizational embedding)和虚拟嵌入(virtual embedding)[①]。物理嵌入就是学科馆员将自己工作的物理空间嵌入到学院或学科办公区,作为学科服务专员全时段或部分时段地参与到学科领域的工作中。组织嵌入则是在矩阵式管理模式下的学科馆员服务,其接受图书馆和学科用户的双重管理。虚拟嵌入主要是与用户建立网络虚拟共享空间的图书馆服务。

初景利在《学科馆员对嵌入式学科服务的认知与解析》一文中,把嵌入式学科服务的工作方式和嵌入机制概括为:"目标嵌入、功能嵌入、流程嵌入、系统嵌入、时空嵌入、能力嵌入、情感嵌入、协同嵌入"8个方面[②]。目标嵌入就是以用户的需求为导向,达到用户需求和嵌入服务的目标一致性。学科馆员在开展嵌入前要开展充分用户需求调研,与用户保持充分互动和交流,明确用户需求,了解用户期望,用户需要什么我们就嵌入什么,对

①　初景利.学科馆员对嵌入式学科服务的认知与解析[J].图书情报研究,2012(5):1-8.
②　李金芳.美国高校图书馆嵌入式学科服务的典型案例研究[J].图书馆杂志,2012(11):73-77.

症下药、目标统一。功能嵌入就是以作用发挥和功能实现为导向,学科馆员嵌入并融入用户的教学与科研过程中,成为其帮手和伙伴,成为其团队中的一员,发挥团队成员的信息输送与学术情报分析专员。流程嵌入就是学科馆员在自己服务的学科领域内完成全流程嵌入服务,在用户教学过程与科研过程的不同阶段中,主动掌握其需求特点,提供分阶段的更加精准的文献信息服务。系统嵌入通常是在长时间服务于某一学科用户的基础上,对用户的需求有相对程度的规律性掌握,与用户一起制定嵌入式的服务计划而开展的一种系统化的嵌入服务。严格意义的时空嵌入则是一种跨时空的嵌入服务,也就是在泛在知识环境下的嵌入式学科服务,用户在哪里,嵌入式服务就是哪里。能力嵌入就是学科馆员用其深度的专业知识和文献计量与情报分析能力,帮助用户提升教学或科研的深度与广度,实现嵌入式学科服务的高附加值。情感嵌入则是在与用户建立良好的关系基础上,彼此间形成的亦师亦友的工作关系。良好的情感嵌入可以相互信赖、相互配合、消除距离感,让嵌入式服务更加顺畅,效果更加突出。协同嵌入就是为完成某项或某些教学与科研任务,学科馆员与用户之间相互支持相互配合的协作服务过程。

在大学图书馆的嵌入式学科服务实践中,如北京大学学科馆员嵌入院系课程,对重点科研开展全流程嵌入服务,通过教学平台、学科导引工具、社交网络等实现虚拟嵌入等。上海交通大学推出信息共享空间、开设学科服务博客,创建"IC·创新学科服务模式"、建立学科服务平台、通过教学导航系统提供电子教学参考资源服务等。华中科技大学通过手机图书馆、社交平台、在线 PPT 实现虚拟嵌入,利用学习空间、研修空间、第三空间开展物理嵌入等。

二、知识发现与知识咨询服务能力

图书馆是人类知识的收藏与传播中心,作为广义的知识服务一直是图书馆服务的中心内容之一,大约经历了纸本文献借阅、数字资源服务、信息服务到知识的发现与咨询服务等不同阶段。而狭义的知识服务则主要是基于在海量信息中精准的知识发现、知识供给和知识咨询等的一种高层次的信息增值服务。大学图书馆的知识服务"是指以图书馆工作人员的情报学及图书馆学等专业知识为基础,利用大数据的相关技术,对在校师生对于知识和信息的需要进行分析、统计和分类,再对相关的知识和信息进行整理、分析、组织和存储后,运用一系列的信息传播手段,为读者有针对性地传输相应的知识信息的一种服务。新时代高校图书馆知识服务的具体内容应包括知识挖掘、知识分析、知识处理、知识传送、知识应用与营销、知识评价等"[1]。在此,我们把知识挖掘、知识分析、知识处理等统称为知识发现,知识传送、知识应用与营销、知识评价概括为知识咨询。

1. 大学图书馆员的知识发现能力

1989 年,第十一届国际联合人工智能学术会议在美国底特律举行,"知识发现(Knowledge Discovery,KD)"概念在这次大会上被提出。1996 年,Fayyad 将"知识发现"定义为"从数据集中提取有效的、新颖的、潜在有用的、可理解的模式的非平凡过程"[2]。最初的"知识发现"主要指基于数据库的内容检索和发现,随着计算机、云计算、大数据等技术的发展与应用,"知识发现"理论不断将计算机、数学、关联数据、自然语言处理、神经网络等多学科融入其中,成为"一门来源于人工智能、知识工程和机器学习等众多学科新兴交叉的学科"。"具体来看,知识发现就是一次完整的从大量的异构、复杂数据或数据集、数据平台中提取出隐含的、未知的、潜在有用的并能被人们理解的规则与模式,并检查趋势、发掘出事实的高级处理过程"[3]。因此,"知识发现"主要是基于数据的挖掘、分析、处理,是知识的呈现与生产的过程。

从概念与理论研究角度,"知识发现"不同的理解:一种是把知识发现看作一种技术,即是从杂乱无序人们无法拿来使用的数据中通过加工、处理、分析而生产出为人们可以利用的知识的技术。一种把"知识发现"看作为一种组织方法,即将本来散落在不同领域的不同结构的知识组织为统一结构的知识个过程。而图书馆界,则把"知识发现"看作为一种服务,就是将多元异构的信息通过系统化平台化的挖掘、处理后给予用户明晰的知识检索与呈现的服务。由此,搭建知识发现平台是大学图书馆知识发现的主要路径和方法。这就需要借助元数据存储、机器学习、神经计算、语义分析、关联聚类等技术手段,将学术资源库、书籍、网络信息、视频、图像等多种存储方式的数据加以解构,并基于广度关联和深度语义的结构序化与重构。国内一些大学图书馆研发了自己的知识发现系统,如上海交通大学的"思源探索"发现平台、北京大学的"未名学术搜索"发现平台等。同时,国内外也研发了一些商用的知识平台,如超星发现系统、Summon 系统、Primo 等。

大学图书馆员的知识发现服务能力首先需要有比较专精的计算机技术、数据挖掘技术、语义分析技术等多学科的技术能力。借助于成熟的知识发现平台开展知识发现服务,则需要馆员有熟练掌握平台的使用与维护,为用户提供多元检索、知识的可视化、学

---

① 汪越男,王君.新时代图书馆发展中知识服务模式创新研究[J].图书馆建设,2019(S01):37–40.

② 靳嘉林,王曰芬.大数据环境下知识发现研究的变化及其发展趋向.数字图书馆论坛,2018(5):67–72.

③ 张钧.基于用户画像的图书馆知识发现服务研究[J].图书与情报,2017(06):60–63。

术分类统计与分析、期刊导航、学术影响力评价等服务的能力。同时,还有注重用户体验、整理用户行为、支持用户诉求、搭建友好界面、构建用户画像等能力,以便更好地知识发现平台的知识呈现与导航和推动功能。

2. 大学图书馆员的知识咨询能力

早在 1988 年,斯波尔丁(F. H. Spaulding)就提出,图书馆员的职能不应该仅限于信息的存储和供给,应该向知识顾问转变①。开启了图书馆参考咨询从传统的信息咨询向知识咨询的转变。国内的知识咨询发展相对较晚,2008 年,刘丹发表了《试论图书馆的知识咨询服务》一文,由此开启了国内图书馆对知识咨询的理论研究与服务实践。大学图书馆知识咨询服务主要是应运于用户的知识需求,通过一定的知识发现与呈现过程,为用户提供专业化的、智能化的知识服务,实现知识增值与知识创造的知识集成化的服务。大学图书馆的知识咨询服务不再是面向所有读者的一种公共服务产品,有它鲜明的服务特点,它是一种以用户需求为导向、知识交流为前提,综合集成为基础、知识创造为价值的个性化深层次专业服务。

由此,大学图书馆的知识咨询服务是建立在馆员的专业知识、知识技能、知识创造等专业能力基础上的。A. Woodsworth 和 J. Lester 提出知识咨询馆员应具备的基础能力主要有:"很强的用户导向能力,用户分析能力,从事研究的能力,以信息处理和产品为导向、宽泛的信息资源知识、设计和运用信息产品和系统的能力、信息联络中介和信息管理者的意识、团队管理和团队建设能力。②"刘永洁认为,知识咨询具有诊断、规约、建议、知识生产、评价、决策支持 6 种功能,包括准备、诊断与规划、调查与访谈、分析与综合、评估与提供、跟踪与反馈 6 个阶段③。这就需要咨询馆员具备编码技术、检索技术、数据挖掘技术、人工智能技术、网络安全技术等知识咨询的技术支持能力;具有通过数字化网络化的知识集成平台,进行数据挖掘、信息分析、信息遴选与组织等知识创新的能力;具有数据清洗与整合、知识发现与获取、知识组织与呈现、知识传播与利用等知识创造与知识咨询服务能力。

---

① Spaulding F H. Special librarian to knowledge counselor in the year2006[J]. Special Libraries,1988, 79(2):83-91.

② 万健,罗园晶,茆意宏.图书馆员知识咨询胜任力模型构建[J].图书情报工作,2016,60(20): 27-35.

③ 刘永洁,盛小平.面向用户需求的图书馆知识咨询研究[J].图书情报工作,2011,55(17):61- 65.

三、创新素养教育能力

习近平总书记指出,综合国力竞争说到底是人才竞争。人才资源作为经济社会发展第一资源的特征和作用更加明显,人才竞争已经成为综合国力竞争的核心。谁能培养和吸引更多优秀人才,谁就能在竞争中占据优势。"中国这么多人,教育上去了,将来人才就会像井喷一样涌现出来。这是最有竞争力的。走创新发展之路,首先要重视集聚创新人才。""要完善促进人才脱颖而出的机制,完善人才发现机制,不拘一格选人才,培养宏大的具有创新活力的青年创新型人才队伍①。"

2018 年,国务院印发《关于推动创新创业高质量发展打造"双创"升级版的意见》提出:"强化大学生创新创业教育培训。在全国高校推广创业导师制,把创新创业教育和实践课程纳入高校必修课体系,允许大学生用创业成果申请学位论文答辩②。"

2015 版《普通高等学校图书馆规程》第三十一条规定:"图书馆应全面参与学校人才培养工作,充分发挥第二课堂的作用,采取多种形式提高学生综合素质。图书馆应重视开展信息素质教育,采用现代教育技术,加强信息素质课程体系建设,完善和创新新生培训、专题讲座的形式和内容。③"图书馆一直把信息素养教育作为服务体系的重要组成部分。信息素养教育是图书馆用户教育的核心内容之一。随着创新创业教育在大学教育体系中分量的增加,大学不断深化创新创业教育改革,努力为社会培养高素质的创新创业人才。图书馆是大学人才培养的重要阵地,利用自己丰富海量的文献信息资源,培养学生的创新创业能力,大学图书馆责无旁贷。由此,图书馆的信息素养教育正面临着向创新素养教育的延伸和转型变革。

1. 什么是创新素养

近年来,国家大力实施"大众创业、万众创新",提出要建设创新型国家,其核心就是把增强自主创新能力作为经济社会发展的战略基点,贯穿到社会主义现代化强国建设各个方面,激发民族创新基因和创业精神,培养高水平创新人才,形成有利于自主创新的体制机制,大力推进理论创新、制度创新、科技创新,为实现中华民族伟大复兴的中国梦提

---

① 中共中央文献研究室. 习近平关于科技创新论述摘编[M].北京:中央文献出版社,2016:107

② 中华人民共和国中央人民政府. 国发[2018]32 号:关于推动创新创业高质量发展打造"双创"升级版的意见[EB/OL]. [2018-09-26]. http://www. gov. cn/zhengce/content/2018-09/26/content_5325472. htm.

③ 中华人民共和国教育部. 教高[2015]14 号:普通高等学校图书馆规程[EB/OL]. [2018-12-15]. http://www. moe. gov. cn/srcsite/A08/moe_736/s3886/201601/t20160120_228487. html.

供强大创造力。所谓创新素养,大都学者认为它包含了创新意识、创新思维、创新能力、创新道德、创新精神等综合性的创造力概念。创新素养是创新创业能力的核心。"代金晶认为创造性发现问题与解决问题的能力也是创新素养的核心能力之一。樊丽明从创新创业核心素养出发,认为其包含 3 个层面:一是知识,如专业知识、通识知识与财经知识;二是能力,领导力、把握机会的能力和实践能力;三是思维,问题导向性思维、批判性与创造性思维。

综上所述,可以归纳出创新素养的内涵有三个层面:一是思维,创新思维、创新意识、批判性思维、跨学科思维;二是知识,专业知识、财经知识、管理知识等;三是能力,信息素养、学习能力、交流协作能力、实践能力、自我实现能力。[①]"

2. 图书馆信息素养教育对创新教育的作用

图书馆的创新素养教育首先表现为信息素养教育对创新能力的支持作用。信息素养,主要是指人们选择、获取、识别等利用信息资源的意识与能力,以及利用信息工具进行组织、挖掘、整理等创造信息和知识的意识与能力。大学图书馆的信息素养教育,就是帮助大学生提高信息素养,以便能充分利用现代信息工具进行快速而准确地查询和获取所需信息的能力。随着现代信息技术的发展,信息素养教育还包含对信息的高度开放态度,独立的信息获取、甄别与评价,以及运用信息创新性地解决问题的能力。信息的获取是创新创业的基础条件,任何的创新创业过程都会伴随着信息的收集、搜索、评价和分析,这都与个人的信息素养有极大的关系。良好的信息素养会在综合的信息分析和利用中激发创造力,提高决策力。因此,图书馆作为大学的"第二课堂",理应通过优质的以创新能力为导向的信息素养教育,以信息追踪创意、激发创造,发挥对创新型人才培养的重要作用,把图书馆创建成为创新素养培训、创新创业教育等创新人才培养的重要基地。

3. 基于创新教育的泛信息素养教育

2016 年,美国大学与研究图书馆协会(ACRL)发布了《高等教育信息素养框架》,进一步延伸和拓展信息素养的范畴和内涵,"其核心思想主要有:①信息素养只有通过一套更加丰富、更加复杂的核心理念才能实现其潜能;②图书馆员肩负着更大的责任,在自己的知识范畴内,确认核心理念,拓展学生的学习,设立新的具有凝聚性的信息素养课程,并应与教师开展更广泛的合作;③将有关信息、科研与学术的很多其他概念与思想融为一体,强调信息素养与科研学术过程的结合;④引入元素养的概念,元素养是催生其他素

---

①　徐畅,孙振领. 面向创新创业的大学生信息素养教育模式研究[J]. 图书馆界,2020(3):12-15.

养的素养,元素养成为信息素养转型的新导向。[①]"进一步把信息素养教育拓展到信息伦理素养教育、信息工具与平台的利用教育、科研与学术素养教育、元素养教育、数字与网络素养教育、知识产权素养教育等领域,从思想、伦理、法律等意识范畴,以及数据能力、研究能力、工具能力、写作能力、创新能力等范畴,拓展信息素养教育的内容;从变革教育内容、创新教育方法、延展教育场景、加强空间配置等方面强化泛在化的信息素养教育,为创新教育提供更坚实的基础。

4. 构建图书馆创新素养教育体系

2018 年,在沈阳师范大学召开的全国高校图书馆信息素养教育研讨会,就是以"从信息素养教育到创新素养教育"为主题,探索将创新的技术和方法嵌入信息素养教育,更新教育理念,创新教育形式,推动信息素养教育向创新素质教育的拓展和转型。

图书馆需要在信息素养教育基础上构建创新素质教育体系,主要包括:①推进创新文化教育。图书馆是文化的载体、知识的海洋,图书馆要充分挖掘创新文化和创新思想的有关文献资源,通过开展创新文献学习辅导、创意阅读分享等营造创新创意的学习氛围。同时,通过信息素养教育,培养大学对多学知识的重组与创造能力,增强其创新意识、传授其创新方法、培养其创新思维,达到在信息素养教育中贯彻以创新能力教育为导向的教育教学文化。②注重嵌入式创新协调教育。图书馆员要善于将基于信息素养的创新教育嵌入到学科专业课堂、学者的科研过程、企业的科研攻关与产品开发过程中,打造与教师、学者、企业的协调创新教育课程与实践。③开放创新教育资源。近年来,开放资源成为学界积极倡导的新型学术模式,开放数据、开放学位论文、开放软件工具、开放报告等开放的学术环境。图书馆要充分利用借助开放教育资源开展图书馆的创新素养教育共享和服务合作,积极构建基于开放学术环境下的创新素养教育课程与资源共建共享。④充分利用图书馆信息咨询服务,为大学生提供创新创业信息咨询服务,为创新教育提供信息情报服务。⑤重视创新学习空间建设。充分利用图书馆空间再造的时机,打造研学一体的学习研究空间、创客空间、创新工作室、创意设计展示空间、创新教育翻转课堂空间、全媒体交流体验空间等创新创业活动空间,助力大学生的创新创业教育。

四、情报分析与研究能力

随着信息时代和大数据时代的到来,信息和数据对人们日常生产生活的影响越来越

---

① 初景利,刘敬仪,张冬荣,等.从信息素养教育到泛信息素养教育 [J].图书情报工作,2020,64 (6):3-9.

大。美国企业家 S·M·沃尔森提出，把信息和情报放在第一位，金钱就会滚滚而来。这就是在市场竞争中人们常说的"沃尔森法则"。但信息和数据的规模越来越大，信息爆炸、信息冗余、信息过载成为当前人们对待信息无所适从的一种切身感受和真实表达。如何在海量的信息和数据中获取对自己有用的信息和知识成为人们关心的重要问题之一。因而，从一般意义而言，在一定的领域内，提供有价值信息的情报的作用也日益受到重视。

1. 情报分析与情报研究的概念解析

情报分析通常是运用一定的理论好和方法，对信息和数据进行分析，获得信息或知识，再进一步对信息或者知识进行集成、关联、归纳、演绎、推理，形成系统的、独特的、更有价值的情报产品的过程。"情报研究是指情报研究人员运用科学的研究分析方法，通过分析、对比、推理、判断、综合等逻辑思维过程，对研究对象进行系统分析的一项科学研究工作。[①]"

情报分析与情报研究是两个相辅相成的概念，两者区别主要表现为情报分析是基于对信息和数据的收集与分析，是情报的形成过程。情报研究则是对情报进一步开展研究，是科学研究的一部分。但两者有着重要的联系，情报分析是情报研究的基础，情报研究是情报分析的深入。从某种意义上说，情报研究包含情报分析，是情报分析工作与科学研究的结合。情报分析可以直接决定情报的应用，彰显情报的"第二资源"价值，重要性自然不言而喻。优秀的情报分析师必须要对数据或者信息很敏感，并且要求有很强的逻辑推理能力和主动思考的能力。情报研究是情报的直接应用价值与非直接的综合参考价值的系统化知识分析与研究，可以进一步地挖掘情报的系统知识与综合价值。这里，我们将情报分析与研究能力作为统一的概念加以分析和研究。

2. 情报分析与研究能力的内涵

广义而言，情报分析与研究能力就是一种解决用户问题、满足用户情报需求的能力。因而，其内涵首先是对用户情报需求的收集与分析，再通过情报分析的方法加以信息和数据的整合与优化，使资源转化为价值更高的情报产品，解决用户问题，并获得自身竞争优势的过程。

首先，情报分析与研究能力最初是基于事实、信息、数据、文献等事实型情报收集与整理分析能力。客观的事实型情报的分析与研究，可以有效地克服建立在过去的经验或陈旧的、不可靠的数据基础上的情报与现实的差距，为用户正确地把握现状，更好地布局工作，开展基于事实型数据的研究与创新活动提供方向。大学图书馆员广泛地利用基于

---

① 王莹. 情报研究能力形成分析[C] 中国电子学会情报分会 2006 年度学术年会,2006:1-9.

事实型数据的方法从事科技情报的分析与研究,可以更好地服务于科技工作者开展相关的研究工作。

其次,情报分析与研究能力表现为基于文献检索、翻译、综述,以及在此基础上开展定性分析和文献定量计量分析等的综述型情报分析与研究能力。综述性情报是在对大量具有相互关联的相关文献、知识进行重组后生成的。在此过程中,经过对信息的筛选与凝练,过滤掉了冗余信息,形成了新的知识组织以及相关性,既可以为用户提供对事实型数据的揭示和评价性知识,还可以为用户提供知识聚合关系,避免因知识的分散而检索困难,甚至丢失。同时,综述性的情报分析与研究还可以更好地提供知识的背景和线索,为用户获取更多信息和知识提供路径。

最后,情报分析与研究能力还体现在基于经济、科技、法律、文献、专利、标准等大数据挖掘计算与分析为基础的数据密集型智能情报分析与研究能力。随着知识资源的爆炸式增长和大数据时代的到来,数据密集型的情报分析与研究越来越需要情报研究同人工智能相结合,实现基于智能技术和机器学习的情报获取与分析能力,构建人工智能情报分析体系。

3. 大学图书馆员情报分析与研究能力的构建

对于大学图书馆而言,事实型情报收集能力只要体现在文献的检索和获取能力、文献传递能力、信息组织能力等;综述性的情报分析能力主要表现为文献分析与知识管理、数据资源整合能力、知识化系统化能力、情报产品支撑能力等;数据密集型智能情报分析与研究能力重在培养情报需求获取能力、技术与方法研判能力、总体设计与组织协调能力等。这里,我们将从学习能力、沟通能力、知识化系统化能力,以及专业的内外多源的情报获取、解析、评价、聚合、发布、展现、统计、查询、关联告警、协同对接等方面的情报搜集能力、情报分析能力、情报产品能力、情报应用管理能力等方面来探讨构建大学图书馆员的情报分析与研究能力。

第一,需要培养良好的沟通能力。情报工作的基础是良好的沟通,情报工作人员需要具有真诚交流、倾心交谈、共同研讨的良好沟通能力,主要包括清晰明确表达自我能力、倾听与理解他人意图的能力、统一观念和达成共识的能力等。

第二,需要在培养学习能力上下功能,也就是要培养对信息、数据、文献等事实型情报的领会、理解的能力。主要包括靠自身努力自觉开展学习的自学能力;对信息与知识的收集、理解和归纳并不断积累相关专业知识的能力;能触类旁通,对信息与知识进行推理、演绎并形成新的认知能力等。学习能力是在认识、思考、理解中的知识积累的过程,也是分析、归纳、推理、总结的知识创新的过程,需要持之以恒、锲而不舍的精神与毅力。它不仅是一种对信息与情报的认识论,也同时是一种情报分析与研究的方法论。

第三,需要在知识化系统化能力上下功夫。也就是要有将获取的信息、学习与研究的事实型情报进行加工、归纳、总结,形成具有层次性、逻辑性、体系性的知识系统的能力。一方面是知识的内化过程,也就是把外在的零散的信息,通过自身的知识系统进行逻辑的加工与创新,转变为自我的知识,让信息的知识化系统化不断积累与完善。另一方面是情报信息的外化过程,也就是把情报搜集、分析的知识化系统化成果外化,给人以启迪,引发新的探索和思考。这也是情报分析与研究的认识—实践—认识的递进式发展过程。

第四,培养馆员的情报搜集能力。也就是一种对情报高度敏锐、善于捕捉、持久坚韧、分析识别的能力。对于大学图书馆员而言,主要是科技情报的搜集、整理、分析能力。尤其在信息技术飞速发展的今天,如何在海量的科技信息中捕捉用户需求的信息与数据,这需要图书馆员专业的情报素养,能在信息与知识的海洋中经过持久的关注、耐心的搜寻、细致的总结,精准获取并加工、总结,形成那组用户需要的情报知识。

第五,培养馆员的情报分析能力。"情报分析能力是通过分析、对比、推理、判断、综合等逻辑思维过程,揭示研究对象的内在变化规律及其与周围有关事物联系的一种综合研究能力。[①]"大学图书馆员的情报分析能力重在培养对情报,尤其是科技情报领域内的历史背景与当前状况的分析,探寻科技前沿情报信息,预测未来发展的趋势等发展规律与发展特征的分析能力,以及通过科技情报的对比分析,认识和理清某一专业领域内的研究关系与学缘联系。优秀的情报分析人员需要有良好的专业积累,并在此基础上的背景分析、资源调查、潜在情报挖掘、动态调查、竞争力调查、舆情分析、项目跟踪与检测等多种能力。

第六,培养馆员的情报产品能力。情报的价值最终需要以提供用户需要的情报产品来实现,情报的搜集、分析、研究,都是为形成最终的情报产品服务。情报产品主要以信息、简报、综述、报告等形式出现,及知识性、传递性、效用性为根本特征。这都需要图书馆员具备信息获取、数据分析、知识组织、协同创新、可视化工具利用等方面的能力,在与用户良好沟通基础上的情报产品撰写能力。

第七,培养馆员的情报应用管理能力。应用管理是大学图书馆员情报分析与研究工作的重要内容,也就是要加强多源情报的获取与解析、情报数据的信誉评价、情报内容的多元聚合、情报产品的发布与展示、情报数据的统计与查询、情报关联、情报协同对接等方面的应用与管理,构建大学图书馆基于情报分析与研究的综合性一体化管理与服务系统,如图6-1所示。

---

① 王莹. 情报研究能力形成分析[C].中国电子学会情报分会2006年度学术年会,2006:1-9

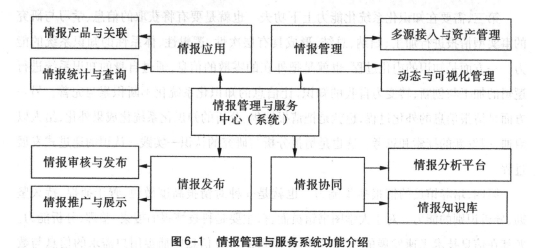

图6-1   情报管理与服务系统功能介绍

五、数据管理与服务能力

随着大数据、云计算、移动互联网、人工智能等技术的广泛应用,数据正在以超大的规模不断被生成、保存、利用,以数据驱动为代表的新技术革命正在发生。数据将成为未来生产生活、社会管理、科学研究等各个领域最为宝贵的资源和资产。面对这个大数据的时代,数据量与数据需求同步快速增长,数据的收集、保存、挖掘、分析、整合、发布、共享等数据管理与服务将会成为正在到来的智能时代最重要的能力与价值。

大学图书馆作为文献信息资源的收藏与服务机构,是海量的学术文献数据、学者数据、科研数据、用户数据等的汇集地。重视和发展对数据的管理与服务,必将成为未来提升学校学术竞争力与影响力的重要发展战略。2018年4月,国务院印发《科学数据管理办法》,提出要"进一步加强和规范科学数据管理,保障科学数据安全,提高开放共享水平,更好支撑国家科技创新、经济社会发展和国家安全①。"主要是加强科学数据采集、整合、利用等全生命周期管理,将数据的安全与共享作为重点,为我国开放科研数据活动奠定了基础。由此,顺应大数据时代的要求,大学图书馆建设一流的数据管理与服务体系,培养馆员的数据管理与服务能力,为学校的教学、科研、管理等提供数据支持与服务,是大学图书馆的价值体现和时代选择。

---

① 国务院办公厅关于印发科学数据管理办法的通知[EB/OL],[2018-04-02],http://www.gov.cn/zhengce/content/2018-04/02/content_5279272.htm.

1. 数据管理与服务能力的内涵

《科学数据管理办法》规定,高等院校是科学数据管理的责任主体之一,承担着"建立健全本单位科学数据相关管理制度;规范进行科学数据采集生产、加工整理和长期保存,确保数据质量;做好科学数据保密和安全管理工作;建立科学数据管理系统,公布科学数据开放目录并及时更新,积极开展科学数据共享服务;负责科学数据管理运行所需软硬件设施等条件、资金和人员保障等主要职责[①]。"大学图书馆是大学学术与科研数据的汇集地,利用成为大学科学数据管理的重要机构。从这种意义上说,大学图书馆数据管理与服务能力的内涵包括:数据管理的制度化与标准化建设能力,数据的保存、保密与安全管理能力,数据管理体系构建能力,开展数据共享服务能力等。

大学图书馆的文献信息资源建设历经多年的积累,其结构化的文献资源与学术数据等馆藏数据达到了相当的规模。同时,大学图书馆在开展读者服务中也产生了大量的用户数据与读者行为数据,在业务工作和管理中积累了大量的业务数据与管理数据。这些海量的数据是大学图书馆宝贵的财富。从数据的来源与类型上说,大学图书馆的数据管理与服务能力主要包括学术文献数据的管理与服务能力,图书馆业务与管理数据的管理与服务能力,用户及其行为数据等的管理与服务能力等。

在数据驱动的智能化技术飞速发展的今天,图书馆基于纸本文献的第一代文献管理系统已经不能适应海量数字化学术资源大数据管理的要求。构建对纸本图书、期刊、电子图书、学术资源数据库等全类型资源的统一管理与服务平台,也就是建设基于文献信息资源和数据内容的智慧图书馆管理与服务平台,已经成为当前大学图书馆的核心任务之一。在这种意义上,大学图书馆的数据管理与服务能力的内涵包括:大数据基础设施的建设与管理能力,全类型资源的元数据管理与仓储能力,大数据管理平台构建与使用能力,大数据服务平台构建与使用能力,形成大数据服务产品的能力,大数据开源社区与协调创新能力,用户数据素养教育能力等。

2. 大学图书馆员数据管理与服务能力的构建

一直以来,文献信息资源是大学图书馆的核心内容,图书馆员的业务与服务能力主要是以文献为中心构建起来的。在当前"数据为王"的时代,实现图书馆智慧化的核心是数据,以数据为中心构建大学图书馆员的管理与服务能力以成为重要趋势。"澳大利亚国际数据服务中心(The Australian National Data Service)提出数据管理能力的五个要素:政策和流程、信息架构、服务能力、元数据管理和研究数据管理。英国的数字策管中心(The Digital Curation Centre)根据研究生命周期,提出研究数据管理支持服务框架应涵盖:政策和规划、可持续性发展、研究数据管理计划、元数据管理、数据存储、数据存档策略、数据管理、培训指南等①。"

基于学者对数据管理与服务的研究,笔者认为,以数据为中心的大学图书馆员的数据管理与服务能力建设主要包含着数据采集与获取能力、数据保存与传播能力、数据管理能力、数据服务能力、数据素养教育能力等。

第一,数据的采集与获取能力。大学图书馆员的数据素养首先表现为对结构化的科学文献数据的采集,和对各种沉睡的非结构化数据的挖掘与采集能力,这就需要培养馆员数据采集的大规模、全类型、细致性、时效性能力。要求馆员要充分考虑用户规模与数据规模的增长,做好数据资产采集与积累的准备;对多种数据源,多种方法全量数据采集,以及贯穿用户使用产品的整个生命周期;要全面考虑采集数据的属性、维度、指标,让积累的数据资产更加优质;要提高数据采集的时效性,从而提高后续数据应用的时效性等。

第二,数据的保存与传播能力。大学图书馆员的数据保存与传播能力主要包括数据长期保存的存储容量和基础设施建设能力,数据发布平台创建与管理能力,数据整理与出版能力,机构的数据仓储能力、数据安全与备份建设能力等。馆员需要能统筹馆内各类数据资源和外部大数据,充分利用数据仓储资源与基础设施平台,进行数据汇聚整合和关联分析,向用户传播数据信息和数据价值。也就是将图书馆的数据作为资产和文化产品保存好,为文化传播和科技创新提供数据支持。

第三,数据的管理能力。数据管理是围绕大数据全生命周期的管理,需要图书馆员有开展"大数据基础理论和关键技术研究,攻关大数据分析利用的关键技术领域,重点突破高校图书馆大数据建模方法、非结构化数据分析、数据可视化、数据安全与隐私保护等核心技术,提升大数据管理、分析处理能力,知识发现能力和辅助决策能力。②"在此过程中,馆员的数据整理能力、数据的展示能力、数据的挖掘能力、数据的分析能力等均为数据管理能力的必备条件。

第四,数据服务能力。大数据时代,用户定制化、个性化的数据服务需求激增,这就需要大学图书馆员拥有数据交换、数据挖掘、数据分析能力,以用户需求为导向开展用户行为研究,开展学科服务和系统平台建设,将数据的价值充分释放出来,以数据服务提供大学科研、学位建设、师资队伍建设等方面的现状分析的数据产品,实现由事实数据向评价指标的决策支持转换,用数据服务产品提供知识服务,预测发生趋势,打造大学图书馆大

① 崔海媛,罗鹏程,李国俊,等.一流高校研究数据管理服务体系的研究与建设[J].大学图书馆学报,2019(2):42-48.
② 李艳,吕鹏,李珑.基于大数据挖掘与决策分析体系的高校图书馆个性化服务研究[J].图书情报知识,2016(2):60-68.

数据服务体系,满足大学管理者、专家教授、普通教师、学生等不同类型用户的个性化需求。

第五,数据素养教育能力。发挥教育职能是大学图书馆的重要使命,在大数据管理与服务要求不断提高的今天,馆员不但要自身拥有良好的数据素养,同时还肩负着用户数据素养的培训与教育职责。因此,馆员数据素养教育能力自然就至关重要,主要包含建构本馆数据主题指南能力,数据管理导引能力,数据培训课程教学能力,必要时开展嵌入课堂的数据素养教育能力等。

总之,大学图书馆员的数据管理与服务能力构建是一个长期系统的工程,需要大学图书馆在馆员数据管理与服务能力培训规划与课程体系建设、开展广泛交流与学术讨论、举办数据管理与服务论坛、设置专业数据馆员岗位等多样化形式,促进馆员数据素养,把专业的数据馆员打造为数据管理专家、数据科学专家。

六、图书馆出版与出版服务能力

大学图书馆作为学校文献资源的保障与服务机构,其主要职能是文献的采集、保存和知识的传播、服务。作为文献的出版与供给的出版社、期刊杂志社、报社等处于上游,作为文献使用者的用户处于下游,图书馆则处于两者之间的中游。长期以来,图书馆学注重文献的采购与分编,更加关注用户的需求与服务,但对文献出版本身的关注与重视不够,认为其实出版单位的职责,与图书馆关系不大。

随着数字时代、自媒体时代、移动互联网时代的到来,数字出版的形式和主体呈现多样化、网络化、自出版等特点。出版和知识供给的主体不再仅仅是出版社、杂志社、报社。数字资源商、互联网公司、会议主办方、政府机构以及每个人参与的自媒体等都成为知识供给的重要渠道,参与数字出版。伴随着学术开放获取运动的蓬勃发展,出版主体更加多样。图书馆文献资源建设正面临着知识爆炸与出版多元的机遇与挑战。在蓬勃发展的数字出版中,大学图书馆理应成为知识供给的参与者和服务方,担负起促进学术交流和文化传播的责任和使命,在学术成果的创造、保存、传播、利用中发挥主导作用。由此,大学图书馆出版和出版服务也必然成为新型服务体系中的重要一环。

1. 图书馆出版与出版服务的概念释义

近年来,图书馆出版得到国内外学者的广泛关注与深入研究。图书馆出版联盟 LPC(Library Publishing Coalition)将图书馆出版定义为:"大学图书馆支持下有关学术的、创造性的或教育性的著作的创作、传播和存储的一系列活动;并指出,图书馆出版需要一个生产创造过程,所呈现的原始作品从未在其他途径获取,对发表的内容进行认证。"初景利在《图书馆出版:新领域、新能力、新挑战》一文中认为:"图书馆出版是图书馆所主导的支撑学术性、创新性、教育性成果的创作、传播与管理的一系列活动。[①]"不难理解,图书馆出版是大学图书馆开展深层次学术服务的必要条件和重要基础,就是要从图书馆的学术服务使命出发,与图书馆用户合作,以知识组织和开放存取为导向,对学术资源开展深度开发和共享传播,促进学术交流与科学进步。

"图书馆出版服务是指由图书馆开展的出版服务,主要指图书馆依托自身资源和平台,参与出版项目,担任出版者的角色,通过独立运作或联合运作等方式,以传统出版、数字出版等形式公开发布期刊、书籍,推进学术研究成果的组织、传播、利用与交流。出版物包含同行评审的电子期刊、研究报告、博客或其他社交媒体内容等。只要具有明确的元数据和跨平台文档设计,进行严格的内容把关和质量控制,遵守必要的版权和商业法规并且重视长期保存策略都可归于图书馆数字出版服务的范畴。[②]"也就是说,图书馆出版服务是学术服务的有机组成部分,是与数字图书馆建设、数字人文教育、信息与创新素养教育、机构知识库服务、学科服务等新的服务项目一体化开展与运行的服务活动,与图书馆出版相关的学术内容建设、出版咨询与版权管理、数据管理与服务等密切相关,是图书馆新型服务体系建设的重要内容和有机组成部分,而非是一种独立的服务活动。

2.大学图书馆出版与出版服务的内涵

洛根·威尔逊(L. Wilson)早在20世纪40年代就提出"出版或是灭亡"(publish or perish)的名言。也就是说学者从事科学研究,研究的成果需要通过出版来保存和传播。大学图书馆是学术出版资源的汇集地,图书馆出版主要是为学者提供必要的学术保存与传播服务。图书馆出版联盟在《图书馆出版指南(2016)》曾对美国、加拿大、英国、澳大利亚等世界各地的115个大学图书馆出版开展调查,指出图书馆出版主要表现为对学术出版的附加服务项目,如元数据处理、版权建议、数字化服务、内容托管、编辑加工等。大学图书馆正通过这些附加服务参与到学术出版之中,主要表现为:一方面大学图书馆是资源的聚集中心,拥有大量的馆藏资源,可以直接为学术出版提供各类服务,并在学术资源的元数据管理、数据挖掘与分析、知识组织与保存等方面作为直接学术出版供给方,构建本校的机构知识库、学位论文库、特色资源库、学科服务平台、校友资源库、地方文献库等知识保存与服务平台。另一方面,大学图书馆还是学术出版的内容提供方,如本校学位论文、会议论文、会议讲稿、研究报告,以及图书馆在业务与服务工作中产生的纸本资源管理系统、各类统计报告、读者阅读心得、活动成果等。尤其是图书馆各类报告,如大学生阅读分析报告、读者调查分析报告、数据库内容分析报告、学科服务报告、文献计量报

① 初景利,孙杰.图书馆出版:新领域、新能力、新挑战[J].图书情报知识,2018(6):86-93.
② 刘斐,田晓迪.图书馆参与出版的优势和挑战分析[J].图书馆工作与研究,2018(10):101-104.

告、学术评价报告、科技查新报告、情报服务产品等都是大学图书馆出版的重要内容,对支持学校教学、科研、学科建设等都有着重要的作用。

随着数字化时代的到来,学术成果的数字化出版和网络化呈现已经成为重要渠道之一,学术界的开放获取运动已然成为趋势。由此,基于开放获取和知识共享的图书馆出版服务已成为大学图书馆重要使命与价值。图书馆理应在数字人文、数字出版、自出版、按需印刷等领域开展新的服务。大学图书的知识组织与学术传播功能附加着多种出版服务,如元数据标引与存储、版权咨询、出版培训、出版数据分析、数字出版标准制定、音视频管理、网页平面设计、投稿指南、学术快报、索引与目标编制、内容可视化分析等。这些服务与出版活动密切相关,为学术成果的交流与传播发挥重要的促进作用。

3. 大学图书馆员出版与出版服务能力的构建

近日,图书馆出版联盟 LPC 于 2020 年 4 月 9 日发布了两份文件。一份为《图书馆出版研究议程》(Library Publishing Research Agenda),探索性地概述了图书馆出版领域非常关注的 6 个主题:评估、劳动力、可访问性、非传统研究成果、同行评审和伙伴关系。另一份为《图书馆出版能力》(Library Publishing Competencies),提供了一份全面的技能和知识清单,可用于开发和提供图书馆出版服务。它认为图书馆出版能力分为三个部分:出版(图书馆的出版工作)、项目开发和管理(创建、管理和维护出版项目的相关工作)、教学和咨询(包括图书馆与出版合作伙伴的咨询工作,图书馆在整个校园中承担关于出版的教育任务)。图书馆出版过程和出版服务项目开发中,可以使用该文件来确定新职位所需的技能。尽管没有一个职位需要图书馆员具备所有的能力,但这份全面的清单可以帮助图书馆在开展出版服务项目中,确定哪些技能是执行工作所必需的。同时,也为提供和开展出版服务的图书馆员确定他们的优势和感兴趣的领域提供了指南[①]。

大学图书馆员的出版与出版服务能力,首先表现为数字图书馆服务能力。诚然,在拥有丰富的数字图书馆服务经验之后,大学图书馆员在信息获取、知识组织、分类、挖掘、知识发现等方面具有了显著的专业技术优势和学术数字资源的加工与服务优势。大学图书馆员在长期专业活动过程中形成和培养的数字服务能力,能够对数字资源更好地揭示、分析、挖掘、关联,以便于更好地服务于用户对数字资源的利用。这就是说,图书馆员学术成果的保存和数字资源的组织、描述、管理、传播等方面具有显著优势,这是图书馆出版非常重要的能力优势。这种能力是图书馆员具备了数字出版的代理、编辑、产品设计与营销、销售、数字媒体、开放存取、知识产权等方面必备的所有知识和技能。

---

① Library Publishing Competencies [EB/OL]. [2020 – 04 – 09] ,https://librarypublishing. org/announcing-the-library-publishing-competencies/.

　　大学图书馆员的出版和出版服务能力培养还需要在图书馆的出版工作能力上下功夫，也就是要培养图书馆出版的内容获取能力，包括从馆藏资源中获取资源价值并进行开发和制作的能力，以机构知识库为基础开发科学文献和学术成果的能力，自主策划搜集有价值出版内容的能力等；培养图书馆出版中的"生产过程"能力，如多媒体出版物加工、数据出版能力、按需出版能力、语义出版能力等①。

　　培养大学图书馆员的出版和出版服务能力，还包括培养项目开发和管理能力，也就是创建、管理和维护出版项目的相关工作能力。这一方面表现为对用户需求信息的把握与分析能力，关注业务战略规划能力、良好的沟通能力、科学分配资源的能力，熟悉各种不同类型的技术平台的能力等基本的素质与能力；另一方面要具体图书馆业务工作能力，主要是学术资源管理能力，数据开发与管理能力，机构知识库构建能力，专业科研团队的学术服务能力，特色资源建设能力等。

　　大学图书馆员的出版与出版服务，还需要培养教学和咨询能力，主要包括开展图书馆与出版合作伙伴的咨询工作能力，在整个校园中承担关于出版知识与信息的教育工作能力等。大学图书馆在新型服务能力构建中，新型的参考咨询服务还应该加强出版咨询服务，为科研成果的出版与转化服务。同时，图书馆在信息素养和创新素养教育中，应注意加强用户的知识组织、开放资源获取、数据挖掘与分析、成果可视化呈现等图书馆出版的能力教育以及出版与版权知识的教育等。

　　总之，图书馆出版与出版服务是面向数字化出版时代的图书馆重要价值体现，是大学图书馆构建新型服务体系的重要内容，需要持续加强大学图书馆员的出版服务能力，适应正在兴起的学术开放模式下的图书馆服务创新与发展。

七、智库研究与服务能力

　　2015年1月，国务院印发了《关于加强中国特色新型智库建设的意见》，指出："改革开放以来，我国智库建设事业快速发展，为党和政府决策提供了有力的智力支持。当前，全面建成小康社会进入决定性阶段，破解改革发展稳定难题和应对全球性问题的复杂性艰巨性前所未有，迫切需要健全中国特色决策支撑体系，大力加强智库建设，以科学咨询支撑科学决策，以科学决策引领科学发展②。"这是第一个有关加强我国智库建设的纲领

---

①　初景利,孙杰.图书馆出版:新领域、新能力、新挑战[J].图书情报知识,2018(6):86—93.
②　关于加强中国特色新型智库建设的意见[EB/OL].[2015—01—20].http://www.gov.cn/xinwen/2015—01/20/content_2807126.htm.

性文件。2016年,习近平总书记在全国科技创新大会上发表的《为建设世界科技强国而奋斗》重要讲话中强调:"要加快建立科技咨询支撑行政决策的科技决策机制,加强科技决策咨询系统,建设高水平科技智库①。"

近年来,随着大学图书馆文献信息资源的快速发展与不断丰富,加之大数据、元计算等技术的广泛应用,馆员在文献资源组织、数据仓储、数据挖掘与开发、文献计量与分析等能力不断提高,大学图书馆正在成为学校教学、科研、学科建设、师资队伍建设的重要数据分析与决策参考机构,甚至拥有为政府决策、企业发展、文化传播提供数据与文献支持的能力。大学图书馆员具有丰富的信息获取、文献计量分析和情报服务能力,拥有对新科学、新技术敏锐的洞察力和科学的组织力等优势,这些都为图书馆开发智库职能,提供智库研究与服务能力提供了基础和保障。2018年6月,美国图书馆协会(ALA)发布了《全球公共图书馆发展趋势报告》,指出智库服务在图书馆服务十大趋势中位居第二位。由此,大学图书馆作为文献信息保障与服务的学术性机构,应充分发挥自己的文献分析和情报服务职能,将智库研究与服务纳入新型服务体系的重要内容之一,培育大学图书馆员的智库研究与服务能力。

1. 智库研究与服务能力的主要内涵

最近几年,大学图书馆的智库服务研究也成为学界与业界的重要研究热点。若以"题名=高校图书馆*智库"对中国知网总库进行检索,可检索到文献总数237篇。对文献进行主题词分析,主要主题词分布如图6-2、图6-3所示。

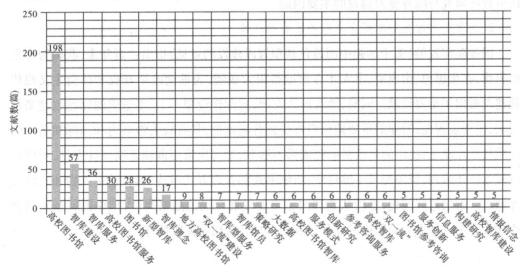

图6-2　主要主题词分布图

---

① 万劲波. 完善国家科技创新决策咨询制度[N],光明日报,2016-06-08(12).

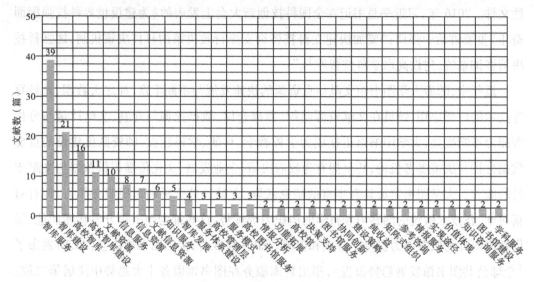

图6-3　次要主题词分布图

从上面的分布图可以看出,大学图书馆的智库研究与服务主要与智库建设、智库服务、信息服务、信息资源、知识服务、情报分析、决策支持、建设策略、参考咨询、知识咨询服务、学科服务等密切相关。经过对文献的梳理可以看出,国内学者对大学图书馆的智库研究与服务的主要关注点在智库服务的模式构建、智库建设路径、智库服务的中外对比和状况分析、智库服务能力的模型与评价、智库馆员培养等方面。这些都是大学图书馆员智库研究与服务能力建设的主要内涵。

2. 大学图书馆员智库研究与服务能力的构建

国务院印发的《关于加强中国特色新型智库建设的意见》指出:"近年来,我国智库发展很快,在出思想、出成果、出人才方面取得很大成绩,为推动改革开放和社会主义现代化建设做出了重要贡献。同时,随着形势发展,智库建设跟不上、不适应的问题也越来越突出,主要表现在:智库的重要地位没有受到普遍重视,具有较大影响力和国际知名度的高质量智库缺乏,提供的高质量研究成果不够多,参与决策咨询缺乏制度性安排,智库建设缺乏整体规划,资源配置不够科学,组织形式和管理方式亟待创新,领军人物和杰出人才缺乏。解决这些问题,必须从党和国家事业发展全局的战略高度,把中国特色新型智库建设作为一项重大而紧迫的任务,采取有力措施,切实抓紧抓好。[1]"

---

① 关于加强中国特色新型智库建设的意见[EB/OL].[2015-01-20],http://www.gov.cn/xinwen/2015-01/20/content_2807126.htm.

由此可见,大学图书馆在构建新型智库研究与服务中,加强馆员服务能力建设尤为重要。首先,大学图书馆要着眼于建设高质量智库机构,从引入智库管理理念,加强馆员学习、提升馆员实践能力等方面提高馆员的智库能力;其次,要加强智库服务人力资源的整合与协调发展,注重从文献计量、数据管理、创新评价、科研支持等方面拓展高校图书馆的智库功能,培养馆员的智库服务能力。再次,要面向高校的"双一流"建设,加强本校已经形成或正在形成的重点学科数字资源建设,开展对重点学科专题数据的挖掘和分析,发挥图书馆数据管理与服务、情报研究与分析,学科建设决策支持等智库服务能力,培养馆员支持"双一流"建设的智库服务能力。最后,要面向企业和社会,利用图书馆的文献信息资源优势,发挥情报服务功能,培养馆员基于大数据情报分析的智库服务能力。

总之,大学图书馆员拥有的图书情报专业知识和服务能力,具备开展智库服务的巨大优势。培养大学图书馆员的智库服务能力,主要是智库建设能力与服务的能力,包括文献信息的组织与整合能力,文献信息的深度挖掘与计量分析能力,开展信息分析报告的能力,学科服务及学科评估能力,情报分析与处理能力,知识组织能力、知识挖掘能力、决策支持能力等。

八、智慧图书馆建设与智慧服务能力

当前,正是全国高校谋划"十四五"发展规划和新一轮"双一流"建设蓝图的关键时期。面向"十四五",在全社会构建智慧社会、智慧城市、智慧交通、智慧校园等形势下,智慧图书馆建设成为大学图书馆绕不过去的重要课题之一。建设什么样的智慧图书馆,不仅关系到图书馆自身的发展目标和角色定位,更关系到图书馆的创新发展能力。开展什么样的图书馆智慧服务,不仅是图书馆新型服务体系建设的重要内容,更是馆员服务能力建设的重要指向,这也必将对服务学校"双一流"建设具有重要的影响。

近年来,智慧图书馆与智慧服务的研究成为国内学界的重要研究热点之一。用"智慧图书馆与智慧服务"为题名对中国知网的期刊论文进行检索,可检索到论文总文献232篇。透过检索到的文献进行分析,国内最早在2008年开始出现有关图书馆信息服务中的智慧服务理念,以及图书馆的智慧服务文化的相关研究。一直到2015年,每年也仅有少量文献研究图书馆的智慧服务。2016年,开始出现将"智慧图书馆"与"智慧服务"进行综合研究。自此之后,相关研究迅速成为研究热点,每年文献呈快速上升趋势。智慧图书馆与智慧服务研究的年度发文量分析如图6-4所示。

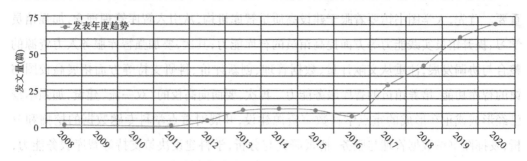

图6-4 智慧图书馆与智慧服务研究的年度发文量分析

1.智慧图书馆概念解析

1995年,比尔·盖茨《未来之路》出版,该书系统呈现了在信息高速公路驱动下的21世纪人类生活场景,成为物物相连的智慧生态的早期表达。"'智慧图书馆'的理念和实践率先出现在欧美的大学图书馆、公共图书馆和博物馆中。2003年前后,芬兰奥卢大学图书馆提供的一项新服务称为'Smart Library',这一服务隶属于'Rotuaari project'项目。芬兰奥卢大学图书馆的学者发表了题为《智慧图书馆:基于位置感知的移动图书馆服务》的会议论文,指出Smart Library是一个不受空间限制的、可被感知的移动图书馆服务,它可以帮助用户找到所需图书和相关资料。[①]"国内学者对智慧图书馆的理解和概念定义上比较多样。2010年,严栋在《基于物联网的智慧图书馆》中认为,"智慧图书馆(Smarter Library)就是以一种更智慧的方法,通过利用新一代信息技术来改变用户和图书馆系统信息资源相互交互的方式,以便提高交互的明确性、灵活性和响应速度,从而实现智慧化服务和管理的图书馆模式。智慧图书馆=图书馆+物联网+云计算+智慧化设备,它通过物联网来实现智慧化的服务和管理。[②]"王世伟认为,"数字化、网络化和智能化是智慧图书馆的信息技术基础,人与物的互通相连是智慧图书馆的核心要素,而以人为本、绿色发展、方便读者则是智慧图书馆的灵魂与精髓。智慧图书馆的外在特征是泛在,即智能技术支持下的无所不在、无时不在的人与知识、知识与知识、人与人的网络数字联系;其内在特征是以人为本的可持续发展,以满足日益增长的读者的知识需求。[③]"初景利认为:"智慧图书馆是智慧化的综合体,由智能技术、智慧馆员和图书馆业务与管理系统这3个主体要素相互融合发展而成,是智能技术和智慧馆员作用于图书馆业务和管理体系所形

---

① ③ 王世伟.未来图书馆的新模式——智慧图书馆[J].图书馆建设,2011(12):1–5.

② 严栋.基于物联网的智慧图书馆[J].图书馆学刊,2010,32(7):8–10.

成的智慧系统。[①]"

由此可见,智慧图书馆是以现代信息技术为支撑的图书馆新型管理与服务综合生态系统,它主要包含两个方面的内容。一方面是基于智能与智慧化设备广泛应用的智慧图书馆管理与服务体系,基于此构建智能借还、人脸识别、智能交互、机器人咨询与导航、创客空间、智慧书库、增强现实、情境感知等图书馆空间与服务新形态。另一方面是基于文献信息资源内容的智慧图书馆管理与服务体系,以数据驱动架构起资源、用户、馆员的智慧互联,实现可感知的用户需求与精准的信息与知识服务的融合与对接。

智慧图书馆是以借助新一代的物联网、云计算、泛在感知等信息技术,打造的智能化、物联化、感知化、灵活性的新型图书馆。其智能化就是要搭建融合5G与物联网技术的数字化应用平台,使图书馆管理及服务智能化,实现资源管理、读者管理、业务管理、服务管理等多个领域的信息资源串联互通。其感知化就是要融合计算机技术、网络技术、通信技术,具体包括传感器技术、射频识别技术、智能监控技术、数据挖掘技术等,对文献信息资源、读者、馆员、馆舍空间等所有资源进行采集、传输、整合、处理和分享,结合物联网系统的管理与控制,实现图书馆门禁、借阅、网络资源利用、读者行为等功能的整体感知和精准推送。其互动性表现为通过物联网技术将所有相关的人员、设备、信息、管理等要素互相联系起来,使人、事、物之间方便、快捷、流畅地互相联通。其灵活性就是要建立有线、无线、移动网络无缝融合覆盖的网络环境,容量大且可持续扩展,便于海量用户和海量文献信息资源的随时随地互联对接,提供高效、灵活、便捷的图书馆管理与读者服务。

2. 图书馆智慧服务的概念与内涵解析

在国内,图书馆智慧服务概念的产生先于智慧图书馆概念,这是由于在新技术和互联网的驱动下,图书馆基于用户需求和用户体验而进行自身服务创新的结果。有学者认为,智慧图书馆服务就是基于图书馆员智慧的知识服务[②]。张延贤认为,"图书馆智慧服务是图书馆人对读者工作的一种积极进取的自主选择,是图书馆在信息化时代读者服务的一种或多种新理念、新能力与新服务方式。图书馆智慧服务主要有智能性的图书馆智慧服务、知识性的图书馆智慧服务和理念性的图书馆智慧服务等三种概念及内涵。智能性的图书馆智慧服务实质上是图书馆的一种技术智慧,知识性的图书馆智慧服务实质上是图书馆的一种学问智慧,而理念性的图书馆智慧服务实质上是图书馆的一种人文智

①　初景利,段美珍.智慧图书馆与智慧服务[J].图书馆建设,2018(4):85-90.

②　梁光德.智慧服务——知识经济时代图书馆服务新理念[J].图书馆学研究,2011(6):88-92.

慧。[①]"赵苹认为,"所谓图书馆智慧服务,应是由智能技术、智慧馆员和图书馆业务与管理系统等要素相互融合、相互作用为用户提供的一种新理念、新目标和服务的新模式。[②]"

因此,智慧图书馆服务既是图书馆在服务创新过程中的自然演进,更是在智慧图书馆条件下的一种新型服务模式。它几乎涵盖了图书馆传统的所有读者服务领域,是传统图书馆服务的智慧化提升。如基于 RFID 技术和移动互联网相结合的"智慧借阅服务",以虚拟移动图书馆、校外访问等为主要内容的"移动图书馆服务",以中外文文献发现与检索平台为主要内涵的"智慧发现服务"等。

图书馆智慧服务也是一种新的服务形态,具有超越传统图书馆服务内容的全新服务内容与服务模式。如以 AR、VR、3D 打印、情境式阅读体验等为主要内容的"智慧空间服务",以专家咨询、科研引文管理、研究数据管理、主题指南、课题指南、开放获取为主要内涵的"智慧学科服务",以专家与团队服务平台、智慧参考咨询馆员、智能机器人为主要内涵的"智慧咨询服务",以数据驱动为基础的文献信息资源、用户资源、馆员智能互动的"智慧推送服务"和"智慧情报分析服务"等。

3. 大学图书馆员智慧图书馆建设与智慧服务能力的构建

初景利在《智慧图书馆与智慧服务》一文中认为,智慧图书馆是一个综合性管理与服务系统,由智能技术、智慧馆员、智慧图书馆综合管理与服务平台三个要素构成。智慧图书馆的服务愿景表现为服务场所泛在化、服务空间虚拟化、服务手段智能化、服务方式集成化、服务内容知识化、服务体验满意化等六个方面[③]。大学图书馆的智慧服务是以馆员能力为基础的,培育和强化馆员的智慧图书馆建设能力和智慧服务能力是关键环节和核心要素。

首先,培育大学图书馆员的智慧图书馆建设能力。一方面要培养馆员基于 5G 及人工智能技术的应用等智慧图书馆设备应用能力和技术支持能力,主要包括布设 5G 网络环境,创建 5G 场景应用,虚拟现实与增强现实(VR/AR)技术创建情境感知和场景阅读空间建设,机器人咨询与导航,智能书库建设、智能安防建设等。另一方面是培养馆员基于数据驱动的图书馆智慧服务平台建设能力。这就需要馆员拥有元数据加工与仓储能力,对用户信息及行为数据的挖掘能力,对文献信息资源的知识数据挖掘与管理能力,图书馆业务流程数据的挖掘与分类管理能力,并借此搭建读者、馆员、空间、资源的互联管理与服务平台的能力等。

---

① 张延贤,王梅. 图书馆智慧服务的概念、内涵与分析[J]. 现代情报,2013(4):34-38.

② 赵苹. 基于"互联网+"的高校图书馆智慧服务现状调查与分析——以 39 所"985 工程"高校图书馆为例[J]. 图书馆工作与研究,2019(5)42-48.

③ 初景利,段美珍. 智慧图书馆与智慧服务[J]. 图书馆建设,2018(4):85-90.

　　其次,培育大学图书馆的智慧服务能力。馆员开展智慧服务的核心是应用大数据挖掘技术的能力,并以此对传统读者服务工作的智慧化升级和新型智能与智慧服务的构建。培养馆员开展智慧借阅服务,智慧空间服务、集成图书馆的数据库系统的智慧搜索与咨询服务,智慧学科服务、智慧情报分析服务等方面的能力。

　　最后,智慧图书馆建设与智慧服务能力是面向未来的大学图书馆员的核心能力之一。大学图书馆需要从当前开始高度重视,重点馆员的智慧图书馆建设与服务能力建设。谁掌握了智慧化能力,谁将会赢得未来。

第七章
基于能力建设的大学图书馆员分类管理

2015 年教育部印发的《普通高等学校图书馆规程》第十一条规定,"高等学校应根据发展目标、师生规模和图书馆的工作任务,确定图书馆工作人员编制。图书馆馆员包括专业馆员和辅助馆员,专业馆员的数量应不低于馆员总数的 50%。专业馆员一般应具有硕士研究生及以上层次学历或高级专业技术职务,并经过图书馆学专业教育或系统培训。辅助馆员一般应具有高等教育专科及以上层次学历,具体聘用条件根据工作岗位的要求和学校的人事管理制度确定。"这为大学图书馆员规模、机构和分类管理提供了政策依据。本章将在对北京大学、清华大学以及长三角地区部分进入"双一流"建设大学图书馆的馆员分类管理开展调查研究的基础上,探索基于能力建设的大学图书馆员分类管理的新模式,为大学图书馆员的分类管理和能力培养提供方法和路径。

第一节 基于岗位设置的馆员分类与能力建设

基于能力建设视角的辅助馆员与专业馆员的分类管理,国内大学图书馆尚未真正实践。目前,大学图书馆主要依托馆内机构与岗位设置,对馆员实施工作岗位和职责的分类管理。本节将调研北京大学、清华大学,以及"长三角地区"部分进入"双一流"建设行列的大学图书馆的机构与岗位设置情况,从岗位设置视角研究馆员分类与能力建设。

一、大学图书馆的机构设置调研

本节调研的对象是北京大学、清华大学,以及"长三角地区"部分进入"双一流"建设行列的大学图书馆,主要是通过浏览大学图书馆官方网站中"机构设置"及其他相关栏目。由于部分大学图书馆的机构主要职责未在主页上公示,所本次调研仅以 7 所大学图书馆的机构设置及主要职责为样本,调研的时间为2020年8月10日—20日,目的是通过国内"双一流"建设大学图书馆的机构设置,解析当前我国大学图书馆员的分类管理与能力建设状况,见表7-1。

表7-1 部分大学图书馆的机构设置及主要职责(单位排名不分先后)

单位	部门名称	主要职责
北京大学图书馆	文献资源服务中心	多渠道采访、高标准揭示和多形式组织各类普通文献,逐步完善普通文献资源管理及其展示服务体系
	古籍资源服务中心	馆藏古文献存储与服务,多渠道采访、高标准揭示、多形式组织、大力度保护各类古文献,逐步完善古文献资源管理及其展阅和使用服务体系
	特藏资源服务中心	多渠道采访、高标准揭示、多形式组织、严要求典藏和大力度保护各类特藏文献,逐步完善特藏文献资源管理、展阅、使用和保护服务体系
	知识资源服务中心	管理、维护馆藏,优化实体空间和阅读环境;挖掘、融合学科知识和主题知识,建立健全知识资源管理及其推送和使用服务体系
	数据资源服务中心	建立健全数据资源管理及其开放和网络服务体系。可用数据汇聚和资源化工作,搭建数据仓储和交换平台;数字加工、数字出版和开放获取、长期保存等数据服务
	协同服务中心	坚持用户导向原则,利用信息化成果,建立健全与校内外有关机构的协同创新机制和情报研究服务体系
	计算服务中心	以图书馆服务转型为牵引,统筹推进图书馆信息化架构建设,改进和完善信息化基础设施;研发、引进新一代信息资源管理系统、业务应用系统、融媒体服务系统和知识计算系统等信息系统;紧跟信息化前沿,建立健全在线图书馆和机器智能服务体系
	综合管理中心	党建、党务相关工作;制度保障、条件保障、后勤保障、统筹协调、督办查处、应急处突以及发展规划、业务评估、队伍建设、财务资产和服务文化等综合管理职责,建立健全全校文献保障和信息服务体系,优化完善与国内高校图书馆和有关机构的协同机制,以及与国际友好大学图书馆和专业组织的合作机制
	CALIS管理中心	CALIS服务部负责管理和运行面向广大成员馆的各类共建共享服务;CALIS数据管理部为各类应用服务提供基础数据支撑,为成员馆提供数据支持、数据挖掘与决策分析服务;CALIS技术部负责组织开展CALIS公共服务平台及其应用系统的技术研究,研发、运行维护和技术支撑;CALIS秘书处负责开展CALIS业务宏观管理、行政事务和人事财务管理、承担DRAA联盟秘书处等工作
	CASHL管理中心	组织项目的各中心馆,有计划、有系统地引进和收藏外文人文社会科学文献资源,对全国高校提供外文文献资源检索、馆际借书、文献传递、电子全文直接下载以及相关服务;进行外文文献宣传推广和服务质量效果评估;负责项目经费和设备的管理与协调;处理CASHL中心日常事务;与上述内容相关的研究工作

续表 7-1

单位	部门名称	主要职责
清华大学 图书馆	综合办公室	协助馆长处理和协调图书馆日常事务和各部门业务,为图书馆开馆及各项业务开展提供综合保障
	资源建设部	根据学校教学、科研以及学科建设的发展需要,跟踪读者不断变化的需求,按照总馆文献资源建设总体规划和采访原则、年度预算完成各类型文献的采选、订购、验收和加工、财务处理等工作
	编目部	承担图书馆各类型文献的整理、编目、典藏等任务;承担分馆书目数据加工任务
	特藏部	负责与特色资源相关的资源建设、读者服务和学术研究
	读者服务部	提供北馆(李文正馆)和西馆(逸夫馆)中外文开架图书和闭架图书的流通服务;提供中外文工具书、报纸、现刊和1978年以来的过刊阅览服务;提供馆际互借服务和音乐图书馆视听服务;负责阅读推广、读者日常咨询
	信息参考部	提供参考咨询、读者教育与用户培训、学科服务、电子资源服务与推广、科技查新与代检代查、文献计量与情报分析等相关服务
	信息技术部	承担图书馆信息服务支撑环境的建设及运行管理,负责组织并实施图书馆信息系统的研发、部署和运行维护,为图书馆日常业务运行及面向读者的各类信息服务提供技术支持和运维保障。承担各类学术数据的整合处理及应用分析,为学校及图书馆核心业务需求提供数据支撑。承担数字学术资源的建设、管理、传播和保存,负责数字化资源加工及相关项目管理。参与信息化校园建设,为校内信息系统集成、数据共享提供技术保障。开展与图书馆信息技术相关的研究工作,利用信息技术优化图书馆业务流程
	古籍部/科古所	馆藏古籍文献的资源建设与管理,为校内外读者提供古籍文献的阅览服务,开展科技史及古文献的教学、研究与开发利用等
复旦大学 图书馆	办公室	集图书馆行政、党务、人事、财务、后勤保障、安全保卫于一体的综合性职能部门
	采编部	承担着图书馆文献建设和发展任务,负责图书馆各类文献资源的收集、整理和编目工作
	参考咨询部 (含教育部科技 查新站)	负责图书馆电子资源管理与建设;负责读者咨询解答与信息服务;负责面向各院系与附属医院的学科服务
	情报研究部	基于事实数据、科技信息、文献资料等开展高度定制化的情报信息挖掘与分析服务,为馆领导、校领导和机关部处提供决策支持
	数据管理与 技术部	为图书馆文献信息服务提供信息化环境支撑和技术保障;负责数据图书馆的前沿研究、项目规划和建设,承担图书馆或科研机构的数据管理相关项目

续表 7-1

单位	部门名称	主要职责
复旦大学图书馆	特藏与数字化部	负责特藏资源的搜集整理、读者服务、特藏修复、库房管理、特藏资源的价值发掘以及馆藏资源的数字化工作
	古籍部(复旦大学古籍保护研究中心)	负责古籍采访、古籍编目、读者服务、古籍修复、库房管理、古籍开发、教学科研等业务
	基础服务部	统筹、协调总馆与各分馆的基础服务、新技术实施、宣传推广、馆藏维护等,开展文献提供服务
	文科馆业务部	提供文科馆中外文书刊的流通、阅览管理与服务
	理科馆业务部(含教育部外国教材中心)	提供理科馆中外文书刊的流通、阅览管理与服务
	医科馆业务部	提供医科中外文图书的选择、流通、阅览管理与服务、文献传递、论文上传审核、技术保障等。医科馆设备家具资产管理、后勤保障、消防安全、工会、退管等日常工作的管理。医科特藏的收集和建设
	张江馆业务部	提供张江馆中外文书刊的流通、阅览管理与服务
	江湾馆业务部	提供江湾馆中外文书刊的流通、阅览管理与服务
	文检教研室	承担我校研究生、本科生信息检索与利用课的学校教学任务
	中国索引秘书处与学刊编辑部	承担《中国索引》秘书处和《中国索引》编辑工作
同济大学图书馆	文献保障与共享中心	馆藏研究与规划部:跟踪学校教学、科研、学科发展趋势和特点,了解各学科对文献信息资源的需求,深入开展馆藏研究,制定全校文献信息资源总体发展规划 资源建设与管理部:资源建设与管理部负责图书馆中外文纸质图书、音像资料等文献的采购、验收、加工、编目、典藏、捐赠、剔旧和资产管理工作,并承担同济大学全校资源整合的相关工作
	创新体验与学习支持中心	读者服务部:提供多层次、多功能、多形式的服务。传统服务:图书期刊借阅、馆际互借、电子资源阅览;特色服务:异地委托借书、自助复印打印扫描;个性化服务:文献传递、借阅办证、找书服务、免费出借会议、讲座场所等 信息素养教研室:针对纸本文献、电子资源、互联网资源全面利用,提供课堂网络线上线下,课程、讲座、参观、实习等多种形式相互配合的信息素养培养体系。主要工作包括:针对全校学生的学分课程,针对全校师生的定期讲座、专题讲座和预约型讲座,针对新生的入学教育,以及与学院教师合作的嵌入式课程

续表 7-1

单位	部门名称	主要职责
同济大学图书馆	情报服务与研究支持中心	咨询服务部:主要为校内外读者提供科技查新、定题服务、论文查收查引服务 学科与知识产权服务部:聚焦用户需求,关注学科前沿与科技创新,与教师、学生、学者、机构紧密合作,推出重点学科分析报告、创新性知识产权分析评议报告以及经典案例。我们将以开放、合作、共创、分享的方式打造具有影响力的图书馆学科与知识产权服务,助力科学研究和技术创新的蓬勃发展 情报分析与研究部:为科研管理部门、学部和学院等提供科研绩效分析服务和数据支持服务,并对科研绩效和人才评估等指标及模板进行设计和优化,辅助学校科研绩效管理、学科建设、人才引进和决策咨询;跟踪情报学、文献计量学研究最新进展,并运用信息情报技术,进行领域研究前沿方法探索和情报探索,为院系及科研人员提供研究支持 平台与数据服务部:承担图书馆主页网站、同济大学机构知识库、同济大学硕博学位论文管理系统以及学科服务平台等各类计算机应用平台建设和数据服务方面的工作,并跟踪国内外图书馆计算机应用技术的发展动态,开展研究和应用实践,从而提升图书馆为学校教学科研服务方面的水平;同时,还将从平台建设、数据服务和资源整合等几个方面寻求更深层次的创新拓展工作
	文化传承与交流中心	宣传推广部:图书的阅读推广、文化推广相关工作,包括主题书展、文化展览、学术讲座、影视沙龙、新媒体推广、传播效果评估、文宣、馆内标识设计等工作 承担特藏部、德文图书馆、同济大学博物馆的管理与服务工作
	行政管理与技术支持部门	系统管理部:担负图书馆各项自动化系统的维护与管理和技术支持 办公室:担负行政综合管理服务工作
南京大学图书馆	办公室	图书馆的行政业务办公机构,协助馆领导处理图书馆日常事务,协调各部门业务,保证馆内各项工作正常运转
	资源建设部	资源建设部主要包括采访、编目、典藏业务:采访职责为文献出版信息的收集与整理,读者需求和馆藏需求信息的收集与整理;各种载体文献的采集、选择与订购;到馆文献的验收、登录、加工与送编;国内外文献交换与赠送。具体业务模块分为中文图书采访、外文图书采访、中文期刊采访、外文期刊采访和电子资源采访
	学科服务部	加强图书馆与各院系的联系,建立起通畅的"需求"与"保障"渠道,帮助教师、学生充分利用图书馆资源,南京大学图书馆创建学科服务团队,打造"资源到院系、服务到个人"的服务体系,为院系和科研管理部门提供量身定做的个性化学科服务
	读者服务部	读者服务部主要负责仙林图书馆的流通阅览与咨询服务,开展馆际互借与文献传递服务,并做好阅读推广等相关服务

续表 7-1

单位	部门名称	主要职责
南京大学图书馆	古籍特藏部	古籍文献保护、管理与服务工作
	鼓楼分部	鼓楼分部的综合管理与服务工作
	系统保障部	保障整个系统的正常运作和数据安全;管理、协调、保障各项信息服务工作;图书馆自动化系统相关的硬件、机房设备、网络设施的日常维护和财产管理;中国高等教育文献保障系统(CALIS)和江苏高等教育文献保障系统(JALIS)设备管理与运行;参与图书馆的网络建设规划
	江苏省高校数字图书馆 JALIS 管理中心;高等教育文献保障系统 CALIS 江苏省中心	JALIS 的管理与建设;依托 CERNET(中国教育科研计算机网)、JSERNET(江苏教育科研计算机网)开发新一代的、面向网络化、面向未来信息社会的图书馆自动化管理软件,为提高江苏省高校图书馆信息管理工作的现代化水平,为实现文献资源的共知、共建、共享提供基础的技术平台
	江苏省图工委秘书处	负责江苏省高校图书情报工作委员会的管理、运行与建设
南京理工大学图书馆	办公室	负责处理图书馆日常行政、党务等事务,包括人事、财务、文书、信息、外联、考勤、计生、统计以及后勤等方面工作。负责读者协会的工作指导,促进其与图书馆各相关部门的沟通和合作
	文献资源建设部	根据学校的性质和任务以及教学、科研的需要,制定并适时调整图书馆馆藏发展政策,保证馆藏体系的高品质与特色化;负责中外文图书、报刊的采访、揭示、受赠和交换工作;负责中外文电子资源的评价、引进和调研工作;负责与各学院、研究所、资料室和馆内有关部门协作搞好文献资源建设;负责文献资源建设委员会的日常工作;负责南京理工大学图书馆工作委员会的日常工作
	读者服务部	负责图书馆本部和四教楼借阅处图书文献阅览和流通的各项相关服务工作;负责馆内文献资料阅览和流通的日常开放、服务和管理工作;负责读者使用中的咨询解答和违章处理;负责读者协会的工作指导,促进其与图书馆各相关部门的沟通和合作
	特藏与数字化部	负责军工文献特藏室的日常阅览服务、文献利用调查、读者意见反馈;负责特藏文献的服务与相关研究,挖掘特藏文献的学术价值和使用价值,规划并承担馆藏特藏文献整理和开发特色数据库任务,实现特藏数字化;承担相关数字图书馆建设项目的规划、组织、实施,负责数字图书馆合作项目的联络协调和实施;负责《兵工文献速报》的专题资料汇编和文献信息通报工作
	网络系统部	负责图书馆自动化管理系统的维护和正常运行;负责图书馆信息化的系统工程建设;负责对外开展合作交流,开拓数字资源、网络资源服务;为全校师生员工提供馆藏电子文献、在线电子文献阅览服务;提供各类数据库查询服务,提供网络科技信息资源收集与开发平台建设

续表 7-1

单位	部门名称	主要职责
南京理工大学图书馆	学科服务部	开展学科服务,负责学科馆员的组织与协调工作,提供科技查新、论文查收查引、馆际互借与文献传递、代检代查、日常参考咨询等系列信息咨询服务,负责用户教育与培训工作,图书馆主页信息的建设和维护工作等
	信息战略研究部	负责组织开展图书馆学、情报学、信息管理相关专业领域的学术研究;负责组织图书馆事业发展的前瞻研究和战略研究工作;负责《图书馆与读者》的编辑和出版工作;负责学校发展和提升的战略咨询工作和图书馆业务发展规划的研究和制定工作;负责组织本馆优秀学术论文和成果的申报和评奖工作;负责组织本馆各类科研项目的申报和管理工作;负责组织本馆图书馆馆员的业务培训工作;负责学术委员会的日常工作
合肥工业大学图书馆	综合部	协助馆领导班子做好图书馆日常管理、各类会议的组织安排、对外业务联系和接待等工作;负责馆内外调研、考察、研讨活动,开展相关信息调研和分析,为党总支和馆领导班子决策提供参考;综合协调各部室的工作,督查、落实会议议决事项,做到及时反馈;负责全馆人事信息的维护管理、人员考勤、职称评聘和职工的考核、评比、奖惩等方面的具体工作;负责全馆各项业务统计、固定资产管理、财务报账等工作
	采编部	协助分管馆长调研、起草馆藏图书和报刊建设的原则和采购细则,以及相关业务工作细则;协助分管馆长做好全馆纸质图书和报刊采购的经费预算和招投标等具体工作;了解国内外出版发行动态,收集图书和报刊出版发行信息和读者需求信息的调研、收集等,负责与兄弟院校、研究院所的联系和资料交流工作;负责纸质图书和报刊的日常采访,图书、过刊合订本的编目、典藏分配和财务报销等工作;负责对采购图书和报刊使用情况的跟踪了解和绩效评价工作;负责学院分馆建设的业务指导工作;负责捐赠图书的接受和分编工作等
	科技查新部	负责开展对外业务的交流与合作,不断拓展科技查新服务范围;负责按照教育部科技发展中心的相关规定,完成科技查新、查收查引等服务工作;负责校内外机构及个人的科技查新工作,并加强业务学习与研究,不断提高查新报告质量;负责科技查新项目各类材料的登记、归档、保管等工作;负责科技查新部年检报告的起草,接受年检工作;负责馆内外兼职查新员队伍的建设与管理工作等
	信息咨询与学科服务部	负责图书馆新生入馆教育、文献检索课教学、专题讲座等读者培训与信息素养教育工作;负责调研、起草馆藏数字资源建设的原则和采购细则,做好数字资源的经费预算和招投标等具体工作;负责数字资源的试用、采购、发布、宣传推介、利用培训等工作;负责文献检索课教学、专题讲座等读者培训与信息素养教育工作;负责学科馆员队伍建设,做好学科服务工作;负责文献传递、信息交流等各类咨询服务工作;负责博硕学位论文数据库、特色数据库建设及维护工作等

续表 7-1

单位	部门名称	主要职责
合肥工业大学图书馆	流通阅览部	负责新书和报刊的领取、验收、记到、展示、宣传推介等工作;负责中外文借书处的借阅、归还、续借、预约等管理工作;负责图书和报刊的上架、整序、剔旧、注销及赔书加工等工作;负责流通秩序管理、巡库、现场咨询,以及书库、阅览室的消防、安全、卫生等日常管理工作;负责总服务台、电子阅览室的日常管理工作;负责勤工助学团队的组织、管理工作等
	信息化建设部	负责调研、起草全馆信息化建设的规划、计划与经费预算等工作;负责网络及信息化技术的创新、引进与利用等工作;负责图书馆网站的策划、制作、维护、更新等工作;负责两校区信息化共享建设等相关工作;负责图书馆信息化软硬件的安装及维护等日常工作;负责图书馆各类信息系统的正常运行及网络安全工作,做好日常管理、维护及升级工作等

二、基于机构设置的馆员能力分析

透过上述 7 个大学图书馆的机构设置,我们可以较为清楚地看出,当前大学图书馆的机构设置有较大的相似性。一方面是由于大学图书馆业务工作及主要职责的一致性决定的,另一方面也是大学图书馆面向未来发展所需要的功能架构决定的。内部机构也是大学图书馆服务功能、馆员服务能力的重要框架体系。通过归纳,大学图书馆的机构设置大致可以分为两大类,一类是传统图书馆业务与读者服务机构,如办公室、采编部、参考咨询部、技术部、流通阅览部、古籍部等。这类机构的馆员能力主要体现为传统业务与读者服务能力。一类是新型服务机构,如数据服务部、情报服务部、知识服务部、文化传承与交流中心等,这就需要大学图书馆员具备多样化的新型服务能力。当然,大学图书馆在进行岗位设置时,有的虽然名称上是传统图书馆业务与服务机构,但其主要职责包含着多样的新型服务功能,这都对馆员的服务能力提出了新的要求,见表 7-2。

表7-2 大学图书馆员服务能力要求分析一览表

单位	机构类型	机构名称	馆员传统业务与服务能力要求	馆员新型服务能力要求
北京大学图书馆	传统业务与服务机构	文献资源服务中心、古籍资源服务中心、特藏资源服务中心、综合管理中心	文献采访、古籍管理与保护、特色资源采集与管理、流通阅览、党务工作、行政事务工作等能力	基于"双一流"建设的文献服务能力；特藏资源开发能力等
	新型服务机构	计算服务中心、知识资源服务中心、数据资源服务中心、协调服务中心	文献推送和服务能力、技术支持能力、信息化建设能力、科技查新能力等	知识管理与服务能力；数据仓储和交换平台建设能力；数字加工、数字出版和开放获取、长期保存等数据服务能力；协同创新和情报研究服务能力；智能服务能力出版与出版服务能力等
清华大学图书馆	传统业务与服务机构	办公室、资源建设部、编目部、读者服务部、信息参考部、信息技术部、特藏部、古籍部	党务工作、行政事务工作、文献采访与编目、古籍管理与保护、特色资源采集与管理、流通阅览、参考咨询、技术支持、科技查新等能力	基于"双一流"建设的文献服务能力；文献利用的计量分析能力；国家文献交流服务能力；嵌入式信息素养教育能力；学科服务能力；文献计量、情报分析、专利分析等信息服务能力；决策支持与智库服务能力等
复旦大学图书馆	传统业务与服务机构	办公室、采编部、参考咨询部、古籍部、特藏与数字化部、基础部、文科馆、理科馆、医科馆、各校区分部	党务工作、行政事务工作、文献采访与编目、古籍管理与保护、特色资源采集与管理、流通阅览、参考咨询、科技查新等能力	基于"双一流"建设的文献服务能力；特藏资源开发能力；学科服务能力；信息研究与决策支持服务能力等
	新型服务机构	情报研究所、数据管理与技术部、文检教研室、中国索引秘书处与学刊编辑部	技术支持、信息化建设、信息素养课程教学与读者教育等能力	文献计量、数据分析与可视化、学术评价服务能力；决策与智库服务能力；数据素养教育能力；数据开发与服务能力；数据服务平台建设能力；出版与出版服务能力等

续表 7-2

单位	机构类型	机构名称	馆员传统业务与服务能力要求	馆员新型服务能力要求
同济大学图书馆	传统业务与服务机构	文献保障与共享中心、创新体验与学习支持中心、行政管理与技术支持部门	党务工作、行政事务工作、文献采访与编目、古籍管理与保护、流通阅览、技术支持、信息化建设等能力	基于"双一流"建设的文献服务能力;特藏资源开发能力;嵌入式信息素养教育能力等
	新型服务机构	情报服务与研究支持中心、文化传承与交流中心	阅读推广、特色资源采集与管理、参考咨询、科技查新、定题服务等能力	学科与知识产权服务能力;学科服务;情报分析与研究能力;决策咨询服务能力;数据开发与数据支持服务能力;新媒体服务能力等
南京大学图书馆	传统业务与服务机构	办公室、资源建设部、读者服务部、古籍特藏部、系统保障部、鼓楼分部	党务工作、行政事务工作、文献采访与编目、古籍与特藏管理与保护、流通阅览、技术支持、信息化建设等能力	基于"双一流"建设的文献服务能力;特藏资源开发能力等
	新型服务机构	学科服务部、江苏省高校数字图书馆JALIS管理中心、江苏省图工委秘书处	信息化平台建设、科技查新、查收查引、联系学院等能力	学科服务能力;嵌入式信息素养教育能力;科研支持服务能力;下一代图书馆平台建设能力;文献共享建设能力等
南京理工大学图书馆	传统业务与服务机构	办公室、资源建设部、读者服务部、特藏与数字化部部、网络系统部、	党务工作、行政事务工作、文献采访与编目、特藏管理与保护、流通阅览、技术支持、信息化建设等能力	基于"双一流"建设的文献服务能力;特藏资源开发能力;数字出版与出版服务能力;
	新型服务机构	学科服务部、信息战略研究部	科技查新、查收查引、用户教育、网路维护等能力	学科服务能力;嵌入式信息素养教育能力;图书情报专业研究能力;战略研究能力;出版与出版服务能力;科研支持与管理能力等

续表 7-2

单位	机构类型	机构名称	馆员传统业务与服务能力要求	馆员新型服务能力要求
合肥工业大学图书馆	传统业务与服务机构	综合部、采编部、科技查新部、流通阅览部、信息化建设部	党务工作、行政事务工作、文献采访与编目、特藏管理与保护、流通阅览、科技查新、技术支持、信息化建设等能力	基于"双一流"建设的文献服务能力;特藏资源开发能力;智慧图书馆建设能力;智慧化服务能力等
	新型服务机构	信息咨询与学科服务部	数字资源采购、用户教育、信息咨询等能力	学科服务能力;嵌入式信息素养教育能力;文献计量与情报分析能力;特藏资源建设能力等。

三、基于机构设置的馆员分类分析

一个单位的内部机构设置是基于业务工作分类分工和协调合作,完成单位使命任务的组织结构。也就是说,是单位全体成员为实现组织目标,在工作中进行分工协作,在工作范围、责任、权利方面所形成的结构体系。它既是单位的管理系统框架,也是单位的业务系统框架。大学图书馆的内部机构设置,自然也是基于图书馆业务和读者服务工作的分工和馆员职责与任务的分类而架构的。透过大学图书馆的机构设置,我们可以看出,从图书馆传统业务与读者服务工作上,大学图书馆员的分工与分类主要有文献采访馆员、编目典藏馆员、古籍与特藏资源馆员、流通阅览馆员、科技查新馆员、参考咨询馆员、党务与行政馆员、技术馆员等。

单位的组织结构也是一个动态的结构体系,其本质是为实现组织战略目标而采取的一种分工协作体系,这种体系会随着组织的战略变化而变化。近年来,随着大数据、云计算、数字技术、信息技术、人工智能等新技术的迅猛发展,大学图书馆的发展战略也发生了巨大变化,基于新技术应用而催生的图书馆新业务和新服务正快速形成。由此,大学图书馆的机构设置也发生了变化,出现了一些新型服务机构,这标志着基于新型服务的馆员分工分类的出现,如学科馆员、嵌入式信息素养教育馆员、数据馆员、情报服务馆员、智库服务馆员、出版与出版服务馆员、智慧服务馆员等。

从上述7个大学图书馆的传统业务与服务机构和新型服务机构的设置,以及馆员职责中所包含的传统业务与服务能力和新型服务能力要求,我们可以对其馆员分类做出分析,以便作为样本了解当前国内大学图书馆员的分类管理实践,见表7-3。

表7-3　大学图书馆员分类管理分析一览表

单位	传统业务与服务分类								新型服务分类						
馆员分类名称	党务与行政馆员	文献采访馆员	编目典藏馆员	古籍特藏馆员	流通阅览馆员	科技查新馆员	参考咨询馆员	技术馆员	学科馆员	嵌入式馆员	数据馆员	情报服务馆员	智库服务馆员	出版服务馆员	智慧服务馆员
北京大学图书馆	√	√	√	√	√	√	√	√	√	√	√	√	√	√	√
清华大学图书馆	√	√	√	√	√	√	√	√	√	√	√	√	√	√	√
复旦大学图书馆	√	√	√	√	√	√	√	√	√	√	√	√	√	√	无
同济大学图书馆	√	√	√	√	√	√	√	√	√	√	√	√	无	无	√
南京大学图书馆	√	√	√	√	√	√	√	√	√	√	√	√	√	√	√
南京理工大学图书馆	√	√	√	√	√	√	√	√	√	√	√	无	无	√	无
合肥工业大学图书馆	√	√	√	√	√	√	√	√	√	√	√	无	无	无	√

概而言之,当前国内大学图书馆主要还是依托内部机构设置和组织架构进行馆员职责上的分工和业务上的分类,尚未形成基于新型服务能力要求的专业馆员分类管理。面对新技术的快速发展和在图书馆的广泛应用,如何培养专业馆员的新能力新素质,需要大学图书馆在专业馆员分类管理以及激励机制上有新思考新作为新模式。

第二节　构建具备新型能力的大学图书馆员队伍

　　基于图书馆职能部门和工作岗位的馆员分类是目前大学图书馆业务开展和馆员管理的基本方法。随着大学图书馆服务创新能力的提升,新型服务不断涌现,这就需要图书馆在岗位分类的基础上,思考以能力构建为基础的馆员分类培养和管理。

　　《普通高等学校图书馆规程》提出的辅助馆员和专业馆员的分类管理,不仅是人事管理方法,更是人力资源的开发手段,目的是实现不同类型馆员的工作性质和责任分工更加明晰。由此,"高校图书馆可以在积极培育和开发专业馆员的新型服务能力,拓展信息服务领域,提供数字信息服务,嵌入教学和科研过程开展学科服务,根据需求探索新技术新服务等方面不断创新举措。以此在专业馆员队伍中建成一支具备深层次学科服务和科研服务能力的学科馆员队伍,一支具备深度信息揭示、文献计量与分析能力的咨询馆员队伍,一支具备高水平的信息资源培训与评估能力的培训馆员队伍,一支具备独立开设读者信息素养教育选修课程的教育馆员队伍,一支具备利用现代信息技术与网络技术推进数字图书馆服务能力建设的技术馆员队伍。[①]"

一、学科馆员队伍建设

　　学科服务,是一种深层次的知识服务方式,是一项开拓性的主动参与式的创新服务。它立足于用户需求,依托具有某一学科专业背景、精通信息情报技术的专业图书馆员,介入学科的研究领域,为大学的高端人才或科研人员提供高水平的科研信息服务。它要求学科馆员深入到用户的科研或教学活动中,帮助他们发现和提供更多的专业资源和信息导航,为用户的教学、工作和研究提供针对性很强的信息服务,是图书馆服务创新精神和个性化服务特征的具体体现。学科馆员于 20 世纪 70 年代中后期出现于美国。

　　我国大学图书馆的学科馆员队伍建设起步于 1988 年的清华大学图书馆,2002 年教育部颁布的《普通高等学校图书馆规程(修订)》,就正式明确了"学科馆员"在高校图书馆发展中的地位。时至今日,多数大学图书馆都建设了自己的学科馆员团队。随着互联网、大数据、云计算、人工智能等技术的发展和应用,大学图书馆的读者用户对学科服务的需求更加多元、专业、精准。为进一步满足用户日益增长的文献信息和专业信息知识

---

①　刘荣清.分类需求驱动的高校图书馆服务创新[J].大学图书情报学刊,2019(5):36-38.

需求,发挥大学图书馆员的信息情报专家作用和价值,构建一支信息素养高、专业能力强、科研敏锐度强,具备深层次学科服务和科研服务能力的学科馆员队伍,把高校图书馆打造成为学校教学、科研体系中的重要一环,提升图书馆的学术影响力,是大学图书馆的重要目标和关键任务。

1. 学科馆员的服务内容建设

大学图书馆的学科服务是一个不断演进不断深化的过程,学科馆员的主要服务内容也由最初的预约借阅、馆际指南、教育培训、参考咨询等图书馆的通用服务,向为科研人员提供文献计量、主题聚类等情报分析服务,甚至为学科的人才引进和学科评估提供评估分析服务等。学科馆员的服务内容建设主要包括:升级基础学科服务、深化嵌入式学科服务、突出知识情报服务、强化数据分析服务等。

首先,升级学科馆员的基础学科服务。也就是提升基于学科用户信息需求的文献资源推送与学科信息导航服务。这主要包括深入到学院或学科领域的教学与科研团队中,调查了解他们的信息需求,建立图书馆与学院和学科团队的常态化联络机制。学科馆员最初就是充当学科联络人的角色,开展的工作主要有拜访学科的专家、教授,深入到学院读者之中,向他们推介图书馆的文献信息资源,为他们开展图书预约借阅、馆际互借、文献传递等工作;深入到学院读者之中,为本科生、研究生、教师等不同层次的读者开展学科文献资源的检索与利用培训,加强用户的信息素养教育;为学院或学科团队提供科技查新、查收查引、信息咨询与参考咨询服务等。同时,作为图书馆派出的学院联络人,还要负责收集学院、学科团队、读者对专业文献的需求,了解该专业学科的文献出版信息、学术信息,为图书馆的文献信息资源采购提供依据,成为图书馆专业文献采购的助手与参谋等。

其次,深化学科馆员的嵌入式学科服务。这就要把学科服务嵌入到学科的教学与科研过程之中,在传统学科服务系统资源再组织基础上,开展个性化的知识管理、团队科研协作服务、学科服务工具、在线参考咨询管理,为学科开展全方位全流程系统化的学科服务。嵌入式学科服务的核心就是主动将图书馆的文献信息教育与服务嵌入到教学、工作和科研的过程之中,支持在此过程中的文献信息需求和学术情报分析。嵌入式服务的主要内容和工作方式主要有:①把学科馆员从院系扩展到团队,支持学术资源向服务团队的准确推送;②集成个人知识管理、团队科研协作服务,把学科服务系统变为科研教学活动的主要活动场所之一,在教学、科研的各种过程中都提供信息咨询的绿色通道,方便用户咨询,实现学科服务的科研、教学的过程嵌入,并与用户一道将咨询结果沉淀为学术资源;③利用虚拟嵌入的方式,搭建学科馆员与团队科研协作平台,为科研团队提供科研协同服务,在协调服务中实现学术资源的利用与增长;第四,把管理人员纳入服务对象,嵌入管理工作流程中的信息资源输送与学科竞争性情报等。

再次,突出学科馆员的知识情报服务。随着"双一流"建设的推进,对学科建设支持成为大学关注与聚焦的重点。图书馆作为学术资源的收藏和学术服务机构,基于文献计量与情报分析的知识情报服务对一流学科建设的支持越来越重要。学科馆员的知识情报服务可以利用各类学术资源分析、知识服务平台,对全球学术资源进行搜集、整理、挖掘,开展对学术前沿信息的追踪、归纳、总结,利用图书馆员的专业文献分析能力,对学院、学科、团队等提供基于学科发展脉络、现状、热点、趋势等多维度的定题服务和专题学术分析。通过知识情报服务,可以为学院管理者提供学科发展态势和竞争力分析,提供决策参考;可以为团队在科研项目申报、研究方向、科研过程、成果验收、后期奖励申报等过程提供全流程信息服务;可以为科研人员提供科技专利情报服务,为成果转化提供情报分析等。

最后,强化学科馆员的数据分析服务。当前,以 ESI 为代表的学科竞争力数据定期发布,直接影响着各大学各学科的地位与发展。同时,各类基于文献计量为基础的科研能力数据,如 SCI,SSCI 收录数据、JCR 分区数据、学者的 h 值、p 值等,都影响着学科和学者的影响力。基于学术数据开展定量分析正是学科馆员的专业能力所在,应用 WOS,InCites,Scopus 等权威学术资源数据库及其分析工具,对学科和学者的科研绩效对比分析,开展以论文、专利和专著的成果产出为代表的科学研究活跃度和以成果的被引或者转载频次为代表的科研影响力分析,为学科的未来发展提供规划依据和决策参考。除了支持科研的数据服务外,开展读者信息素养、数据素养的教育与培训、MOOC 课程数据与平台服务、专业教学数据和教学方法创新等支持人才培养的数据分析服务也是学科馆员的重要任务。

当前,国内大学图书馆,如北京大学图书馆、清华大学图书馆、上海交通大学图书馆、武汉大学图书馆等在学科馆员制度建设、基础学科服务、嵌入式学科服务等多个领域都开展得有声有色,在学科馆员服务领域处于国内领先地位,见表7-4。

2. 学科馆员的服务能力建设

什么叫学科馆员,学者们对其定义比较多。Williams 认为,具有特定学科领域专门知识或特殊语言专长且具有丰富的学科领域信息服务经验的大学或研究图书馆馆员,Gibbs 认为在图书馆学及其他特定学科领域拥有完备学习经历者。Young & Belange 则定义为"在特定学科或领域具备卓越知识的图书馆人员,他们所负责的工作项目包括选择及评估某学科领域内的图书资料,有时也需要提供学科相关信息服务,并对学科资料进行编目整理。有时他们也被称为学科书目专家(subject bibliographer)①"百度百科对"学科馆员"的定义为:"学科馆员是具有某种学科背景同时受到过文献情报专业训练,向特定学科领域的用户提供深层次、个性化信息获取与利用服务的复合型专业人才②。"

表7-4　国内部分大学学科馆员学科服务内容调查表

学校	制度建设	学院联络 1. 联系学院 2. 搜集需求 3. 推广资源……	基础服务 1. 参考咨询 2. 文献传递 3. 查收查引……	教学培训 1. 文献检索课程 2. 定期培训机制……	嵌入服务 1. 嵌入式学科服务 2. 嵌入式课题服务 3. 嵌入式信息素养教育……	科研支持 1. 科技查新 2. 学科服务平台 3. 学科分析及前沿跟踪 4. 投稿指南分析平台……	决策支持 1. 人才评估 2. 知识产权服务 3. 机构知识库……	特色服务
北京大学	√	√	√	√	√	√	√	科研数据管理
清华大学	√	√	√	√	√	√	√	1. 能力提升计划 2. 教师顾问
上海交通大学	√	√	√	√	√	√	√	1. 馆员素养培训计划 2. 创新交流
武汉大学	√	√	√	√	√	√	√	科研管理数据
东北师范大学	√	√	√	√	2,3	√	2,3	面向PI的学科服务
江南大学	√	√	√	√	3	1,3,4	√	无
南京理工大学	√	√	√	√	3	√	2,3	1. 教师顾问 2. 学院秘书
合肥工业大学	√	√	√	√	无	√	3	馆员学术沙龙

---

①　刘翠青.美国高校图书馆招聘学科馆员能力需求研究及启示[J].高校图书馆工作,2019(6):43-47.

②　百度百科-学科馆员[EB/OL]. https://baike. baidu. com/item/% E5% AD% A6% E7% A7%91% E9% A6% 86% E5% 91% 98/4755194? fr=aladdin

从上述定义可以看出,学科馆员是高层次复合型的图书情报高级专业人员,对其能力自然有非常高的要求。作为学院联络人员和图书文献基础服务工作人员,需要培养和训练馆员除了具备主动性、适应性、创新性、服务性等基本品质外,还应有良好的沟通与交流能力、文字表达能力;有良好的团队协作与合作发展能力;有良好的文献资源推广与营销能力;有教学辅导、项目开发与管理能力等。

美国专业图书馆协会(Special Libraries Association,SLA)发布的《信息专业人员能力》(简称为SLA-C),将信息专业人员能力划分为核心能力与促进能力两大类。其中核心能力主要包括信息与知识资源能力、信息与知识服务能力、信息与知识系统和技术能力、信息与数据检索和分析能力、数据和信息及知识资产的组织能力、信息伦理能力等[①]。这就需要大学图书馆加强作为信息管理与服务专业人员的学科馆员的核心能力建设。同时,作为教学与培训、嵌入式服务、科研支持、决策支持等专业学科服务人员,还应加强用户需求分析能力建设,如通过对用户学术背景、科研方向等的调查研究,挖掘用户信息需求,构建用户信息需求跟踪服务模型等;加强数据分析能力建设,构建对学术数据的挖掘、整理、开发、利用等方面的能力;加强学科服务的预测、学术数据的可视化、业务专题分析,嵌入式的信息素养教育等能力建设等。

总之,"学科服务作为图书馆业务的重要组成部分,对学科馆员的职业素养更注重专业知识和技能。大数据环境下学科馆员的职业素养在专业知识和技能方面注重用数据发现用户需求、挖掘用户需求、预测用户需求,同时在用户需求分析、服务执行、业务分析与深化、业务沟通方面,学科馆员的职业素养有了新的发展,强调利用数据发现、数据可视化和团队协作来关联用户信息需求和学科服务资源,营造学科服务大数据环境[②]。"

二、咨询馆员队伍建设

参考咨询,"英国大百科全书"将其定义为参考咨询员对各个读者在寻求情报时,提供个别的帮助。它是图书馆一项传统的业务,也就是图书馆员为读者提供文献资源的检索与利用,获取知识、情报等方面服务的活动。传统的参考咨询主要以文献检索、文献供给、解答咨询等方式向读者提供文献、事实、数据或方法。但随着信息时代、数字时代、知识经济时代、大数据时代的到来,图书馆的咨询服务从文献咨询、阅读咨询、信息咨询向

① The SLA Board of Directions. Competencies for Information Professionals[EB/OL]. [2016-11-04]. http://www.sla.org/aboutsla/competencies.

② 黄红梅.大数据环境下学科馆员职业素养研究[J].图书馆建设,2018(11):36-39.

数字咨询、知识咨询、决策咨询转型升级。

1876年,美国麻省伍斯特图书馆馆长格林(S. S. Green)发表《馆员与读者之间的个人关系》一文,提出图书馆员对读者的情报资料获取应给与个别帮助,标志着参考咨询概念的萌芽。随后,图书馆参考咨询服务在全美开始兴起并迅速发展,并由此推向世界。我国图书馆的参考咨询服务发展较晚,但发展速度很快。尤其是在面对网络技术、大数据技术、人工智能技术等新技术的迅速发展,我国图书馆,尤其是大学图书馆咨询服务的内容不断拓展和深化。当今,读者在信息需求、知识需求、数据分析需求、学术情报需求等的数量和质量都又明显的提高,构建一支具备专业文献检索、深度信息揭示、文献计量与分析能力的咨询馆员队伍,满足读者日益增加的文献与情报需求,是大学图书馆的重要职责,也是大学图书馆的核心价值所在。

1. 咨询馆员的服务内容建设

图书馆是一个生长着有机体,图书馆的咨询服务是持续快速发展的读者服务工作。咨询馆员工作从最初的文献检索、文献宣传、文献传递、读者教育等对读者利用图书馆的参考与指导,向文献信息资源的开发、专题情报研究、数据挖掘分析、学术动态分析等知识服务、科研支持、决策支持等方面拓展和深化。咨询馆员的服务能力建设主要包括:提升基础参考咨询服务、深化数字信息咨询服务、拓展知识咨询服务、构建决策咨询服务。

第一,提升基础参考咨询服务。基础的参考咨询服务主要是解答咨询、书目参考、辅导阅读、情报检索等方面的内容。基础参考服务的提升主要是顺应信息环境的改变、用户信息需求和信息行为的变化,要充分利用现代信息技术,拓展参考咨询服务渠道,通过电子邮件,建立读者咨询QQ服务群等方式加强与用户的沟通与交流,提供基于网络的虚拟参考咨询服务,把参考咨询融入日常,构建全方位全时段的图书馆咨询服务;加强对国内外馆藏信息的追踪、调查和学术资源的整合,要突破本馆馆藏资源的局限,基于全网络信息与学术资源开展咨询与推送服务;要主动联系用户,了解用户的信息需求,积极宣传文献信息资源和检索知识,开展多种形式的读者教育活动,加强用户的信息获取能力和信息素养的培训,构建合作协同的咨询服务;要进一步提高咨询的响应速度,解决用户咨询需求的时效性;要加强信息过滤能力,把适度含金量高的信息传达给用户,提高解答咨询的准确性等。

第二,深化数字信息咨询服务。数字信息咨询服务在时空范围和服务形式上都得到了无限的拓展,电子邮件、QQ群、聊天室、视频会议、语音交互等多类型的咨询服务,消除了咨询馆员与用户的时空阻隔。面对不断涌现的现代信息技术,数字信息咨询需要不断研究与利用信息数据系统,构建全资源的信息检索系统,开展信息的个性化定制与定期推送服务;要发挥图书馆知识导航的特长,加强对信息的过滤与分析,充分开发与挖掘信息内容,重组信息组合,并将有序化的信息通过网络等咨询渠道快速提供给用户;要发挥图书馆员专业信息构建能力,致力于将信息从可以访问变得可以理解,也就是要在对用户信息需求的调查和分析,开展对信息的组织、导航和检索平台的设计与开发,以贴近用户需求、富有个性特点、明晰访问路径的数字化信息平台,帮助用户更成功地发现和管理信息;升级数字咨询的内容管理,构建基于学科的信息咨询知识库;探索学科专家在数字信息咨询中的作用,构建"互联网+学科专家"的数字信息咨询服务模式;发挥新技术在信息咨询中的运用,搭建"互联网+技术"的数字信息咨询服务平台。

第三,拓展知识咨询服务。图书馆的知识服务是近年来的研究热点与工作重点,知识咨询首先以知识的生产与管理为基础。咨询馆员需要将海量的信息与学术资源通过检索、挖掘、组织、整合等,将隐形的信息转化为显性的知识,形成可以为用户直接所用的知识创造过程。这就需要咨询馆员对用户知识需求的了解和分析,通过资源、技术和专业人员等要素给用户提供专业知识、工具应用和智力产品为特征的深层次知识服务;根据用户需求,提供对策与建议、教育与培训、系统与平台、解决方案、研究报告、设计产品、科研评价报告等知识产品;要分析用户的知识需求,尤其是用户为解决某些问题产生的比较模糊甚至尚未意识到的知识需求,为用户提供主题知识输送,开展协同知识咨询服务;需要嵌入用户当中,开展嵌入式知识咨询服务,与用户建立良好的合作关系,动态挖掘和分析知识来源,调整知识供给,满足用户动态过程中的知识需求。

第四,构建决策咨询服务。随着图书馆在知识发现、知识服务、数据管理、情报分析等方面的能力和作用不断提升,基于战略性、综合性、整体性的参考咨询需求开始出现,图书馆的决策咨询服务由此产生。目前,国内一些高水大学图书馆的决策咨询服务开展得十分火热并得到广泛认可,但以决策咨询为主题的大学图书馆参考咨询服务尚未普遍开展。大学图书馆的决策咨询就是为学校的科研发展、人才引进、学科发展,以及政府机构、企事业单位提供基于情报分析为基础深层次、专业化咨询服务,为制定政策或重要决策提供参考。很多大学图书馆正在以自己的决策服务产品构建自己的决策咨询服务体系,如北京大学图书馆学科竞争力分析报告、学科前沿报告、智库服务;中国人民大学图书馆的学科动态跟踪、北京航空大学的科研评估报告、数据与竞争力分析报告等。部分大学图书馆开始为国家或区域发展提供决策咨询服务,如提供区域研究分析报告、国际学术合作情况分析、技术领域国家实力分析、引用研究报告学科领域分析、区域协作行业分布、自主知识产权拥有机构合作情况分析等报告和咨询服务产品,都为就决策咨询的发展提供了有益的探索,拓展了广阔的空间,见表7-5。

表7-5　大学图书馆咨询馆员的服务内容一览表

建设内容	图书馆核心竞争力	咨询馆员核心竞争力	对用户的价值	主要用户群	主要特点
基础参考咨询	丰富的图书馆馆藏资源	馆员专业的检索方法和文献获取能力	文献的检索与供给	校内学生、教师为主	现场服务为主,接受委托任务
数字信息咨询	图书馆海量文献信息资源、科技查新站	专业的文献组织、计量、挖掘、分析能力、查新查引资质和证书	远程服务及网络咨询服务平台的检索结果的参考价值	校内读者、校内外科技工作者等	非现场服务为主、科技创新查证
知识咨询	海量知识资源、知识发现平台等	专业的知识组织、知识服务能力	知识供给对于用户工作过程及任务完成的价值	研究生、教师、科技工作者	非现场服务为主
决策咨询	资源、专家、服务团队	专业的情报研究、分析、写作能力	帮助机构进行决策	学校领导、机构,企事业单位	非现场、学术或商业服务模式

2. 咨询馆员的服务能力建设

大学图书馆的咨询馆员在专业馆员队伍中一直是能力要求比较高,在现代信息技术推动下,咨询服务内容不断拓展,形式更加多样,个性化需求更加复杂,参考咨询馆员的角色从信息提供者、宣传员、导航员到信息教育者、信息顾问、信息情报员等角色转变,这对咨询馆员的能力提出了更高的要求。美国在20世纪90年代和21世纪之初,就先后颁布了《美国参考咨询和信息服务人员行为指南》(1996年)《参考咨询与用户服务图书馆员职业能力》(2003年)、《虚拟参考咨询服务实施与维护指南》(2004年),对咨询馆员的能力提出了明确要求,主要包括:具有用户核心知识领域的信息资源结构、基本的信息工具、主要用户的信息查找方式与行为、版权与知识产权法等基本知识能力;具有关注与识别用户信息需求并给予及时响应、执行有效的检索策略、评估检索结果并按时完成对用户信息传送的存取能力;具有善于精心选择、组织和推荐信息资源的服务组织与设计能力;具有使用恰当的语言与用户进行有效交流与沟通的能力;具有与用户、组织、机构进行合作,建立和维护与用户良好关系的合作能力;具有精准收集用户需求,宣传与推广咨询计划,定向定点开展咨询等营销能力;具有对用户需求和咨询效果进行综合评价,评估咨询服务的当前水平与发展趋势、制定咨询服务标准等评价能力①。

2015年,文化部发布了《图书馆参考咨询服务规范》(WH /T71—2015),提出图书馆的咨询馆员应具备七个方面的业务能力:存取能力、需求分析能力、评价能力、计算机应用能力、交流能力、营销能力、合作能力等②。这些都应是大学图书馆咨询馆员能力建设的重要内容。同时,基于大学图书馆是重要的学术服务机构的属性,咨询馆员还应培养面向学术咨询与服务的能力,如掌握与研究咨询服务的原理、方法和工具,创建大学图书馆学术咨询的产品、服务与项目,掌握文献计量、学术文本分析、数据分析等挖掘学术动态与前沿信息的能力,选择和利用咨询工具与平台、可视化工具为开展咨询服务的能力等。

三、教育馆员队伍建设

我们正面临着一个信息爆炸的时代,知识也正在以惊人的速度老化和更新。图书馆是海量信息和文献的收藏之地,是知识的殿堂。英国著名作家塞缪尔约翰逊(Samuel Johnson)曾说过:"知识有两种,即:我们知道自己学科的知识和我们知道在哪能找到关于这个学科的信息"。赋予读者获取知识的方法和能力是图书馆的重要任务所在。由此,图书馆一直视读者信息素养教育为自己的核心价值。

自1974年美国信息产业协会主席保罗·泽考斯基第一次提出信息素养概念至今,信息素养教育已经走过近半个世纪的发展历程。随着信息技术的发展和社会的进步,信息素养的内涵及其教育形式、方法等都得到了长足的发展。特别是随着数字社会的到来,信息和知识与所有人的生活都密切相关,继续学习和终生学习已经成为很多人的一种生活习惯,作为适应信息社会特质及与外界沟通所需要的一系列能力,信息素养其实已成为立足社会的一种竞争力。

信息素养教育作为赋予个人有效搜索、选择及评估信息资源能力的过程。大学图书馆的信息素养教育不仅是对大学生进行信息检索等技能的培训,而且是对学生进行一种更高层次的、在信息社会中生存的能力和素质的培养,涉及信息意识、信息能力、媒体素养、信息道德及终身学习。信息素养教育是多学科的综合教育,涉及综合教育技术学、图

---

① 苏红霞,盛小平. 基于服务规范的中美参考咨询馆员能力的比较研究[J]. 图书情报工作,2017,61(14):29-33.

② 中华人民共和国文化部. WH/T71-2015 图书馆参考咨询服务规范[M]. 北京:国家图书馆出版社,2015.

书情报学、心理学、伦理学及信息技术等多门学科,不是通过一门课程和几个培训就能完成,更不是简单的技术和方法。同时,大学图书馆的教育职能还表现为知识传播过程中的智力开发、人文教育、文化传承、道德教化等功能,是大学立德树人的重要课堂。因此,建设一支具备高水平的信息资源培训与评估能力、具备独立开设读者信息素养教育课程,更好发挥图书馆教育职能的教育馆员队伍,也是大学图书馆充分发挥在学校人才培养和文化传承创新中作用的重要任务。

1. 教育馆员的服务内容建设

高等学校教育的一项重要内容就是培养和提高大学生的信息素养。大学图书馆作为大学教育的一个有机组成部分,以其拥有的信息资源和专业馆员优势自然成为大学信息素养教育的核心,承担着它应尽的教育职责和义务,在信息素养教育中扮演着非常重要得角色。目前,大学教育已经进入一个向公众开放的新时代,大学图书馆也需要全方位展示其对学校的贡献与价值,以信息素养教育为核心的教育职能成为高校图书馆价值评估的重要指标。2015 年,教育部印发《普通高等学校图书馆规程》明确提出"图书馆应重视开展信息素质教育,采用现代教育技术,加强信息素质课程体系建设,完善和创新新生培训、专题讲座的形式和内容"。笔者认为,大学图书馆教育馆员的服务内容建设主要包括:提升信息素养基础教育、加强科研素养教育、注重工具应用教育、开创数据素养教育、深化人文素质教育等。

第一,提升信息素养基础教育。大学图书馆读者教育是以文献的检索与利用为基础的,当前,面对现代信息技术的空前发展,图书馆的信息素养教育要面向大一新生、本科生、研究生、专业教师等设计不同的信息素养教育主题,开展分类教育与培训。进一步加强文献检索和信息素养类的课程建设,注重文献检索技术和信息素养和人文素养的有机结合、开展体系化的信息素养教育。"图书馆的读者教育更多的是教育读者的信息意识、信息能力、信息规范、知识发现等综合性的信息素养教育。也就是说,图书馆的读者教育不仅要教会读者在自我利用图书馆的过程中,如何合理、准确、及时地检索到自己需要的信息与知识,还需要教育读者充分利用有用和图书馆资源和知识的意识和方法。[①]"注重开展图书馆资源与服务、原文获取与馆际互借、检索知识与检索技能、一站式检索、学术搜索引擎、资源发现系统、免费学术资源等方面的读者教育,拓展用户获取信息路径和方法,提升知识获取与组织的能力等。

第二,加强科研素养教育。培养用户应具备的、与其知识水平相适应的科学素养及创新能力,使其能够具有高度的科学数据意识,重视数字资源的利用,并能厘清自身的科

---

① 刘荣清. 新媒体环境下高校图书馆教育职能的拓展[J]. 大学图书情报学刊,2015(4):53-56.

研信息与学术数据需求,合理地使用数据库和各种数据分析软件,对获取的数据进行挖掘、分析和重新整合,从而科学、高效地完成科研的前期积累,创造性地开展自己的科研创新和实践,培养一定的科学研究能力。构建基于科学研究生命周期的嵌入式科研素养教育模式。科学研究的活动周期对应的是,开题与立项前的文献调研、学术规范与论文写作、论文投稿指南、成果发表或出版。嵌入式科研素养教育模式的全过程对应的是学科前沿挖掘,开题文献获取、综述,课题信息跟踪、聚类,科研成果发表、保存、共享等方法与能力等。

第三,注重工具应用教育。大学图书馆信息素养教育应注重开展基本的办公软件,如 Office(Word、Excel、PPT)、SPSS、Photoshop 等的使用;注重培养用户专业信息资源的获取方法,包括中文数据库、外文图书和数据库的进阶使用、专利及专利检索、网络数据源的获取、Python 网络爬虫与信息提取技术;掌握文献检索与管理系统 NoteExpress,Mongo DB 数据库和文献信息资源管理软件 Endnote 等的使用;注重培养数据分析与展示语言 Python(Pandas、Numpy、matplotlib)和文献信息分析工具、Citespace 信息可视化软件、科研文献分析工具 The Science of Science (Sci2) Tool、数据分析软件 metaknowledge、学科分析工具包括 InCites、SciVal 等的使用,掌握论文写作基本方法及学位论文格式排版技巧,提高基于分析工具的获取和处理能力,以实现对科研信息和学术数据的快速获取和必要的科研与学术分析等。

第四,开创数据素养教育。随着数据密集型科研时代的来临,数据不仅仅是科学研究的成果,也是科学研究的前期基础。科研人员的科研方案的设计和探究的整个过程都涉及大量相关科学数据,通过合理地获取和处理这些数据将有助于科学结论的获得。因此,拥有一定的数据素养以获取更为及时、准确、真实的科研数据信息显得尤为重要,高效、合理地获取和管理数据将会大大提升科研水平。对应科学研究数据生命周期的科研数据采集、数据生产、数据存储和管理、数据保存和共享、数据引用和出版这 5 个阶段的全程嵌入,使用户所得到的数据素养真正与其科学研究相融合。整个的教学过程注重理论与实际的结合,着眼于培养研究生在科研全流程中利用数据资源解决实际研究问题的能力,使研究生掌握数据采集、描述、发现、评价、引用、分析、利用、保存、管理等方面的知识与技能,从而全面提升研究生在科学研究生命周期中的数据素养,见表7-6。

表7-6　"双一流"高校图书馆信息素养培训内容

讲座分类	讲座内容
检索基础篇	图书馆资源与服务、原文获取与馆际互借、检索知识与检索技能、一站式检索、学术搜索引擎、资源发现系统、免费学术资源
数据资源篇	中文期刊、外文期刊、中外电子图书、中外学位论文、中外专利、各类数据获取、引文与索引数据库(Web of science,EI)、文摘数据库(SciFinder,PubMed)
科研素养篇	开题与立项前的文献调研、学术规范与论文写作、论文投稿指南、研究热点分析(工具包括 InCites,SciVal)
工具应用篇	文献管理软件(Notefirst,NoteExpress,EndNote),可视化工具(CiteSpace,Origin,Python 等),Office(Word,Excel,PPT),SPSS,Photoshop

2. 教育馆员的能力建设

以信息素养教育为重点的大学图书馆培训与教育活动,直接关系大学生的信息能力和信息素养,是高校人才培养的重要环节,也是大学面向"双一流"建设、提高人才培养质量的重要内容,日益受到国内大学的重视。

近年来,关于大学图书馆的信息素养教育一直是学界和业界的研究热点。大学图书馆的教育馆员首先是信息素养方面的专业教师,需要培养他们作为教师的沟通能力、表达能力、合作能力、专业发展与学术研究能力、独立工作能力、创新性工作能力、分析能力、组织能力等。培养他们具备良好的师德规范及其坚定的践行能力;立足学校人才培养目标及其可靠的执行能力;把握读者的信息需求的发展规律及其良好的应用能力;具备人文教育、课堂思政与专业教育有机结合的教学创新能力;具备理解世界知识和全球化影响,面向国际学术,在跨文化环境中进行有效的学术交流与合作,拥有开放和包容的国际视野能力等。

冯青、李莉近日在南京师范大学学报(自然科学版)发表了一篇《2000—2019 年我国信息素养教育研究热点与前沿可视化分析》的论文,基于以 2000—2019 年中国知网数据库关于信息素养教育研究的中文核心和 CSSCI 期刊文献的计量分析,"发现,研究主题聚焦在信息素养教育的比较研究、教育模式革新、与创新型人才培养的关系、不同类型图书馆的案例研究以及教学研究等五个方面。未来研究重点趋势是信息素养教育的本土化与国际化相结合、实证研究和理论研究相融合以及面向综合型信息素养教育升级转型。[1]"

由此,大学图书馆教育馆员的能力建设,还应培养他们拥有组建或者参与专业教与课程建设学团队、开展专业和课程建设、制定专业课程体系和培养方案、编制专业教学实施方案或细则等方面的能力;具备文献检索与计量、数据挖掘与分析、学术资源整合与情报分析等图书情报学的专业知识与科研能力;具备使用信息管理与文献分析软件,信息分析与管理的可视化等信息管理工具的能力;具备 MOOC 技术及其与信息素养教育与的的融合发展、翻转课堂及其在信息素养教育中的实践、嵌入式信息素养教育教学等教育教学模式的创新能力;具备基于科研创新能力培养的大学生信息素养教育,基于服务人才培养的信息素养教育,基于信息素养、科研素养、创新素养等多元素养的图书馆综合文化影响力教育能力等。

四、技术馆员队伍建设

当前,以信息技术为代表的全球新一轮科技创新正在加速发展,"集成电路、基础软件、通信网络、互联网应用、信息处理等主要领域与关键环节的核心技术取得整体突破,科技创新从单点突破演变为体系化推进。集成电路将从'硅时代'进入'石墨烯'时代,软件正进入'云时代',移动通信全面进入 4G、正在开启 5G 新时代。云计算、大数据、物联网、移动互联网深度融合,推动信息处理与应用模式的根本变革。网络、平台、业务、内容和终端的相互促进,开辟了技术扩散、知识共享的新方式,大大缩短了技术创新的周期,设备与技术更新换代之快前所未有。其他新兴技术领域也和信息技术领域类似,技术进步呈现加速度推进的新态势[2]。"近年来,5G 技术、人工智能快速发展,信息技术的更新换代周期日益缩短。

技术创新给大学图书馆的发展带来了前所未有的机遇,大学图书馆从传统图书馆向现代图书馆、数字图书馆的转型发展步伐加快,智慧图书馆也正在加速向我们走来。这些都需要我们重新思考和定位图书馆空间、资源、管理、服务的体系化升级再造,要赋予大学图书馆的现代信息技术的情境感知和新技术的场景应该新气息,这都需要图书馆拥有灵敏感知现代信息技术并开展图书馆场景应用的技术人员。因此,构建一支具备利用现代信息技术与网络技术推进数字图书馆、智慧图书馆服务能力建设的技术馆员队伍,

① 冯青,李莉.2000—2019 年我国信息素养教育研究热点与前沿可视化分析[J].南京师范大学学报(自然科学版),2020,43(3):1-8.

② 隆国强.全球新一轮科技创新风起云涌(大势所趋)[N].人民日报,2015-05-22(07).

已然成为大学图书馆的当务之急和关键所在。

1. 技术馆员的服务内容建设

20 世纪 90 年代开始，国内大学图书馆纷纷开始成立技术部，技术部馆员最初主要来源于图书馆的专业人员。很长一段时间内具有计算机专业技术、信息管理专业的技术馆员缺乏，技术馆员普遍存在技术压力与能力恐慌。随着技术馆员在图书馆的作用日益重要，一部分计算机应用工程、软件工程、网络工程等专业人员进入图书馆的技术馆员队伍，为图书馆的信息化建设与发展提供了人力支持。目前，大学图书馆普遍进入了智能和智慧图书馆的发展进程中，加强技术馆员队伍建设是摆在大学图书馆的重要任务。2015 年，教育部印发《普通高等学校图书馆规程》明确提出"图书馆应不断提高文献服务水平，采用现代化技术改进服务方式，优化服务空间，注重用户体验，提高馆藏利用率和服务效率。"由此，笔者认为，大学图书馆的技术馆员的服务内容建设主要包括：提升信息化基础建设、注重智慧空间建设、加强新一代图书馆管理平台建设、深化智慧图书馆服务建设等。

第一，提升信息化基础建设。图书馆的信息化主要是应用现代信息技术，提高图书馆文献信息采集、组织、管理与服务水平，信息化基础建设主要有网络环境、硬件设备、管理软件、数据资源管理平台等。提升图书馆的网络环境，就是要建设图书馆无处不在、随手可用的高速网络环境，要实现无线网络的全覆盖，并以最快的速度实现网络的代际更新。当前，图书馆要立足建设基于 5G 的网络环境。硬件设备的升级换代是图书馆信息化建设的常规工作，要着眼未来发展，建设面向中长期发展需要的硬件设备条件，在服务器、存储设备、门禁管理设备、图书借还设备等方面加强建设。要基于新技术在图书馆的应有，建设基于 AR 技术的图书导航导览设备，基于 VR 技术的情境阅读与文化体验设备，基于 AI 技术的导航与咨询机器人设备，探索构建基于智慧物流技术的书库管理设备等，实现基于设备的智慧图书馆条件建设。不断更新和升级图书馆管理软件，升级文献管理软件、座位管理软件、数据管理与发布软件等，并建设基于全媒体的文献资源管理软件等，将新的管理系统应用到图书馆的管理与服务中。

第二，注重智慧空间建设。智慧图书馆建设成为当前大学图书馆最热门的建设主题。也就是要不断优化图书馆功能布局，改善读者使用体验，实现基于智慧图书馆条件的一体化空间再造，更好满足读者学习需求。要将新技术应用到图书馆的空间建设中，打造智能视听阅览室，读者服务终端的桌面云，基于新技术应用的创客空间、情境感知和体验式全景阅读空间、文化创意空间等，构建更加现代、灵活的图书馆空间。要充分利用现代互联网技术、学习技术、社交媒体技术、人工智能技术等打造动静分区、研学一体、虚实结合、远程可用、触手可及、情境感知的图书馆物理空间和网络、新媒体虚拟空间。

第三，加强新一代图书馆管理平台建设。我国大学图书馆的文献管理系统开建于20世纪90年代末，以纸本文献自动化管理为主的第一代文献管理系统至今已运行20多年。随着电子资源的大量采购，如何建构基于全类型的文献信息资源管理与服务平台是大学图书馆当前面临重要课题。大数据、人工智能等技术为图书馆解决海量、多源异构的数据收集、分析和服务提供了技术和设备支持。近年来，大学图书馆以新一代图书馆系统为核心的智慧图书馆开始建设，并取得一些进展。由此，大学图书馆技术馆员的能力建设必将着眼于新技术应用，将纸本书刊、电子文献、数字资产管理、元数据管理、读者管理和资源发现等整合在同一个系统，构建基于全媒体远程服务的新一代图书馆管理与服务平台。在此元数据统一管理基础上，搭建全资源智慧搜索系统、学科服务平台、机构知识库服务平台、知识空间系统、参考咨询服务平台等智慧服务平台，形成支持学校教学、科研、学科建设的大数据管理与服务中心。

第四，深化智慧图书馆服务建设。智慧图书馆的建设目的为了提供更加智能和智慧的用户服务。从概念的视角而言，智慧服务无疑是要打通图书馆空间、资源与读者之间的连接，以用户为中心，构建连接搜索、推荐、咨询、展示、空间等图书馆的一切、无缝融合的智慧服务模式。从技术的视角出发，以知识挖掘技术为基础的智慧检索与推荐服务，基于人脸识别的文献借阅、座位预约、智能感知与导航等服务，以机器学习技术为基础的智慧推送、智慧APP服务、智慧咨询服务等都是图书馆智慧服务的主要生长点。因此，通过用户信息挖掘、用户行为和兴趣挖掘、学科知识挖掘、关联数据挖掘，实现基于用户需求的智慧获取，以用户数据、资源数据、空间数据和业务数据的整合和驱动，以知识管理和智慧管理为基础，以智慧服务为目的，构建基于大数据和人工智能技术支持的智慧图书馆服务体系，是大学智慧图书馆建设的核心要义和价值体现。

2. 技术馆员的能力建设

大数据、人工智能、物联网、区块链等层出不穷的新技术，带来了大学图书馆的管理与服务的深度变革，无疑对走在图书馆信息化建设最前沿的技术馆员的能力与素质提出了更高的要求。就基础素质而言，要有对新技术、新知识、新信息环境的敏感性，要善于捕捉最新的技术变革，思考与调研在图书馆的应用；要善于接受新技术，要能适应和引领新技术对图书馆服务理念的更新；发展与拓新能力，开拓创新能力是技术馆员最重要的素质之一，墨守成规只能让图书馆落后于技术发展的步伐；要有前瞻性的规划能力，要善于从技术发展的视角思考和规划图书馆未来信息化发展的整体战略；要有协作与沟通能力，善于开展馆员与用户、馆员与馆员、馆员与技术产品供应商等方面的协同合作的能力，保障图书馆信息化建设的多维视角与协同促进；要有服务与行动能力，包括信息资源存储与组织能力、数据深度开发与应用能力、智慧化发布与传递能力、职能智慧建设与文献信息的展示与交互能力等。

作为技术馆员，要有专业的核心业务能力，要学习和掌握支持嵌入式、无缝的智能服务的技术应用；熟悉和掌握物联网、RFID、云计算等技术的发展与运用，并应用和服务于图书馆的读者服务；要有应用5G技术部署图书馆网络和信息环境、智慧服务场景的能力；同时，无人机、机器人、实时通信工具、可穿戴技术等硬件技术；众包、在线身份、社交网络、虚拟世界等社交媒体技术；区块链、数字学术、物联网、聚合工具等网络技术；智能定位、创客空间、保护和修复技术等数字化应用技术；信息可视化、虚拟现实、3D打印等可视化技术，等等，都是技术馆员应该关注的重点和需要学习的技术，这些都是图书馆未来发展的关键技术。

第八章　基于能力建设的大学图书馆员激励机制

现代汉语词典将激励一词的解释为激发鼓励,也就是说有效的激励可以调动人的积极性、提高人的主动性,挖掘人的潜力,鼓舞人的士气。良好的激励机制是一个单位发展的动力与创新之源,是员工素质提高与能力培养的有效方法,是实现组织目标、提高单位绩效的最佳途径。

在信息化浪潮汹涌而至、新技术不断更迭的今天,大学图书馆员面临着技术压力与能力不足的严峻形势。传统以文献为中心的图书馆业务与服务模式已无法满足用户需求,无法达到支持学校教学、科研、学科建设的文献保障和文献服务要求。这就需要大学图书馆紧跟时代发展,构建科学有效的激励机制,充分调动馆员的主动性和积极性,挖掘和发挥馆员的聪明才智,培养和提高馆员的业务和服务能力,不断提高新时代大学图书馆的作用与价值,为大学的"双一流"建设提供强力文献信息资源保障与知识情报服务支持。本章将以构建更加科学合理的考核与评价体系,形成科学有效的绩效评价和馆员激励机制,激发大学图书馆员的积极性和主动性,以此推动馆员能力建设。

第一节　构建基于能力要素的馆员分类考核与评价体系

构建大学图书馆科学有效的激励机制,就是要建立"以人为中心"的管理体系,就是要运用人性化的管理方法,重视和尊重馆员的诉求,寻找到符合馆员需求的激励因素,激发馆员的潜能,使馆员有充分施展才华的热情,积极为实现图书馆的工作目标而处于持久的主动高效的工作状态。良好的激励机制既是对馆员的人文关怀和能力培养,也是构建馆员的共同理想与集体观念的有效路径。当然,良好的激励机制既是对积极而正面行为与工作状态的充分肯定,也是对消极的、不符合图书馆期望的行为与工作状态的严格约束。公平合理的年度考核评价体系就是重要的激励机制之一。

一、馆员年度绩效考核的基本原则

良好的绩效评价一定要有基本的评价原则。大学图书馆员的绩效考核评价首先应坚持德才兼备的原则。2014 年第 30 个教师节前夕,习近平总书记考察北京师范大学时发表重要讲话,勉励广大教师做有理想信念、有道德情操、有扎实学识、有仁爱之心的"四有"好老师。大学图书馆员作为高等教育的工作者,理应要要按照"四有"好老师的标准,坚持德才兼备的考核评价原则。其次,还要坚持公平合理原则、公开公正原则、机会均等原则、目标导向原则、责酬一致原则、统筹兼顾原则等。这就需要制定目标和方法明确的考核办法,公开透明的评价指标,按照重目标、重实绩、重贡献的导向,让全体馆员都拥有均等的机会,方可更好地激励先进鞭策后进。

在上述原则基础上,需要制定绩效考核"优秀"人员的评定标准。笔者在此摘选了合肥工业大学图书馆员的年度绩效考核"优秀"标准如下:①政治立场坚定,拥护党的路线方针政策,热爱社会主义教育事业;②认真履行岗位职责,圆满完成各项工作任务;③遵纪守法,遵守学校和图书馆的各项规章制度,服从学校、图书馆和部室的管理和工作安排;④团结同事,热心服务读者;⑤以学校、图书馆和集体利益为第一,积极响应学校号召履行扶贫等责任和义务,不计较个人得失。

二、大学图书馆员年度绩效考核的分类指标体系

长期以来,国内高校图书馆员的组成比较复杂,从博士学位专业馆员到大专及以下学历的普通馆员、高级专业技术职务馆员与工勤技术馆员并存,并且图书馆各部门工作职责和业务要求也不尽相同。因此,不能用同一个标准来衡量馆员的工作绩效,需要对不同层次的馆员开展分类绩效考核。笔者认为,大学图书馆大致可以按照高级专业技术职务馆员、中初级专业技术职务馆员,工勤岗位的馆员、管理岗位馆员的分类,将同一层次的馆员放在一起考核。除了考核共性的思想政治、师德师风、团结协作、奉献精神等指标外,应按照不同类别馆员的工作属性,设置不同的评价指标、素质与能力要素和评价权重。如高级专业技术职务的馆员重点要考核其业务水平、工作质量、创新亮点等;而对于工勤岗位馆员则重点考核其出勤情况、工作态度、团结协作等;管理岗位馆员重在考核其模范带头作用、组织协调能力、解决问题能力、人员管理情况等。

1. 不同类别馆员的能力要素与评价分值

按照馆员分类开展绩效考核的原则,笔者深入分析并试图构建以百分制为基础的综

合绩效考核评价指标体系,具体包括评价指标、素质与能力要素、评价分值。具体见表8-1。

表8-1 各类别馆员年度绩效考核评价指标及分值一览表

评价指标	素质与能力评价要素	评价分值			
		高级专业技术职务馆员(含入职2年以上博士)	中初级专业技术职务馆员	工勤岗位馆员	管理岗位馆员
德	思想政治	8	8	7	先按照所在类别参加专业绩效考核
	尊敬守法	8	8	10	
	师德师风	8	8	7	
	道德品质	6	6	6	
能	职业素养	5	6	/	
	工作态度	5	8	12	
	业务水平	10	8	8	
	工作质量	8	8	12	
	团结协作	4	4	6	
	创新亮点	8	6	/	
勤	出勤情况	8	8	18	
	奉献精神	7	7	7	
绩	尽职尽责	10	10	10	
	取得荣誉	5	5	5	
日常工作	模范带头与奉献精神	/	/	/	10
	执行能力	/	/	/	10
	解决问题能力	/	/	/	10
	工作完成情况	/	/	/	10
创新工作	创新思路与举措	/	/	/	10
	创新案例与实效	/	/	/	10
管理工作	组织协调能力	/	/	/	10
	人员管理	/	/	/	10
	事务管理	/	/	/	10
廉洁自律	清正廉洁	/	/	/	10

2. 高级专业技术职务及入职 2 年以上博士馆员绩效考核评价指标(表 8-2)

表 8-2　高级专业技术馆员年度绩效考核评价指标(含入职 2 年以上博士人员)

评价指标	指标内涵	评价要素	分值	评分细则
德(30 分,良好的政治素质和道德品质)	思想政治	坚持学习和贯彻党的路线方针政策。在政治上、思想上、行动上与党中央保持一致,无反党反社会主义及损害党和国家的言行	8 分	本年度有反党反社会主义及损害党和国家的言行,并造成负面影响的,该项不得分。在学校、图书馆组织的政治学习中,每缺席一次扣 1 分。其他人员可按照优 7~8 分、良 5~6 分、一般 3~4 分、差 1~3 分给予打分
	遵纪守法	遵守国家的法律法规和教育政策法规,以及学校和图书馆各项规章制度,服从管理	8 分	本年度有违反学校或图书馆规章制度的,每次扣 2 分;有违反法律法规和相关制度并造成较大负面影响,或有违章违纪或严重违纪的,该项不得分。其他人员可按照优 7~8 分、良 5~6 分、一般 3~4 分、差 1~3 分给予打分
	师德师风	具有良好的职业道德,自觉培育和践行社会主义核心价值观,言行举止符合高校教职工身份,语言文明、举止文雅,服务育人,自觉维护学校和图书馆的集体荣誉	8 分	本年度有失师德师风行为,并造成较大负面影响的,该项不得分;有获得社会广泛赞誉的见义勇为、好人好事行为或获得师德师风方面荣誉称号(以荣誉证书为准)的,该项得满分。其他人员可按照优 7~8 分、良 5~6 分、一般 3~4 分、差 1~3 分给予打分
	道德品质	具有良好的道德品行,自觉践行社会公德、家庭美德,诚实守信、为人正派、言行一致	6 分	个人道德品行差,本年度有严重负面道德问题的,该项不得分。有获得社会广泛赞誉的见义勇为、好人好事行为或获得道德品质方面荣誉称号(以荣誉证书为准)的,该项得满分。其他人员可按照优 5~6 分、良 3~4 分、一般 2 分、差 0~1 分给予打分

续表 8-2

评价指标	指标内涵	评价要素	分值	评分细则
能(40分,良好的职业精神和工作表现)	职业素养	具有正面积极的职业心态和正确的职业价值观,爱岗敬业、忠诚担当、积极向上、热情饱满;具有坚定的职业信念和良好的职业行为习惯	5分	本年度有不服从岗位分配,或经常发表与积极向上和爱岗敬业等职业价值观相违背的负面言论并造成较坏影响的,该项不得分。其他人员可按照优4~5分、良3分、一般2分、差0~1分给予打分
	工作态度	自觉遵守图书馆优质服务承诺,工作认真负责、任劳任怨,积极主动、热情耐心、细致周到、文明礼貌、恭敬谦让,耐心解答读者咨询	5分	本年度有不服从岗位分配,或工作中经常消极怠工,或对自己的岗位工作及分配的临时性工作推诿扯皮,或出工不出力等情况的,该项不得分。其他人员可按照优4~5分、良3分、一般2分,差0~1分给予打分
	业务水平	持续追求职业进步,不断更新和拓展专业知识,提高专业技术水平;能独立从事业务或专业研究,业务水平高、工作能力强,能独立承担2项以上业务工作,并能指导其他人员开展工作	10分	本年度内独立(或第一作者)出版与图书情报专业相关的论著一部,或发表被SCI\EI\SSCI\CSSCI收录的学术论文一篇,或主持起草基于我馆业务或学科服务相关的,并得到图书馆领导或学校相关部门认可的高水平业务报告一份该项得6分;独立(或第一作者)发表其他论文每篇加2分;主要参与(排名前三)出版与图书情报专业相关的论著或撰写高水平报告的,每部(份)加2分;满分为止,在学校、图书馆组织的业务学习中,每缺席一次扣1分,扣完为止。其他人员可按照优5~6分、良3~4分、一般2分,差0~1分给予打分
	工作质量	工作认真负责、勤工敬业、精益求精,工作完成好、质量高	8分	本年度工作中出现重大失误或被读者投诉并经查实,造成较大负面影响的,1次扣5分,2次以上不得分;工作中不思进取、消极应付,工作质量不高的,扣5分;能在图书馆成立的各类临时性工作组中发挥模范到头作用并高质量完成工作任务,或在工作中有突出业绩得到广泛认可的,本项得满分。其他人员可按照优7~8分、良5~6分、一般3~4分,差1~3分给予打分
	团结协作	开展业务活动中,能互相支持、团结协作、互相配合、顾全大局,能明确工作任务和共同目标,主动协同做好各项业务工作	4分	在工作中斤斤计较,相互推诿,严重缺少团队协作精神的,本项不得分。其他人员可按照优4分、良3分、一般2分,差0~1分给予打分
	创新亮点	能不断创新工作思路与举措,拓展业务范围,工作有亮点	8分	本年度有主持的创新工作案例的每项加4分,若创新工作案例在全校范围内获得广泛好评并形成图书馆品牌性效应的,该项得满分。有主要协助(排名前三)的创新工作案例的每项加2分。无案例的,可根据工作中的创新思维和开拓精神给予1~4分

评价指标	指标内涵	评价要素	分值	评分细则
勤(10分,良好的奉献精神和出勤率)	出勤情况	自觉遵守劳动纪律,无迟到、早退、旷工,按时上下班,中途不患岗、不离岗,有效利用工作时间,出勤率100%,能按学校和图书馆规定的程序履行请假、调班、调休等手续	8分	本年度有旷工的,本项不得分。本年度在考勤中无病事假,并无违规调休调班和无迟到早退现象的,本项得满分。其他人员可按照优6~7分、良4~5分、一般3分,差1~2分给予打分
	奉献精神	有良好的奉献精神,不计较个人得失,能积极主动完成图书馆或学校交办紧急任务、临时性工作及其他重要工作,主动承担岗位职责或工作时间之外的工作	7分	本年度能积极参与并完成岗位职责之外或非工作时间内的其他应急或临时性工作的,并能积极参加及完成图书馆组织的义务劳动的,或积极参与并完成学校或图书馆重大项目建设的,并在上述工作中不计报酬、任劳任怨的,该项得满分。其他人员可按照优6~7分、良4~5分、一般3分,差1~2分给予打分
绩(15分,良好的工作业绩和荣誉)	履职尽责	高质量完成本年度岗位职责中规定的各项工作任务;完成图书馆或部室临时交办的其他工作	10分	本年度因玩忽职守、消极怠工、不作为等原因造成重大岗位责任事件的,该项不得分。其他人员可依据本年度其在自己的岗位中发挥的作用,以及是否履行岗位职责和完成工作任务的情况。按照优8~10分、良6~7分、一般4~5分,差1~3分给予打分
	取得荣誉	能得到同事或领导的广泛认可,取得一定的荣誉	5分	本年度有获得省部级或国家级图书情报类荣誉(已获得的荣誉证书为依据,下同)1项,该项得满分。获得校图书馆、学校、省级图书情报类学会或以上等级荣誉1项的,得3分,2项的得满分。没有的不得分

3. 中初级专业技术职务馆员绩效考核评价指标(表8-3)

表8-3 中初级专业技术馆员年度绩效考核评价指标

评价指标	指标内涵	评价要素	分值	评分细则
德(30分,良好的政治素质和道德品质)	思想政治	坚持学习和贯彻党的路线方针政策。在政治上、思想上、行动上与党中央保持一致,无反党反社会主义及损害党和国家的言行	8分	本年度有反党反社会主义及损害党和国家的言行,并造成负面影响的,该项不得分。在学校、图书馆组织的政治学习中,每缺席一次扣1分。其他人员可按照优7~8分、良5~6分、一般3~4分,差1~3分给予打分
	遵纪守法	遵守国家的法律法规和教育政策法规,以及学校和图书馆各项规章制度,服从管理	8分	本年度有违反学校或图书馆规章制度的,每次扣2分;有违反法律法规和相关制度并造成较大负面影响,或有违章违纪或严重违纪的,该项不得分。其他人员可按照优7~8分、良5~6分、一般3~4分,差1~3分给予打分
	师德师风	具有良好的职业道德,自觉培育和践行社会主义核心价值观,言行举止符合高校教职工身份,语言文明、举止文雅,服务育人,自觉维护学校和图书馆的集体荣誉	8分	本年度有失师德师风行为,并造成较大负面影响的,该项不得分;有获得社会广泛赞誉的见义勇为、好人好事行为或获得师德师风方面荣誉称号(以荣誉证书为准)的,该项得满分。其他人员可按照优7~8分、良5~6分、一般3~4分,差1~3分给予打分
	道德品质	具有良好的道德品行,自觉践行社会公德、家庭美德,诚实守信、为人正派、言行一致	6分	个人道德品行差,本年度有严重负面道德问题的,该项不得分。有获得社会广泛赞誉的见义勇为、好人好事行为或获得道德品质方面荣誉称号(以荣誉证书为准)的,该项得满分。其他人员可按照优5~6分、良3~4分、一般2分,差0~1分给予打分

续表8-3

评价指标	指标内涵	评价要素	分值	评分细则
能(40分,良好的职业精神和工作表现)	职业素养	具有正面积极的职业心态和正确的职业价值观,爱岗敬业、忠诚担当、积极向上、热情饱满;具有坚定的职业信念和良好的职业行为习惯	6分	本年度有不服从岗位分配,或经常发表与积极向上和爱岗敬业等职业价值观相违背的负面言论并造成较坏影响的,该项不得分。其他人员可按照优5~6分、良3~4分、一般2分、差0~1分给予打分
	工作态度	自觉遵守图书馆优质服务承诺,工作认真负责、任劳任怨,积极主动、热情耐心、细致周到、文明礼貌、恭敬谦让,耐心解答读者咨询	8分	本年度有不服从岗位分配,或工作中经常消极怠工,或对自己的岗位工作及分配的临时性工作推诿扯皮,或出工不出力等情况的,该项不得分。其他人员可按照优7~8分、良5~6分、一般3~4分,差1~3分给予打分
	业务能力	持续追求职业进步,不断更新和拓展专业知识,提高专业技术水平;能积极从事业务或专业研究,工作能力较强,能独立承担1项以上业务工作	8分	本年度内独立或主要参与(排名前三)出版与图书情报专业相关的论著一部,或独立或主要参与(排名前二)发表学术论文一篇,或主持主要参与(排名前三)起草基于我馆业务或学科服务相关的,并得到图书馆领导或学校相关部门认可的业务报告一份,该项得满分。在学校、图书馆组织的业务学习中,每缺席一次扣1分。其他人员可按照优6~7分、良4~5分、一般3分、差0~2分给予打分
	工作质量	工作认真负责、勤工敬业、精益求精,工作完成好、质量高	8分	本年度工作中出现重大失误或被读者投诉并经查实,造成较大负面影响的,1次扣5分,2次以上不得分;工作中不思进取、消极应付,工作质量不高的,扣5分;能在图书馆成立的各类临时性工作组中发挥模范到头作用并高质量完成工作任务,或在工作中有突出业绩得到广泛认可的,本项得满分。其他人员可按照优7~8分、良5~6分、一般3~4分,差1~3分给予打分
	团结协作	开展业务活动中,能互相支持、团结协作、互相配合、顾全大局,能明确工作任务和共同目标,主动协同做好各项业务工作	4分	在工作中斤斤计较,相互推诿,严重缺少团队协作精神的,本项不得分。其他人员可按照优4分、良3分、一般2分、差0~1分给予打分
	创新亮点	能不断创新工作思路与举措,拓展业务范围,工作有亮点	6分	本年度有主持的创新工作案例的每项加3分,若创新工作案例在全校范围内获得广泛好评并形成图书馆品牌性效应的,该项得满分。有主要协助(排名前三)的创新工作案例的每项加2分。无案例的,可根据工作中的创新思维和开拓精神给予1~3分

续表8-3

评价指标	指标内涵	评价要素	分值	评分细则
勤(15分,良好的奉献精神和出勤率)	出勤情况	自觉遵守劳动纪律,无迟到、早退、旷工,按时上下班,中途不患岗、不离岗,有效利用工作时间,出勤率100%,能按学校和图书馆规定的程序履行请假、调班、调休等手续	8分	本年度有旷工的,本项不得分。本年度在考勤中无病事假、并无违规调休调班和无迟到早退现象的,本项得满分。其他人员可按照优6~7分、良4~5分、一般3分,差1~2分给予打分
	奉献精神	有良好的奉献精神,不计较个人得失,能积极主动完成图书馆或学校交办紧急任务、临时性工作及其他重要工作,主动承担岗位职责或工作时间之外的工作	7分	本年度能积极参与并完成岗位职责之外或非工作时间内的其他应急或临时性工作的,并能积极参加及完成图书馆组织的义务劳动的,或积极参与并完成学校或图书馆重大项目建设的,并在上述工作中不计报酬、任劳任怨的,该项得满分。其他人员可按照优6~7分、良4~5分、一般3分,差1~2分给予打分
绩(15分,良好的工作业绩和荣誉)	履职尽责	高质量完成本年度岗位职责中规定的各项工作任务;完成图书馆或部室临时交办的其他工作	10分	本年度因玩忽职守、消极怠工、不作为等原因造成重大岗位责任事件的,该项不得分。其他人员可依据本年度其在自己的岗位中发挥的作用,以及是否履行岗位职责和完成工作任务的情况。按照优8~10分、良6~7分、一般4~5分,差1~3分给予打分
	取得荣誉	能得到同事或领导的广泛认可,取得一定的荣誉	5分	本年度有获得省部级或国家级图书情报类荣誉(已获得的荣誉证书为依据,下同)1项,该项得满分。获得校图书馆、学校、省级图书情报类学会或以上等级荣誉1项的,得3分,2项的得满分。没有的不得分

4.工勤岗位馆员绩效考核评价指标(表8-4)

表8-4　工勤岗位馆员年度绩效考核评价指标

评价 指标	指标 内涵	评价要素	分值	评分细则
德(30 分,良 好的政 治素质 和道德 品质)	思想 政治	坚持学习和贯彻党的路 线方针政策。在政治 上、思想上、行动上与党 中央保持一致,无反党 反社会主义及损害党和 国家的言行	7分	本年度有反党反社会主义及损害党和国家的言 行,并造成负面影响的,该项不得分。在学校、图 书馆组织的政治学习中,每缺席一次扣1分。其 他人员可按照优6~7分、良5分、一般3~4分, 差1~3分给予打分
	遵纪 守法	遵守国家的法律法规和 教育政策法规,以及学 校和图书馆各项规章制 度,服从管理	10分	本年度有违反学校或图书馆规章制度的,每次扣 2分;有违反法律法规和相关制度并造成较大负 面影响,或有违章违纪或严重违纪的,该项不得 分。其他人员可按照优8~10分、良5~7分、一 般3~4分,差1~3分给予打分
	师德 师风	具有良好的职业道德, 自觉培育和践行社会主 义核心价值观,言行举 止符合高校教职工身 份,语言文明、举止文 雅,服务育人,自觉维护 学校和图书馆的集体 荣誉	7分	本年度有失师德师风行为,并造成较大负面影响 的,该项不得分;有获得社会广泛赞誉的见义勇 为、好人好事行为或获得师德师风方面荣誉称号 (以荣誉证书为准)的,该项得满分。其他人员可 按照优6~7分、良5分、一般3~4分,差1~3分 给予打分
	道德 品质	具有良好的道德品行, 自觉践行社会公德、家 庭美德,诚实守信、为人 正派、言行一致	6分	个人道德品行差,本年度有严重负面道德问题 的,该项不得分。有获得社会广泛赞誉的见义勇 为、好人好事行为或获得道德品质方面荣誉称号 (以荣誉证书为准)的,该项得满分。其他人员可 按照优5~6分、良3~4分、一般2分,差0~1分 给予打分

续表 8-4

评价指标	指标内涵	评价要素	分值	评分细则
能(30分,良好的职业精神和工作表现)	工作态度	自觉遵守图书馆优质服务承诺,工作认真负责、任劳任怨,积极主动、热情耐心、细致周到、文明礼貌、恭敬谦让,耐心解答读者咨询	12分	本年度有不服从岗位分配,或工作中经常消极怠工,或对自己的岗位工作及分配的临时性工作推诿扯皮,或出工不出力等情况的,或经常发表与积极向上和爱岗敬业等职业价值观相违背的负面言论并造成较坏影响的,该项不得分。其他人员可按照优 10~12 分、良 7~9 分、一般 5~8 分、差 1~4 分给予打分
	工作质量	工作认真负责、勤工敬业、精益求精,工作完成好、质量高	12分	本年度工作中出现重大失误或被读者投诉并经查实,造成较大负面影响的,1 次扣 5 分,2 次以上不得分;工作中不思进取、消极应付,工作质量不高的,扣 5 分;在学校、图书馆组织的业务学习中,每缺席一次扣 1 分;能在图书馆成立的各类临时性工作组中发挥模范到头作用并高质量完成工作任务,或在工作中有突出业绩得到广泛认可的,本项得满分。其他人员可按照优 7~8 分、良 5~6 分、一般 3~4 分,差 1~3 分给予打分
	团结协作	开展业务活动中,能互相支持、团结协作、互相配合、顾全大局,能明确工作任务和共同目标,主动协同做好各项业务工作	6分	在工作中斤斤计较,相互推诿,严重缺少团队协作精神的,本项不得分。其他人员可按照优 4~5 分、良 3 分、一般 2 分、差 0~1 分给予打分
勤(25分,良好的奉献精神和出勤率)	出勤情况	自觉遵守劳动纪律,无迟到、早退、旷工,按时上下班,中途不患岗、不离岗,有效利用工作时间,出勤率 100%,能按学校和图书馆规定的程序履行请假、调班、调休等手续	18分	本年度有旷工 0.5 天的扣 10 分,旷工 1 天以上的,本项不得分。本年度在考勤中无病事假、也无违规调休调班,迟到早退不多于 5 次的(以指纹考勤记录为准),本项得满分。其他人员可依据平常工作出勤情况按照优 14~16 分、良 10~13 分、一般 6~9 分、差 1~5 分给予打分

续表8-4

评价指标	指标内涵	评价要素	分值	评分细则
勤(25分,良好的奉献精神和出勤率)	奉献精神	有良好的奉献精神,不计较个人得失,能积极主动完成图书馆或学校交办紧急任务、临时性工作及其他重要工作,主动承担岗位职责或工作时间之外的工作	7分	本年度能积极参与并完成岗位职责之外或非工作时间内的其他应急或临时性工作的,并能积极参加及完成图书馆组织的义务劳动的,并在上述工作中不计报酬、任劳任怨的,该项得满分。其他人员可按照优6~7分、良4~5分、一般3分、差1~2分给予打分
绩(15分,良好的工作业绩和荣誉)	履职尽责	高质量完成本年度岗位职责中规定的各项工作任务;完成图书馆或部室临时交办的其他工作	10分	本年度因玩忽职守、消极怠工、不作为等原因造成重大岗位责任事件的,该项不得分。其他人员可依据本年度其在自己的岗位中发挥的作用,以及是否履行岗位职责和完成工作任务的情况。按照优8~10分、良6~7分、一般4~5分、差1~3分给予打分
	取得荣誉	能得到同事或领导的广泛认可,取得一定的荣誉	5分	本年度有获得我馆、我校、省级图书情报类学会或以上等级荣誉(以荣誉证书为准)1项的,得满分。没有的不得分

5.管理岗位馆员绩效考核评价指标(表8-5)

表8-5　管理岗位馆员绩效考核评价指标

评价指标	指标内涵	评价要素	分值	评分细则
日常工作(40分)	模范带头与奉献精神	一切以大局和工作为重,身先士卒、任劳任怨,不计较个人得失,在政治上、思想上、学习上、工作上均能起到模范带头作用,积极培育与践行乐观向上、积极作为的职业正能量,主动为职工、单位和集体排忧解难	10分	依据其是否发挥模范带头作用、是否具有奉献精神等,按照优8~10分、良6~7分、一般4~5分、差1~3分给予打分

续表 8-5

评价指标	指标内涵	评价要素	分值	评分细则
日常工作（40分）	执行能力	能自觉和高效执行学校、图书馆和领导的决策、部署和工作安排，工作完成及时、效果良好	10分	若对图书馆的决策部署或下达的临时性、紧急性工作不予执行，经批评或警示后仍不执行的，该项不得分。其他人员依据其是否积极执行有关决策部署，以及其执行能力表现，按照优8~10分、良6~7分、一般4~5分，差1~3分给予打分
	解决问题能力	能积极主动并妥善处理工作中各种困难和问题，有分析和判断问题的能力，具有解决问题的意识、技能、技巧	10分	依据其解决问题的意识和能力，按照优8~10分、良6~7分、一般4~5分，差1~3分给予打分
	工作完成情况	能团结带领大家高质量完成日常工作任务，无条件完成各类临时性工作	10分	依据其管理的对象或部门本年度工作完成情况，按照优8~10分、良6~7分、一般4~5分，差1~3分给予打分
创新工作（20分）	创新思路与举措	能积极思考图书馆或部室工作，不断创新工作的思路与举措，能主动克服工作中的困难，工作有规划、有举措、开拓精神强	10分	依据其是否积极思考和创新工作思路，是否提出一些行之有效的创新工作举措，按照优8~10分、良6~7分、一般4~5分，差1~3分给予打分
	创新案例与实效	能创造性地开展工作，不断拓展工作内容、提高工作质量，有创新工作的举措和案例	10分	本年度管理的部门有主持的创新工作案例的每项加2分，若创新工作案例在全校范围内获得广泛好评并形成图书馆品牌性效应的，该项可得满分。无案例的，可根据工作中的创新思维和工作实绩，按照优7分、良5~6分、一般3~4分，差0~2分给予打分

续表 8-5

评价指标	指标内涵	评价要素	分值	评分细则
管理工作（30分）	组织协调能力	能根据工作任务,对资源进行分配、监管、激励和协调,以达实现工作目标的能力	10分	依据其组织、协调、监管、激励等方面的具体能力,按照优 8~10 分、良 6~7 分、一般 4~5 分、差 1~3 分给予打分
	人员管理	能严格按照规章制度和岗位职责,对人员进行有效管理,能坚持以人为本、公平公正、开放创新的原则,既严格要求,又关心爱护	10分	若在人员管理中出现严重地违反学校和图书馆相关管理制度,经批评或警示仍不改正的,该项不得分。其他人员依据其是否能公正公平、大胆有效地开展人员管理等情况,按照优 8~10 分、良 6~7 分、一般 4~5 分、差 1~3 分给予打分
	事务管理	能严格按照规章制度、工作规范对业务、服务等工作事务进行有效管理,有广泛的工作调研、规范的工作程序、高效的工作流程、精准的工作评价和反馈等管理机制	10分	若在工作或事务管理中出现严重地违反学校和图书馆相关管理制度,经批评或警示仍不改正的,该项不得分。其他人员依据其开展工作调研、规范工作程序等情况,按照优 8~10 分、良 6~7 分、一般 4~5 分、差 1~3 分给予打分
廉洁自律（10分）	清正廉洁	勤工敬业、清正廉洁,各项工作程序规范	10分	本年度出现较坏负面影响的不廉洁问题,该项不得分。其他未出现廉洁问题的人员,本项可依据其清正廉洁的意识和表现,打 7~10 分

三、馆员绩效考核评价方法与模型

图书馆在年度绩效考核的实施过程中,首先应成立"考核工作组",由馆领导班子成员组成;成立"考核工作评议组",由馆领导与部室主任组成。

馆员绩效考核评价方法与模型建构,要充分发挥职工相互评价、评议组考评等多维度作用。所谓职工互评包括本部室馆员之间的相互评价打分和全馆馆员之间的相互评价打分;所谓评议组考评,就是召开评议组会议,在充分听取各部室主任对本部门工作及本部门馆员工作情况介绍后,进行综合考评打分。

1. 一般岗位馆员的绩效评价分数计算模型

如果本部室馆员互评平均分用 A_n 表示,则 $A_n = (a_1 + a_2 + \cdots + a_n)/n$;其他部室职工互评平均分用 B_n 表示,则 $B_n = (b_1 + b_2 + \cdots + b_n)/n$;评分组考评的平均分用 C_n 表示,则 $C_n = (c_1 + c_2 + \cdots + c_n)/n$。那么,一般岗位(含高级专业技术、中初级专业技术与工勤岗位)馆员的最终评价分数(用 E_1 表示)计算公式为:$E_1 = A_n \times 30\% + B_n \times 20\% + C_n \times 50\%$。

2. 管理位馆员的绩效评价分数计算模型

在管理岗位上的部室主任首先以专业技术人员的评价指标接受本部室馆员、其他部室馆员和评议组考评打分,得到评价分数 E_1;再按照管理岗位的评价指标接受本部室馆员、其他部室馆员和评议组考评打分,按照同样的计算公式得到评价分数 E_2。管理岗位馆员的最终评价分数(用 E_3 表示)计算公式为:$E_3 = (E_1 + E_2)/2$

3. 评价分数的应用与绩效考核结果的确定

按照评价的最终得分,对馆员进行年度绩效考核"优秀""绩效一级""绩效三级"人员的评定。

第一,确定考核"优秀"人员。按照学校给定的"优秀"人员指标数量,如笔者所在的合肥工业大学给定的图书馆员年度考核优秀指标为总人数的15%。那么,各类人员得分前10%的,在满足年度绩效考核标准的前提下,直接确定为"优秀";得分前11%～20%的,由年度考核工作组投票决定其余优秀人员。

第二,确定"绩效一级"人员。笔者所在的合肥工业大学给定的图书馆每年可自主审定绩效工资为一级的馆员为总数的35%。那么,各类人员得分在11%和20%的(获得优秀的人员除外),在满足年度绩效考核标准的前提下,绩效工资直接评定为一级;得分前21%～60%的由馆年度考核工作组投票决定其余绩效工资评定为一级的人员。

第三,确定"绩效三级"人员。得分低于60分(该分数根据总体得分情况由馆考核工作组决定)的馆员,其绩效工资评定为三级。

图书馆可充分利用绩效工资的等级评定机制,给予评定为"优秀""绩效一级"的馆员给予精神嘉奖与一定的奖励绩效,对评定为"绩效三级"的馆员给予一定的绩效扣发,以此激励先进鞭策后进。同时,绩效考核的结果将作为馆员职称评审、职务晋级、各类"优秀""先进"等荣誉评选等的重要依据,努力构建全体馆员为图书馆事业发展与读者服务工作创新提升的激励机制。

第二节 构建多维度的激励机制

众所周知,马斯洛需要层次理论(hierarchical theory of needs)在现代管理学、心理学、行为理论等方面有着重要影响力。马斯洛认为,人的需要由生理的需要、安全的需要、归属与爱的需要、尊重的需要、自我实现的需要五个等级构成。据此,企事业单位在构建本单位的激励机制中,都不同程度基于这一理论,以满足人的多维度多层次需求为出发点和落脚点。

多年来,大学图书馆致力于从增加工资、改善劳动条件、给予更多的业余时间和工间休息、提高福利待遇等方面满足馆员的基本生理需要;从职业保障、环境安全、医疗保障、失业保险、退休福利等方面满足馆员的安全需要;从组织开展体育比赛、集体活动、联谊会、学术沙龙等,支持与帮助馆员建立和谐人际关系,满足馆员的归属感与爱的需要;从公开表扬、荣誉评选、优秀馆员光荣榜、挖掘和传播馆员先进典型事迹等方面满足被尊重的需要;从专业培训、继续教育、委派学习、学术奖励、职称与职务晋升等满足馆员自我实现的需要。

当前,高校图书馆面对转型发展的重要战略机遇期,人才是第一资源,如何发挥馆员的主观能动性,构建团结协作和谐发展的干事创业环境,事关馆员的成长进步和图书馆的事业发展。本节将从薪酬、奖励、培训、晋升等方面探讨如何构建良好的馆员激励机制。

一、完善绩效工资分配制度,强化目标与业绩导向

目前,大学图书馆的工资主要分为两块,基本工资和绩效工资。基本工资通常是固定的工资,只要符合出勤管理规定,都会按月如数发放。相对灵活的是绩效工资,这需要大学内部二级单位对工作业绩进行综合评价后,可以进行动态调整。大学图书馆应推进目标管理责任制,合理利用校内绩效工资二次分配的杠杆,完善分配机制,充分调动图书馆职工的积极性。通过绩效工资的分级发放和奖励政策,强化绩效工资的目标与业绩导向。

图书馆要制定合理的奖励政策,对本年度能严格遵守图书馆规章制度,圆满完成岗位职责和工作任务的馆员,主要奖励以下人员:①奖励年度绩效考核被评为"优秀",绩效分级被评为绩效一级的人员。②对出满勤,且无迟到、早退、调班现象的人员;出满勤,且

迟到、早退、调班累计等于或少于 5 次的人员;各类请假少于 2 天,且迟到、早退、调班累计等于或少于 10 次的人员;按照出勤情况的 3 个层次给予不同程度的奖励。③能积极参与并圆满完成学校或图书馆重大项目建设的;开展得到图书馆领导班子或学校相关部门认可的高水平创新工作项目的;撰写基于我馆业务或学科服务相关,对我馆业务或学校事业发展有实际指导意义的业务或服务报告的;对项目的负责人、参与人员依据贡献大小给予适当奖励。④有经校级或厅级以上政府部门认可并公开报道的影响力较大的好人好事的;在党建或业务工作中业绩突出,获得学校或厅级及以上荣誉的;积极参加图书馆界举行的各类征文或竞赛,并获得省级(含)以上行业协会第三层次(含)以上的;组织学生参加图书馆界各类征文或竞赛,参赛学生获得第二层次(含)以上奖项的;对获奖馆员或指导老师给予适当奖励。⑤在阶段性或专项工作中表现突出,获得公开表扬的;积极参与图书馆各类业务活动、公益活动、校运动会等,圆满完成任务取得良好成绩的,对参与的馆员给予适当奖励。⑥其他经馆考核工作组认定,认为需要给予奖励的事项,对相关馆员给予适当奖励。

通过制定奖励政策,可以起到良好的导向作用,强化岗位责任、业绩考核、按时出勤、创新工作、重点项目、集体荣誉等方面的激励制度,从而得到弘扬正能量,鼓励馆员多做贡献。

二、制定科研资助与奖励政策,鼓励馆员开展业务与学术研究

当前,随着大学图书馆转型发展和服务功能的进一步拓展,鼓励馆员开展服务的研究与研究的服务对推动图书馆发展具有非常重要的作用。馆员的业务与学术研究已成为馆员能力建设和图书馆内涵式发展的重要内容。因此,为推动图书馆科研事业的发展,提高图书馆的科研与学术研究水平,激励和调动图书馆馆员参与图书馆业务或图书情报学科科研和学术活动的积极性与创造性,构建相关激励政策有着重要的意义。

图书馆的科研资助可以分为科研项目资助和出版学术著作资助等;科研奖励主要分为科研项目奖、科研成果奖、学术论文奖、学术著作奖、专利和软件发明奖等。所有资助和奖励的项目均须与图书馆业务或图书情报学科相关。应该重点资助与奖励以下项目和人员:①凡列入国家级、省部级、厅局级政府部门、省级以上图书情报行业学会(委员会)的科研项目,以本校为第一承担单位,且本馆在职馆员为项目负责人,获得立项的,应给予一定的科研项目资助。②以本校为第一作者单位,且本馆在职馆员独著、主编或第一作者公开出版的著作(含译著、教材),应给予一定的出版资助。③以本校为第一署名单位,且本馆在职馆员为项目负责人,获得政府部门颁发的国家级、省部级科研成果奖

的,按不同级别给予一定奖励。同一成果在同一奖励周期内多渠道重复获奖者,以最高级别奖励。④以本校为第一作者单位,以独撰或第一作者公开发表的学术论文,按 SCI、SSCI、CSSI 等不同类别的论文给予一定的奖励。同一篇论文按最高层次只奖励 1 次。⑤以本校为第一作者单位,且本馆在职馆员获得的专利或软件发明,给予适当奖励,等等。

三、建立馆员培训机制,强化能力培养

当前,大学图书馆员面临着较为严峻的技术压力与能力不足问题,这就需要图书馆建立健全馆员的能力培养机制,以便馆员能缓解新技术新服务带来的压力,为馆员成长和进步提供能力基础,满足馆员的自我实现需要。

第一,为调动馆员参加业务学习、学术交流、科研活动的积极性,规范业务和学术活动管理,提高业务和学术活动的层次和水平,促进图书馆事业的发展,大学图书馆应建立馆员参加业务培训与学术研讨会的管理制度,形成支持馆员学习培训的常态化机制。

第二,大学图书馆应该根据自己的馆员状况和发展目标,构建馆员队伍培训规划与课程体系,形成体制化机制化的馆员培训制度。图书馆可根据需要设立馆内科研项目或业务创新项目,制定项目的申报、立项、资助和奖励等管理制度,助力馆员的业务学习与学术研究。

第三,大学图书馆要培养形成积极向上的组织文化,以文化人,激励馆员干事创业。图书馆可以通过组织开展乒乓球赛、羽毛球赛、气排球赛等集体性的体育比赛增强组织活力与凝聚力;通过组织开展朗诵大赛、服务案例大赛、业务技能大赛、创作大赛、文明礼仪大赛等形式增强馆员的文明服务意识和业务技能,并对优胜者给予精神与物质奖励,纳入工作业绩,培养他们立足岗位、开拓创新的意识与能力,激励他们为图书馆事业贡献力量;通过开展内涵式发展研讨会、学科馆员业务研讨会、馆员学术沙龙等形式,鼓励馆员参与制定图书馆的发展规划,培养和增强他们重点项目的建设能力、学科服务能力、服务创新能力、学术科研能力等综合素质与能力。形式活泼内容丰富的组织活动,可以有效地培养积极向上的组织文化,创建优秀的图书馆服务文化,以良好的文化激励馆员更好地奉献力量、服务读者。

四、建立奖励与晋升激励机制,构建良性竞争环境

大学图书馆除了年度性的绩效考核外,还有如学校的"三育人"先进个人,各层次的

"优秀共产党员""优秀党务工作者""先进基层党支部"、图书馆行业内的先进个人、优秀指导老师以及各种科研奖励等,图书馆要制定合理的评选标准,按照公开公平、基层推荐、听取汇报、深入调研、相互评议、征求意见等多种方式,严格程序,规范操作,将真正优秀的人员评选出来,激励大家通过自己的努力,就能获得广泛好评与相关奖励,在馆内形成良好的竞争环境。

当前,按照国内通行的事业单位人员管理制度,大学图书馆员的晋升渠道主要是专业技术职务的评聘、分级;管理岗位与管理职务的竞聘等。大学图书要在广泛调研用户、听取馆员意见建议的基础上,将工作业绩与科研成果相结合,制定相关晋升制度与实施方案,明确馆员的努力方向。要通过个人申报、资格审查、述职评议、公开竞争等环节,将能力强、业绩好、水平高的馆员优先得到晋升,构建公平合理、优胜劣汰的良性合作与竞争环境,激励馆员通过努力奋斗,以良好的业绩与能力实现个人的发展,更好地服务图书馆事业发展。

附录 1
专访安徽农业大学图书馆馆长吴文革[①]

尊敬的吴馆长：

您好！

感谢您百忙之中接受我的采访！我最近在写一部《大学图书馆员的能力建设研究》的专著，专家访谈是本著作研究的重要方法之一。今天，我想就"大学图书馆员的能力建设"有关问题对您进行访谈和讨教，希望您的前瞻性见解和指导性意见能为我完成本著作的提供思想之源，也为大学图书馆在未来加强馆员能力建设提供理论指导。

问：我们都知道，当前大学图书馆都面临着人员减少的压力，请您谈一谈这对大学图书馆的未来发展产生了哪些影响？

答：当前高校图书馆都面临着人员减少的压力，我认为那为这对高校图书馆的未来发展至少产生如下影响。

从宏观而言，影响高校的内涵式发展。随着中国高等教育吹响"一流大学""一流学科""一流本科""一流专业""一流课程""一流人才"建设的时代号角。高校图书馆的减员，无疑使高校图书馆的服务无法与学校培养德智体美劳全面发展的社会主义建设者和接班人的时代进程同频共振。

从中观而言，影响高校图书馆事业的内涵式发展。人力资源是第一资源，高校图书馆的减员，意味着高校图书馆中最具核心竞争力、最具活力的一部分资源在减少，高校图书馆事业的外延式发展将受到影响，更谈不上内涵式发展了。

从微观而言，高校图书馆的减员，不仅直接导致高校图书馆人才队伍的断层；同时，无疑影响其服务学校教学、科研、学科建设的质量和水平。

问：您认为什么样的大学图书馆员规模（如馆员与读者人数比例等）比较合适？

答：我认为 1:500 的馆员与读者人数比例比较合适。

---

① 吴文革，男，1965 年生，汉族，安徽太湖人，2013 年起任安徽农业大学图书馆馆长，研究馆员。

问：您认为一名合格的大学图书馆员应具备哪些基本素质和核心能力？当前，大数据、云计算、物联网、人工智能等技术日新月异，面对新技术在大学图书馆的广泛应用，您认为大学图书馆员需要提升哪些能力？

答：这个问题我想从两个层面回答。

第一个层面的回答：我认为一名合格的高校图书馆员应具备以下5大基本素质。

其一，政治素质。政治素质包括理想信念、道德情操、政治觉悟、政策水平、政治责任感等；其二，科学素质。科学素质包括熟悉掌握业务、熟悉掌握本职工作相关的社会科学和自然科学，了解有关的政策法令等。其三，能力素质。能力素质包括治理能力、执行能力、综合分析能力、决策能力、知人善任能力、创新能力、协调能力、应变能力、交际能力、文字和语言及数字表达能力等。其四，信息素质。信息素养是一个人继"听说读写"之后的第五大素养。信息素养对于高校图书馆员至关重要。其五，身体素质。身体素质是指履行职责具备的体质和健康等要素。

第二个层面的回答：高校图书馆员需要提升哪些能力？2014年第30个教师节前夕，习近平总书记考察北京师范大学时发表重要讲话，勉励广大教师做有理想信念、有道德情操、有扎实学识、有仁爱之心的"四有"好老师。此后，"四有"成为"中国好老师"的标准。

2013年6月28日至29日，习近平在全国组织工作会议上指出，好干部要做到信念坚定、为民服务、勤政务实、敢于担当、清正廉洁。此后，信念坚定、为民服务、勤政务实、敢于担当、清正廉洁成为新时代"好干部"的"五条标准"。

党和国家事业越发展，对领导干部的能力要求必然越高，所以党的十九大对领导干部提出了全面增强执政本领的要求。2017年10月18日，总书记在十九大报告中明确提出："既要政治过硬，也要本领高强"。他列出了需要增强的"八项本领"：学习本领、政治领导本领、改革创新本领、科学发展本领、依法执政本领、群众工作本领、狠抓落实本领、驾驭风险本领。

2020年10月10日，习近平总书记以"提高解决实际问题能力"为题，为2020年秋季学期中央党校（国家行政学院）中青年干部培训班全体学员讲授了第一课。为什么要对年轻干部强调提高解决实际问题能力？习近平总书记在讲话中开宗明义：提高解决实际问题能力是应对当前复杂形势、完成艰巨任务的迫切需要，也是年轻干部成长的必然要求。习近平总书记详细列出了干部特别是年轻干部需要提高的"七种能力"：政治能力、调查研究能力、科学决策能力、改革攻坚能力、应急处突能力、群众工作能力、抓落实能力。

那么，新时代高校图书馆"好馆员"需要提升的核心能力是什么呢？

《普通高等学校图书馆规程》(教高〔2015〕14 号)第三条规定:图书馆的主要职能是教育职能和信息服务职能。将教育职能位列高校图书馆核心职能——信息服务职能之前。因此,高校图书馆馆员要履行这两大职能,需要提升以下两大核心能力?

第一,提升政治能力。在"四有好老师"的标准——有理想信念、有道德情操、有扎实学识、有仁爱之心中,有 3 个标准涉及政治能力——有理想信念、有道德情操、有仁爱之心。在"好干部"的"五条标准"——信念坚定、为民服务、勤政务实、敢于担当、清正廉洁中,亦有 4 条标准涉及到政治能力——信念坚定、为民服务、敢于担当、清正廉洁。在"八项本领"中,政治领导本领位列其中。在干部特别是年轻干部需要提高的"七种能力"中,政治能力是摆在第一位的能力。在"七种能力"中,习近平总书记尤其强调提高政治能力。他说,在干部干好工作所需的各种能力中,政治能力是第一位的。

因为,高校图书馆馆员既有"教师"的角色,也具有"干部"的角色;既有教育职能,又有息服务职能。唯有不断提升政治能力,图书馆在高校育人体系中才能更好地为培养德智体美劳全面发展的社会主义建设者和接班人贡献自己的智慧。

第二,提升服务能力。如此,才能充分发挥高校图书馆在学校人才培养、科学研究、社会服务、文化传承创新、国际交流与合作中的作用以实现自己的初心和使命。

问:您认为,如何构建大学图书馆员能力建设的有效路径和长效机制? 当面,大学图书馆的嵌入式学科服务、数据管理与服务、情报与智库服务等新型服务不断涌现,请您谈一谈如何建构大学图书馆的新型服务体系、提升馆员的新型服务能力?

答:第一,高校图书馆要提供适合馆员职业发展、能力提升、价值实现的机制。比如,馆员能力素质提升培训班等等。

第二,馆员自身要培养终身学习的意识和习惯。

问:最后,请您为本课题的研究给出指导性意见和建议。

答:建议研究视角要全面。上文的提问:"当前,大数据、云计算、物联网、人工智能等技术日新月异,面对新技术在大学图书馆的广泛应用,您认为大学图书馆员需要提升哪些能力?"有一点局限性,提升"高校图书馆员哪些能力","大数据、云计算、物联网、人工智能等新技术在大学图书馆的广泛应用"只是一个观察的维度,建议要有国际视野和中国视角,也有新技术的维度,如此,本课题研究才更加全面。

再次非常感谢您在百忙之中接受我的专访,我将认真学习领会您的极富专业的意见和建议,这必将为我完成本课题的研究提供重要指导价值。祝您事业顺达、阖家幸福!

附录 2

文献采访馆员的数据分析能力

——以合肥工业大学图书馆 2016 年图书采购分析报告为例

1.2016 年图书采购数据分析

根据图书馆汇文文献管理系统的统计结果,2016 年校图书馆共采购并典藏图书 37 859 种,129 598 册图书。全年采购的图书中含外文图书 713 种、716 册,中文图书 37 146 种、128 882 册(具体情况见表 1)。中外文图书的采购分别比例为 0.55%, 99.45%,但中外文图书的总价比例分别为 6.83%、93.17%。全年采购的图书中自科图书 22 411 种、77 408 册,占比 59.72%;社科图书 15 389 种、52 045 册,占比 40.17%;综合类图书 59 种、145 册,占比 0.11%(具体情况见表 2、表 3)。采购的比例符合图书馆制定的社科与自科图书 4∶6 的总体要求。

依据《中图法》分类,采购量居前三位的分别为工业技术类(T 类)16 619 种、58 167 册、占采购总量的 44.88%;文学类(I 类)3 508 种、12 757 册、占采购总量的 9.84%;经济类(F 类)3 418 种、10 960 册、占采购总量的 8.46%(各大类采购量见表 4、采购总价见表 5)。

表 1　大类(语种)采购情况一览表

类名	总品种数	册数						价格(码洋)					
		T大类	占比	其他类	占比	总册数	占比	T大类	占比	其他类	占比	总价	占比
外文图书	713	250	34.92%	466	65.08%	716	0.55%	196012.14	41.19%	279901.95	58.81%	475914.09	6.83%
中文图书	37146	57917	44.94%	70695	55.06%	128882	99.45%	3181193.39	48.99%	3312522.71	51.01%	6493716.13	93.17%

表2 学科大类采购册数一览表

类名	类号	总品种数	册数					
			总册数	总册数比	册数(合肥校区)	合肥校区比	册数(宣城校区)	宣城校区比
社会科学	A–K	15 389	52 045	40.17%	41 748	41.79%	10 297	34.67%
自然科学	N–X	22 411	77 408	59.72%	58 022	58.08%	19 386	65.29%
综合类	Z	59	145	0.11%	134	0.13%	11	0.04%
合计	A–Z	37 859	129 598	100%	99 904	100%	29 694	100%

表3 学科大类采购价格一览表

类名	类号	总品种数	价格(码洋)					
			总价	总价比	总价(合肥校区)	合肥校区比	总价(宣城校区)	宣城校区比
社会科学	A–K	15 389	2 488 707.59	35.71%	2 019 485.63	36.95%	469 221.96	31.19%
自然科学	N–X	22 411	4 473 225.99	64.18%	3 438 441.39	62.92%	1 034 784.6	68.77%
综合类	Z	59	7 696.64	0.11%	7 081.04	0.13%	615.6	0.04%

表4 "中图法"各类采购册数一览表(按比例大小排列)

类名	类号	总品种数	册数					
			总册数	总册数比	册数(合肥校区)	合肥校区比	册数(宣城校区)	宣城校区比
工业技术	T	16 619	58 167	44.88%	43 384	43.42%	14 783	49.78%
文学	I	3 508	12 757	9.84%	11 488	11.50%	1 269	4.27%
经济	F	3 418	10 960	8.46%	7 760	7.77%	3 200	10.78%
数理科学和化学	O	2 884	9 647	7.44%	6 944	6.95%	2 703	9.10%
历史、地理	K	1 798	5 671	4.38%	4 199	4.20%	1 472	4.96%
语言、文字	H	1 720	5 614	4.33%	3 884	3.89%	1 730	5.83%
文化、科学、教育、体育	G	1 465	5 433	4.19%	4 477	4.48%	956	3.22%
哲学类	B	985	3 559	2.75%	3 425	3.43%	134	0.45%
政治法律	D	893	3 115	2.40%	2 639	2.64%	476	1.60%
交通运输	U	851	3 018	2.33%	2 720	2.72%	298	1.00%
环境科学、安全科学	X	807	2 572	1.98%	1 981	1.98%	591	1.99%

续表4

类名	类号	总品种数	册数					
			总册数	总册数比	册数（合肥校区）	合肥校区比	册数（宣城校区）	宣城校区比
社科总论	C	730	2 207	1.70%	1 748	1.75%	459	1.55%
天文学、地球科学	P	480	1 604	1.24%	1 238	1.24%	366	1.23%
艺术	J	505	1 474	1.14%	1 088	1.09%	386	1.30%
军事类	E	262	883	0.68%	668	0.67%	215	0.72%
生物科学	Q	263	812	0.63%	531	0.53%	281	0.95%
自然科学总论	N	191	609	0.47%	459	0.46%	150	0.51%
航空、航天	V	139	455	0.35%	394	0.39%	61	0.21%
医药、卫生	R	140	402	0.31%	269	0.27%	133	0.45%
马列类	A	105	372	0.29%	372	0.37%	0	0.00%
综合性图书	Z	59	145	0.11%	134	0.13%	11	0.04%
农业科学	S	37	122	0.09%	102	0.10%	20	0.07%
分类合计		37 859	129 598	99.99%	99 904	99.99%	29 694	99.99%
馆藏合计		37 863	129 609	100%	99 913	100%	29 696	100%

表5 "中图法"各类采购价格一览表（按册数的比例大小排列）

类名	类号	总品种数	价格（码洋）					
			总价	总价比	总价（合肥校区）	合肥校区比	总价（宣城校区）	宣城校区比
工业技术	T	16 619	3 377 205.53	48.45%	2 575 547.33	47.13%	801 658.2	53.27%
文学	I	3 508	503 247.42	7.22%	454 708.42	8.32%	48 539	3.23%
经济	F	3 418	579 733.95	8.32%	421 781.15	7.72%	157 952.8	10.50%
数理科学和化学	O	2 884	499 637.18	7.17%	375 079.18	6.86%	124 558	8.28%
历史、地理	K	1 798	266 125.42	3.82%	197 613.82	3.62%	68 511.6	4.55%
语言、文字	H	1 720	230 373.01	3.31%	163 669.25	2.99%	66 703.76	4.43%
文化、科学、教育、体育	G	1 465	241 825.56	3.47%	200 465.16	3.67%	41 360.4	2.75%
哲学类	B	985	195 998.64	2.81%	188 814.84	3.45%	7 183.8	0.48%
政治法律	D	893	157 453.21	2.26%	134 165.81	2.45%	23 287.4	1.55%

续表5

类名	类号	总品种数	价格(码洋)					
			总价	总价比	总价(合肥校区)	合肥校区比	总价(宣城校区)	宣城校区比
交通运输	U	851	176 140.46	2.53%	158 773.26	2.91%	17 367.2	1.15%
环境科学、安全科学	X	807	169 488.8	2.43%	135 494.6	2.48%	33 994.2	2.26%
社科总论	C	730	151 038.14	2.17%	129 814.54	2.38%	21 223.6	1.41%
天文学、地球科学	P	480	93 940.61	1.35%	72 490.81	1.33%	21 449.8	1.43%
艺术	J	505	95 451.42	1.37%	71 820.62	1.31%	23 630.8	1.57%
军事类	E	262	46 451.2	0.67%	35 622.4	0.65%	10 828.8	0.72%
生物科学	Q	263	51 061.09	0.73%	36 030.09	0.66%	15 031	1.00%
自然科学总论	N	191	40 659.63	0.58%	30 644.43	0.56%	10 015.2	0.67%
航空、航天	V	139	31 856.6	0.46%	28 137.6	0.51%	3 719	0.25%
医药、卫生	R	140	25 800.54	0.37%	20 008.14	0.37%	5 792.4	0.38%
马列类	A	105	21 009.62	0.30%	21 009.62	0.38%	0	0.00%
综合性图书	Z	59	7 696.64	0.11%	7 081.04	0.13%	615.6	0.04%
农业科学	S	37	7 435.55	0.11%	6 235.95	0.11%	1 199.6	0.08%
分类合计		37 859	6 969 630.22	99.99%	5 465 008.06	99.99%	1 504 622.16	99.99%
馆藏合计		37 863	6 970 182.23	100%	5 465 340.07	100%	1 504 842.16	100%

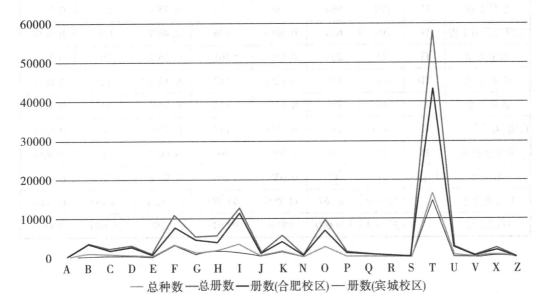

图1 各学科大类采购册数比例图

从表5和图1中可见,工业技术类采购量占比将近一半,符合我校的工科学科特色,其他各学科大类的采购量也基本符合我校的学科设置,总体的图书采购量比结构与我校"以工为主、理工结合、文理渗透"的多学科发展的学科专业结构相吻合,见表6。

表6 T大类采购册数一览表(按比例大小排列)

类名	类号	总品种数	册数					
			总册数	总册数比	册数(合肥校区)	合肥校区比	册数(宣城校区)	宣城校区比
自动化技术、计算机技术	TP	5 715	20 903	16.13%	15 209	15.22%	5 694	19.17%
建筑科学	TU	3 873	13 048	10.07%	10 752	10.76%	2 296	7.73%
无线电电子学、电信技术	TN	1 664	5 840	4.51%	4 157	4.16%	1 683	5.67%
电工技术	TM	1 344	4 531	3.50%	3 310	3.31%	1 221	4.11%
一般工业技术	TB	949	3 298	2.54%	2 383	2.39%	915	3.08%
机械、仪表工业	TH	845	3 017	2.33%	2 099	2.10%	918	3.09%
金属学与金属工艺	TG	635	2 256	1.74%	1 578	1.58%	678	2.28%
化学工业	TQ	454	1 568	1.21%	1 165	1.17%	403	1.36%
轻工业、手工业	TS	415	1 289	0.99%	838	0.84%	451	1.52%
水利工程	TV	292	980	0.76%	753	0.75%	227	0.76%
能源与动力工程	TK	201	654	0.50%	476	0.48%	178	0.60%
冶金工业	TF	74	231	0.18%	161	0.16%	70	0.24%
矿业工程	TD	41	159	0.12%	147	0.15%	12	0.04%
武器工业	TJ	46	146	0.11%	115	0.12%	31	0.10%
石油、天然气工业	TE	41	142	0.11%	138	0.14%	4	0.01%
原子能技术	TL	19	64	0.05%	64	0.06%	0	0.00%
未分类	T/;T-	11	41	0.03%	39	0.04%	2	0.01%
T大类合计		16 619	58 167	44.88%	43 384	43.42%	14 783	49.78%
馆藏合计		37 863	129 609	100%	99 913	100%	29 696	100%

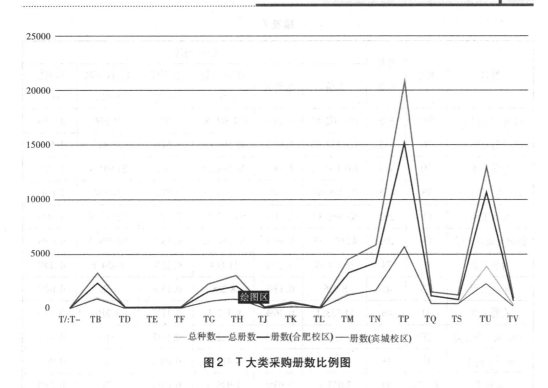

图2　T大类采购册数比例图

从表6和图2对工业技术类(T类)图书的细分类别采购量比结构可见,结合我校的学科和专业结构,位列前三的"自动化技术、计算机技术"类、"建筑科学"类、"无线电电子学、电信技术"类中,建筑科学的采购比例相对较大,尤其是合肥校区应适度减少该类别的图书采购量。而应适度加大"一般工业技术"类、"机械、仪表工业"类、"化学工业"类的采购量比,见表7。

表7　T大类采购价格一览表(按册数比例大小排列)

类名	类号	总品种数	价格(码洋)					
			总价	总价比	总价(合肥校区)	合肥校区比	总价(宣城校区)	宣城校区比
自动化技术、计算机技术	TP	5 715	1 136 948.14	16.31%	826 870.34	15.13%	310 077.8	20.61%
建筑科学	TU	3 873	819 400.98	11.76%	698 131.18	12.77%	121 269.8	8.06%
无线电电子学、电信技术	TN	1 664	347 224.07	4.98%	250 456.47	4.58%	96 767.6	6.43%
电工技术	TM	1 344	236 259.3	3.39%	173 661.5	3.18%	62 597.8	4.16%
一般工业技术	TB	949	218 834	3.14%	171 693.8	3.14%	47 140.2	3.13%

续表7

类名	类号	总品种数	价格(码洋)					
			总价	总价比	总价(合肥校区)	合肥校区比	总价(宣城校区)	宣城校区比
机械、仪表工业	TH	845	159 902.87	2.29%	114 346.87	2.09%	45 556	3.03%
金属学与金属工艺	TG	635	128 533.03	1.84%	89 590.03	1.64%	38 943	2.59%
化学工业	TQ	454	100 160.04	1.44%	76 168.64	1.39%	23 991.4	1.59%
轻工业、手工业	TS	415	72 448.68	1.04%	47 564.68	0.87%	24 884	1.65%
水利工程	TV	292	63 366.39	0.91%	50 477.59	0.92%	12 888.8	0.86%
能源与动力工程	TK	201	42 073.83	0.60%	31 854.63	0.58%	10 219.2	0.68%
冶金工业	TF	74	16 118.6	0.23%	11 664	0.21%	4 454.6	0.30%
矿业工程	TD	41	8 926	0.13%	8 268	0.15%	658	0.04%
武器工业	TJ	46	11 233.1	0.16%	9 317.1	0.17%	1 916	0.13%
石油、天然气工业	TE	41	9 338.8	0.13%	9 122.8	0.17%	216	0.01%
原子能技术	TL	19	4 413.9	0.06%	4 413.9	0.08%	0	0.00%
未分类	T/;T-	11	2 023.8	0.03%	1 945.8	0.04%	78	0.01%
T 大类合计		16 619	3 377 205.53	48.45%	2 575 547.33	47.13%	801 658.2	53.27%
馆藏合计		37 863	6 970 182.23	100%	5 465 340.07	100%	1 504 842.16	100%

2016 年,校图书馆采购的 37 146 种中文图书共来自 544 家出版社,其中采购量在 20 种以下的出版社为 323 家,占采购来源出版社总数的 59.37%,但采购品种仅占总品种的 5.07%;采购量在 20 ~ 99 种的出版社有 156 家,占采购来源出版社总数的 28.68%,采购品种占总品种的 19.43%;采购量在 100 种以上的出版社共 65 家,占采购来源出版社总数的 11.95%,采购品种占总品种的 75.50%(具体情况见表8)。图书来源的出版社分布基本符合"二八定律"。

从表9可见,图书采购来源的主体是来自采购量为 500 种以上的 12 家出版社,采购量占采购总数的 47.92%(其中合肥校区占 43.92%、宣城校区占 61.30%);且合肥校区与宣城校区采购来源的前 12 家出版社分布基本一致。但综合两校区的前出版社的采购量占比,合肥校区尚可进一步加大清华大学出版社、机械工业出版社、高教出版社等中央级大社的采购比例。详情见表10。

表 8 中文图书的出版社分布一览表

采购品种＼来源出版社	数量	占来源出版社比	采购总种数	占采购总种数比
100 种以上	65	11.94%	28 044	75.50%
20～99 种	156	28.68%	7 217	19.43%
1～19 种	323	59.37%	1 885	5.07%
合计	544	100%	37 146	100%

表 9 中文图书的出版社分布册数一览表

序号	出版社	种数	采购册数					
			总册数	总册数比	册（合肥）	合肥校区比	册（宣城）	宣城校区比
1	清华大学出版社	2 864	10 105	7.84%	6 504	6.56%	3 601	12.13%
2	机械工业出版社	2 777	9 549	7.41%	6 381	6.43%	3 168	10.67%
3	科学出版社	2 210	7 011	5.44%	5 196	5.24%	1 815	6.11%
4	电子工业出版社	1 899	6 436	4.99%	4 305	4.34%	2 131	7.18%
5	人民邮电出版社	1 847	6 249	4.85%	4 127	4.16%	2 122	7.15%
6	化学工业出版社	1 592	5 470	4.24%	3 925	3.96%	1 545	5.20%
7	中国建筑工业出版社	1 081	3 730	2.89%	3 145	3.17%	585	1.97%
8	高等教育出版社	986	3 480	2.70%	2 447	2.47%	1 033	3.48%
9	中国电力出版社	932	3 274	2.54%	2 539	2.56%	735	2.48%
10	北京理工大学出版社	663	2 617	2.03%	2 080	2.10%	537	1.81%
11	中国水利水电出版社	592	2 035	1.58%	1 550	1.56%	485	1.63%
12	国防工业出版社	529	1 809	1.40%	1 363	1.37%	446	1.50%
13	其他出版社	19 174	67 117	52.08%	55 626	56.08%	11 491	38.70%
14	馆藏总计	37 146	128 882	100%	99 188	100%	29 694	100%

表 10　中文图书的出版社分布价格一览表

序号	出版社	种数	价格(码洋)					
			总价	总价比	总价（合肥）	合肥校区比	总价（宣城）	宣城校区比
1	清华大学出版社	2 864	497 324.23	7.66%	322 226.03	6.46%	175 098.2	11.64%
2	机械工业出版社	2 777	534 410.51	8.23%	359 690.91	7.21%	174 719.6	11.61%
3	科学出版社	2 210	491 693.45	7.57%	370 095.05	7.42%	121 598.4	8.08%
4	电子工业出版社	1 899	385 381.62	5.93%	259 295.02	5.20%	126 086.6	8.38%
5	人民邮电出版社	1 847	367 766.23	5.66%	243 249.43	4.88%	124 516.8	8.28%
6	化学工业出版社	1 592	304 868.63	4.69%	222 230.63	4.45%	82 638	5.49%
7	中国建筑工业出版社	1 081	209 498	3.23%	177 984	3.57%	31 514	2.09%
8	高等教育出版社	986	133 337.07	2.05%	93 698.87	1.88%	39 638.2	2.63%
9	中国电力出版社	932	157 903.64	2.43%	123 085.44	2.47%	34 818.2	2.31%
10	北京理工大学出版社	663	118 732.8	1.83%	95 134	1.91%	23 598.8	1.57%
11	中国水利水电出版社	592	96 256.81	1.48%	73 818.21	1.48%	22 438.6	1.49%
12	国防工业出版社	529	110 747	1.71%	84 472.6	1.69%	26 274.4	1.75%
13	其他出版社	19 174	3 085 796.14	47.52%	2 564 113.78	51.39%	521 682.36	34.67%
14	馆藏总计	37 146	6 493 716.13	100%	4 989 093.97	100%	1 504 622.16	100%

　　进一步分析采购来源前 12 名的出版社的图书结构，自然科学类图书的占比多数在 75%以上，仅北京理工大学出版社和高教出版社两家的自然科学类图书占比在 75%以下，分别为 65.91%、73.03%。由此可见，图书馆采购的自然科学类图书主要来自这 12 家出版社，采购总数为 50 128 册，占自科图书总数的 64.64%。加大对 12 家出版社的出版信息收集和业务联系，做好 12 家出版社的出版信息服务与研究，是我校图书馆自科类图书采购质量的重要保证，见表 11。

表 11　中文图书各出版社自科社科比例一览表

序号	出版社	种数	采购册数							
			社科册数（合肥）	占比	自科册数（合肥）	占比	社科册数（宣城）	占比	自科册数（宣城）	占比
1	清华大学出版社	2 864	1 386	21.31%	5 118	78.69%	923	25.63%	2 678	74.37%
2	机械工业出版社	2 777	1 482	23.23%	4 899	76.77%	1 024	32.32%	2 144	67.68%
3	科学出版社	2 210	664	12.78%	4 532	87.22%	189	10.41%	1 626	89.59%
4	电子工业出版社	1 899	759	17.63%	3 546	82.37%	599	28.11%	1 532	71.89%
5	人民邮电出版社	1 847	801	19.41%	3 326	80.59%	618	29.12%	1 504	70.88%
6	化学工业出版社	1 592	446	11.36%	3 479	88.64%	252	16.31%	1 293	83.69%
7	中国建筑工业出版社	1 081	184	5.85%	2 961	94.15%	36	6.15%	549	93.85%
8	高等教育出版社	986	660	26.97%	1 787	73.03%	231	22.36%	802	77.64%
9	中国电力出版社	932	133	5.24%	2 406	94.76%	70	9.52%	665	90.48%
10	北京理工大学出版社	663	709	34.09%	1 371	65.91%	146	27.19%	391	72.81%
11	中国水利水电出版社	592	161	10.39%	1 389	89.61%	48	9.90%	437	90.10%
12	国防工业出版社	529	90	6.60%	1 273	93.40%	26	5.83%	420	94.17%
13	其他出版社	19 174	33 952	61.04%	21 674	38.96%	6 135	53.39%	5 356	46.61%

2016 年采购的图书单价(以码洋计算,下同)为 53.79 元,其中外文图书单价为 664.68元,中文图书单价为 50.39 元,社科类图书单价为 47.82 元,自科类图书单价为 57.79 元,综合类图书单价为 53.08 元,详见表 12。

以《中图法》分类计算,图书单价居前三位的分别是"航空、航天"类(Ⅴ类)70.01 元、"社科总论"类(C 类)68.44 元、"自然科学总论"类(N 类)66.76 元,详见表 13。

在"工业技术"类(T 类)种,则"武器工业"类(TJ 类)76.94 元、"冶金工业"类(TF 类)69.78 元、"原子能技术"类(TL 类)68.97 元位居前三,而"文学类(Ⅰ类)单价最低,为 39.45 元",详见表 14。

从图书采购的出版社来源看,学科出版社、国防工业出版社、电子工业出版社分别以单价70.13 元、61.22 元、59.88 元居前三,而高教出版社的图书单价仅为 38.32 元,远低于图书均价,详见表15。

依表可见,在采购的图书中,我们要重点关注低于自科图书单价的"金属学与金属工艺""轻工业、手工业""矿业工程""自动化技术、计算机技术""机械、仪表工业""电工技术"等类,以及严重低于图书均价的来源于高教出版社的图书,要分析低价的原因,监控以上类别的图书质量。

表12　各类码洋单价一览表

分类	分类号	册数	单价(码洋)
总体	A–Z	129 598	53.79
外文	A–Z	716	664.68
中文	A–Z	128 882	50.39
社科	A–K	52 045	47.82
自科	N–X	77 408	57.79
综合类	Z	145	53.08

表13　各类别码洋单价一览表(按单价大小顺序排列)

"中图法"分类	类号	册数	单价(元)
航空、航天	V	455	70.01
社科总论	C	2 207	68.44
自然科学总论	N	609	66.76
环境科学、安全科学	X	2 572	65.90
艺术	J	1 474	64.76
医药、卫生	R	402	64.18
生物科学	Q	812	62.88
农业科学	S	122	60.95
天文学、地球科学	P	1 604	58.57
交通运输	U	3 018	58.36
工业技术	T	58 167	58.06
马列类	A	372	56.48
哲学类	B	3 559	55.07
综合性图书	Z	145	53.08
经济	F	10 960	52.90

续表13

"中图法"分类	类号	册数	单价(元)
军事类	E	883	52.61
数理科学和化学	O	9 647	51.79
政治法律	D	3 115	50.55
历史、地理	K	5 671	46.93
文化、科学、教育、体育	G	5 433	44.51
语言、文字	H	5 614	41.04
文学	I	12 757	39.45

表14　T大类码洋单价一览表(按单价大小顺序排列)

工业技术(T大类)	类号	册数	单价
武器工业	TJ	146	76.94
冶金工业	TF	231	69.78
原子能技术	TL	64	68.97
一般工业技术	TB	3 298	66.35
石油、天然气工业	TE	142	65.77
水利工程	TV	980	64.66
能源与动力工程	TK	654	64.33
化学工业	TQ	1 568	63.88
建筑科学	TU	13 048	62.80
无线电电子学、电信技术	TN	5 840	59.46
金属学与金属工艺	TG	2 256	56.97
轻工业、手工业	TS	1 289	56.21
矿业工程	TD	159	56.14
自动化技术、计算机技术	TP	20 903	54.39
机械、仪表工业	TH	3 017	53.00
电工技术	TM	4 531	52.14
未分类	T/;T-	41	49.36

表15 采购自各出版社码洋单价一览表(按单价大小顺序排列)

出版社	册数	单价
科学出版社	7 011	70.13
国防工业出版社	1 809	61.22
电子工业出版社	6 436	59.88
人民邮电出版社	6 249	58.85
中国建筑工业出版社	3 730	56.17
机械工业出版社	9 549	55.97
化学工业出版社	5 470	55.73
清华大学出版社	10 105	49.22
中国电力出版社	3 274	48.23
中国水利水电出版社	2 035	47.30
其他出版社	67 117	45.98
北京理工大学出版社	2 617	45.37
高等教育出版社	3 480	38.32

2016年,图书馆(合肥校区)中文图书中标书商共6家,其中采购量居前三位的分别为武汉三新、24 119册,北京人天、19 783册,北京百万庄、18 583册,分别占总采购量(合肥校区)的24.42%、20.03%、18.81%。而辽宁北方出版物配送有限公司的采购量最少为7 217册,占比9.33%。

从各书商采购的图书结构中,武汉三新和北京百万庄的自然科学类图书占比居前,分别为62.73%,60.61%,而上海新华与辽宁北方出版物配送有限公司的自然科学图书占比居后,分别为51.42%,52.41%。

从各书商采购的图书单价差别不大,最高的北京人天为52.00元,比最低的上海新华48.18元高1.82元。详见表16。

表16 各书商供书结构比例

供应商	册数	自科册数	占比	社科册数	占比	总价	单价	备注
武汉三新	24 119	15 129	62.73%	8 990	37.27%	1 212 148.78	50.26	
北京人天	19 783	11 689	59.09%	8 094	40.91%	1 028 693.16	52.00	
百万庄	18 583	11 263	60.61%	7 320	39.39%	966 201.12	51.99	
安徽万品	11 355	6 655	58.61%	4 700	41.39%	570 568.4	50.25	

续表16

供应商	册数	自科册数	占比	社科册数	占比	总价	单价	备注
上海新华	9 795	5 037	51.42%	4 758	48.58%	471 970.2	48.18	
辽宁北方	9 217	4 831	52.41%	4 386	47.59%	454 555.8	49.32	
首都发行所	5 289	3 029	57.27%	2 260	42.73%	262 393.4	49.61	2015 年订单，2016 年到货。
浙江新华	630	88	13.97%	542	86.03%	23 660.4	37.56	
北京中科	403	224	55.58%	179	44.42%	303 100.27	752.11	
赠送	375	43	11.47%	332	88.53%	3.75	0.01	
南京中科	248	138	55.65%	110	44.35%	124 490.81	501.98	
零星采购	13	5	38.46%	8	61.54%	538	41.38	
宣城校区	29 696	19 399	65.33%	10 297	34.67%	1 504 842.16	50.67	
总计	129 506	77 530	59.87%	51 976	40.13%	6 923 166.25	53.46	

2016 年,图书馆(合肥校区)中文 6 家图书中标书商采购的图书来自出版社的数量居前的是武汉三新 366 家、北京人天 351 家、北京百万庄 304 家。详见表 17。

采购自 6 家书商的图书中,出版自前 12 家出版社的图书之和占从该书商采购图书总和之比居前三的是安徽万品 53.51%、北京百万庄 50.48%、北京人天 50.20%,均高于合肥校区 43.92% 的比例均值 6~10 个百分点之上。此项值居后三位的上海新华 34.48%、辽宁北方 36.26%、武汉三新 38.28% 均低于均值 5~10 个百分点,有待进一步监控该三家书商供书的来源和质量。详见表 18。

表 17　中文图书的出版社分布一览表

出版社数量 ／ 采购品种	武汉三新	北京人天	百万庄	安徽万品	上海新华	辽宁北方
100 册以上	52	25	35	22	19	19
20~99 册	139	135	102	69	103	93
1~19 册	175	191	167	148	169	171
合计	366	351	304	239	291	283

表18　各书商供书出版社分布

书商供应 册数 出版社	武汉三新	北京人天	百万庄	安徽万品	上海新华	辽宁北方
清华大学 出版社	1 754	1 185	1 502	1 217	253	386
机械工业 出版社	497	1 423	2 438	962	366	306
科学出版社	745	1 481	1 607	862	116	216
电子工业 出版社	967	1 428	610	250	484	386
人民邮电 出版社	1 215	1 018	722	495	184	216
化学工业 出版社	726	1 553	432	423	420	264
中国建筑工 业出版社	516	715	381	358	504	546
高等教育出 版社	762	4	346	558	328	154
中国电力出 版社	591	308	382	440	380	346
北京理工大 学出版社	554	328	360	277	168	221
中国水利水 电出版社	430	369	295	92	44	168
国防工业 出版社	475	119	305	142	130	133
12家大社数 量和/占比	9 232/38.28%	9 931/50.20%	9 380/50.48%	6 076/53.51%	3 377/34.48%	3 342/36.26%
其他出版社 数量和/占比	14 887/61.72%	9 852/49.80%	9 203/49.52%	5 279/46.49%	6 418/65.52%	5 875/63.74%
合计	24 119	19 783	18 583	11 355	9 795	9 217

2. 2016年图书采购取得的成绩及存在问题

(1)从上述数据分析中可以看出,2016年图书采购取得了一定的成绩,主要表现为四个方面。

第一,完成了中外文图书的采购任务。从约45万种的图书年出版量中遴选出符合我校图书馆馆藏特色的图书3.79万种,完成了中文图书128 882册(其中合肥校区99 918册、宣城校区29 694册)外文图书716册的采购任务,完成了年度采购计划。

第二,各类图书比例符合图书馆制定的采购原则。社科图书与自科图书的采购比例为40.17%∶59.83%(其中合肥校区为41.79%∶58.21%;34.67%∶65.33%)符合《图书馆文献采访工作细则》中规定的社科与自科图书总体4∶6的要求。

第三,从采购图书的《中图法》各大类结构比中可见,各科图书采购量以及T大类中各二级类目材料量基本符合我校的学科和专业结构。

第四,从采购图书的出版社来源中可见,中央级大社出版的图书采购量占比较高,符合国内出版社的质量和结构评价。

(2)从上述数据分析中可以看出,2016年图书采购尚存在一定的问题,主要表现为四个方面。

第一,在采购图书的结构中尚需进一步研究和改善。总体上,在社科图书与自科图书采购比例、各大类及T大类下的二级学科大类图书采购比例、声誉度较高的大社出版的图书比例等结构中尚需完善。比如"一般工业技术"类、"机械、仪表工业"类、"化学工业"类的采购量需要加大,而建筑科学的采购量应适度减少;合肥校区应适度加大中央大社图书的采购量比等。

第二,各图书中标商的采购结构尚需进一步改善。应从供书数量、社科图书与自科图书比例、大社出版图书比例等角度加强对部分中标商供书质量过程监管。

第三,应进一步加强图书采购质量的研究与把关。在图书采访过程中,缺少对采购图书的质量研究,如出版信息,尤其是我馆采购量较大的中央级大社的出版信息;各学科大类的核心出版社;该学科类学术大咖(核心作者)的著作;采购图书的借阅率研究与对比、权威机构发布的高质量图书信息等方面的研究。

第四,图书采购质量有待进一步提高。从最近有关机构公布的高质量图书采到率不高可见一斑(表19)。如《自控力》一书在亚马逊中国每年发布的年度图书畅销榜中已连续5年进入亚马逊纸质图书榜单前10,但我馆目前尚未采购与馆藏等。

表19   各权威机构发布的高质量图书采到率一览表

权威图书评价	发布机构	适合馆藏种数	采购种数	占比
文津图书奖(第12届)	国家图书馆	8	4	50%
2016好书榜	中央电视台	26	6	23%
亚马逊年度纸质图书畅销榜(2016)	亚马逊中国	20	10	50%
Kindle年度付费电子书畅销榜(2016)	亚马逊中国	10	4	40%
合计		64	24	37.5%

3.进一步提高图书采购质量的有关举措与思考

第一,加强对国内出版信息研究,尤其是我馆采购 量较大的中央级大社出版信息的获取与研究,以便主动向图书供应商提出高质量图书的供应与配比。

第二,通过权威机构发布(如附录1)和读者调查相结合的方式,建设具有我馆特色的图书采购信息库,理清主要学科大类尤其是我校主干学科的图书出版信息(各学科的核心出版社与核心作者),保障高质量的核心图书能采购到馆。

第三,加强国内外权威机构发布的高质量图书信息获取与研究,补全适合我馆馆藏的高质量图书。

第四,加强图书的宣传推荐和阅读推广。加强各学科的图书出版信息推广;馆藏图书阅读推广;我馆的电子图书阅读平台(如中文在线)、期刊阅读平台(如龙源期刊、博看期刊网)、报纸阅读平台(如墨香华文数字报纸平台)推广;建设我馆电子图书阅读平台等方式开展文献资源的阅读推广。

第五,通过各学科的核心出版社出版信息和核心作者(学术大咖)出版的著作研究,为我校学科建设,尤其是一流学科建设提供文献参考和学术动态服务。

高校图书馆员职业能力调查问卷

图书馆同人：

您好！

图书馆员职业能力是决定图书馆职业成败的关键因素。只有正确认识图书馆员职业能力要素，才能科学评估图书馆员职业能力水平，并发现图书馆员职业发展存在的问题与差距，为今后提高自身的职业能力和实现图书馆事业的可持续发展奠定基础。

本评估问卷是为确立我国图书馆员职业能力要素，为评估国内图书馆员职业能力提供参考。您无须填写实名，所填信息仅做学术研究之用，请您放心并认真填写。感谢您的大力支持！

填写说明：以下是一系列与科学数据相关活动的描述，请根据您自己科研中的真实情况，做出选择，1 = "非常不重要"，2 = "比较不重要"，3 = "一般"，4 = "比较重要"，5 = "非常重要"，请您选择对应的数字。

1. 您的性别：[单选题]

　　○男　　　　　　　○女

2. 您的年龄段：[单选题]

　　○18 岁以下　　　○18 ~ 25　　　○26 ~ 30　　　○31 ~ 40

　　○41 ~ 50　　　　○51 ~ 60　　　○60 以上

3. 您目前从事的职业的职称：[单选题]

　　○研究馆员　　　　○副研究馆员　○馆员　　　　○其他

4. 您所在的高校名称：[填空题]

一、您对图书馆员职业素养能力的重要性感知为

5. 具有图书馆职业道德［单选题］

　　○1 非常不重要　　○2　　　　　○3　　　　　○4　　　　　○5 非常重要

6. 知晓图书馆使命和任务［单选题］

　　○1 非常不重要　　　○2　　　　　○3　　　　　○4　　　　　○5 非常重要

7. 能够进行职业规划［单选题］

　　○1 非常不重要　　　○2　　　　　○3　　　　　○4　　　　　○5 非常重要

8. 拥有图书馆学与信息科学专业知识，了解专业馆藏涉及的学科知识［单选题］

　　○1 非常不重要　　　○2　　　　　○3　　　　　○4　　　　　○5 非常重要

9. 掌握一门外语［单选题］

　　○1 非常不重要　　　○2　　　　　○3　　　　　○4　　　　　○5 非常重要

10. 能进行自我管理［单选题］

　　○1 非常不重要　　　○2　　　　　○3　　　　　○4　　　　　○5 非常重要

11. 拥有学士以上学位［单选题］

　　○1 非常不重要　　　○2　　　　　○3　　　　　○4　　　　　○5 非常重要

二、您对图书馆员组织管理能力的重要性感知为

12. 进行图书馆组织结构设计［单选题］

　　○1 非常不重要　　　○2　　　　　○3　　　　　○4　　　　　○5 非常重要

13. 进行人力资源管理［单选题］

　　○1 非常不重要　　　○2　　　　　○3　　　　　○4　　　　　○5 非常重要

14. 组织并优化业务流程［单选题］

　　○1 非常不重要　　　○2　　　　　○3　　　　　○4　　　　　○5 非常重要

15. 控制图书馆任务进展［单选题］

　　○1 非常不重要　　　○2　　　　　○3　　　　　○4　　　　　○5 非常重要

16. 对图书馆进行全面评估［单选题］

　　○1 非常不重要　　　○2　　　　　○3　　　　　○4　　　　　○5 非常重要

三、您对图书馆员馆藏管理能力的重要性感知为

17. 能够胜任馆藏采购（获取）［单选题］

　　○1 非常不重要　　　○2　　　　　○3　　　　　○4　　　　　○5 非常重要

18. 馆藏组织（分类、著录标引等）、［单选题］

　　○1 非常不重要　　　○2　　　　　○3　　　　　○4　　　　　○5 非常重要

19. 馆藏维护［单选题］

　　○1 非常不重要　　　○2　　　　　○3　　　　　○4　　　　　○5 非常重要

20. 馆藏评估［单选题］

　　○1 非常不重要　　　○2　　　　　○3　　　　　○4　　　　　○5 非常重要

21. 馆藏数字化 [单选题]

　　○1 非常不重要　　○2　　　　　　○3　　　　　　○4　　　　　　○5 非常重要

四、您对图书馆员知识管理能力的重要性感知为

22. 知识获取 [单选题]

　　○1 非常不重要　　○2　　　　　　○3　　　　　　○4　　　　　　○5 非常重要

23. 知识共享 [单选题]

　　○1 非常不重要　　○2　　　　　　○3　　　　　　○4　　　　　　○5 非常重要

24. 知识转化 [单选题]

　　○1 非常不重要　　○2　　　　　　○3　　　　　　○4　　　　　　○5 非常重要

25. 知识保护 [单选题]

　　○1 非常不重要　　○2　　　　　　○3　　　　　　○4　　　　　　○5 非常重要

26. 知识应用 [单选题]

　　○1 非常不重要　　○2　　　　　　○3　　　　　　○4　　　　　　○5 非常重要

27. 知识创新 [单选题]

　　○1 非常不重要　　○2　　　　　　○3　　　　　　○4　　　　　　○5 非常重要

五、您对图书馆员交流能力的重要性感知为

28. 能够聆听他人建议 [单选题]

　　○1 非常不重要　　○2　　　　　　○3　　　　　　○4　　　　　　○5 非常重要

29. 准确进行口头表达 [单选题]

　　○1 非常不重要　　○2　　　　　　○3　　　　　　○4　　　　　　○5 非常重要

30. 准确进行书面表达 [单选题]

　　○1 非常不重要　　○2　　　　　　○3　　　　　　○4　　　　　　○5 非常重要

31. 能够阅读专业文献 [单选题]

　　○1 非常不重要　　○2　　　　　　○3　　　　　　○4　　　　　　○5 非常重要

32. 能够进行专业论文写作 [单选题]

　　○1 非常不重要　　○2　　　　　　○3　　　　　　○4　　　　　　○5 非常重要

33. 能够应用多种交流技巧 [单选题]

　　○1 非常不重要　　○2　　　　　　○3　　　　　　○4　　　　　　○5 非常重要

34. 能够参加专业组织 [单选题]

　　○1 非常不重要　　○2　　　　　　○3　　　　　　○4　　　　　　○5 非常重要

35. 能够参与学术交流 [单选题]

　　○1 非常不重要　　○2　　　　　　○3　　　　　　○4　　　　　　○5 非常重要

六、您对图书馆员馆学习能力的重要性感知为

36. 能够进行自主学习［单选题］
　　○1 非常不重要　　○2　　　　○3　　　　○4　　　　○5 非常重要

37. 能够及时更新知识［单选题］
　　○1 非常不重要　○2　　　　　○3　　　　○4　　　　○5 非常重要

38. 具备好的学习方法［单选题］
　　○1 非常不重要　○2　　　　　○3　　　　○4　　　　○5 非常重要

39. 具有终身学习意识［单选题］
　　○1 非常不重要　○2　　　　　○3　　　　○4　　　　○5 非常重要

40. 能够进行辩证思维［单选题］
　　○1 非常不重要　○2　　　　　○3　　　　○4　　　　○5 非常重要

41. 能够进行创新思维［单选题］
　　○1 非常不重要　○2　　　　　○3　　　　○4　　　　○5 非常重要

42. 具备坚强的学习意志［单选题］
　　○1 非常不重要　○2　　　　　○3　　　　○4　　　　○5 非常重要

43. 具备学习动力［单选题］
　　○1 非常不重要　　○2　　　　○3　　　　○4　　　　○5 非常重要

七、您对图书馆员馆藏合作能力的重要性感知为

44. 具备团队意识，积极参与项目团队，为团队献计献策［单选题］
　　○1 非常不重要　○2　　　　　○3　　　　○4　　　　○5 非常重要

45. 进行有效谈判促成合作，在合作中解决冲突［单选题］
　　○1 非常不重要　○2　　　　　○3　　　　○4　　　　○5 非常重要

46. 积极承担团队责任［单选题］
　　○1 非常不重要　○2　　　　　○3　　　　○4　　　　○5 非常重要

47. 进行有效讨论，尊重团队成员，鼓励他人提出多样化观点［单选题］
　　○1 非常不重要　○2　　　　　○3　　　　○4　　　　○5 非常重要

48. 客观评价他人观点，分析团队各要素关联［单选题］
　　○1 非常不重要　○2　　　　　○3　　　　○4　　　　○5 非常重要

八、您对图书馆员馆文献服务能力的重要性感知为

49. 文献借阅［单选题］
　　○1 非常不重要　　○2　　　　○3　　　　○4　　　　○5 非常重要

50. 文献答疑 [单选题]

　　○1 非常不重要　　○2　　　　　　○3　　　　　　○4　　　　　　○5 非常重要

51. 阅读推广 [单选题]

　　○1 非常不重要　　○2　　　　　　○3　　　　　　○4　　　　　　○5 非常重要

52. 文献翻译 [单选题]

　　○1 非常不重要　　○2　　　　　　○3　　　　　　○4　　　　　　○5 非常重要

53. 文献传递 [单选题]

　　○1 非常不重要　　○2　　　　　　○3　　　　　　○4　　　　　　○5 非常重要

54. 文献检索 [单选题]

　　○1 非常不重要　　○2　　　　　　○3　　　　　　○4　　　　　　○5 非常重要

九、您对图书馆员馆信息服务能力的重要性感知为

55. 发现用户需求,分析用户需求 [单选题]

　　○1 非常不重要　　○2　　　　　　○3　　　　　　○4　　　　　　○5 非常重要

56. 进行信息分析 [单选题]

　　○1 非常不重要　　○2　　　　　　○3　　　　　　○4　　　　　　○5 非常重要

57. 提供信息共享 [单选题]

　　○1 非常不重要　　○2　　　　　　○3　　　　　　○4　　　　　　○5 非常重要

58. 进行科学研究 [单选题]

　　○1 非常不重要　　○2　　　　　　○3　　　　　　○4　　　　　　○5 非常重要

59. 开展专业教学 [单选题]

　　○1 非常不重要　　○2　　　　　　○3　　　　　　○4　　　　　　○5 非常重要

60. 提供战略决策支持 [单选题]

　　○1 非常不重要　　○2　　　　　　○3　　　　　　○4　　　　　　○5 非常重要

61. 进行服务营销 [单选题]

　　○1 非常不重要　　○2　　　　　　○3　　　　　　○4　　　　　　○5 非常重要

62. 开展学科知识服务 [单选题]

　　○1 非常不重要　　○2　　　　　　○3　　　　　　○4　　　　　　○5 非常重要

十、您对图书馆员教学培训能力的重要性感知为

63. 进行教学培训规划 [单选题]

　　○1 非常不重要　　○2　　　　　　○3　　　　　　○4　　　　　　○5 非常重要

64. 进行教学培训评估 [单选题]

　　○1 非常不重要　　○2　　　　　　○3　　　　　　○4　　　　　　○5 非常重要

65. 实施时间控制［单选题］

    ○1 非常不重要　　○2　　　　　　○3　　　　　　○4　　　　　　○5 非常重要

66. 运用教学技巧，进行教学互动［单选题］

    ○1 非常不重要　　○2　　　　　　○3　　　　　　○4　　　　　　○5 非常重要

67. 实施现场控制［单选题］

    ○1 非常不重要　　○2　　　　　　○3　　　　　　○4　　　　　　○5 非常重要

十一、您对图书馆员信息技术能力的重要性感知为

68. 熟悉计算机硬件［单选题］

    ○1 非常不重要　　○2　　　　　　○3　　　　　　○4　　　　　　○5 非常重要

69. 熟悉计算机软件［单选题］

    ○1 非常不重要　　○2　　　　　　○3　　　　　　○4　　　　　　○5 非常重要

70. 熟悉通信技术［单选题］

    ○1 非常不重要　　○2　　　　　　○3　　　　　　○4　　　　　　○5 非常重要

71. 熟悉数字化技术［单选题］

    ○1 非常不重要　　○2　　　　　　○3　　　　　　○4　　　　　　○5 非常重要

72. 熟悉多媒体技术［单选题］

    ○1 非常不重要　　○2　　　　　　○3　　　　　　○4　　　　　　○5 非常重要

73. 熟悉信息安全技术［单选题］

    ○1 非常不重要　　○2　　　　　　○3　　　　　　○4　　　　　　○5 非常重要

74. 熟悉存储技术［单选题］

    ○1 非常不重要　　○2　　　　　　○3　　　　　　○4　　　　　　○5 非常重要

75. 熟悉图书保护与修复技术［单选题］

    ○1 非常不重要　　○2　　　　　　○3　　　　　　○4　　　　　　○5 非常重要

十二、您对图书馆员资金管理能力的重要性感知为

76. 进行图书馆预算［单选题］

    ○1 非常不重要　　○2　　　　　　○3　　　　　　○4　　　　　　○5 非常重要

77. 进行成本收益分析［单选题］

    ○1 非常不重要　　○2　　　　　　○3　　　　　　○4　　　　　　○5 非常重要

78. 通过多种渠道进行融资［单选题］

    ○1 非常不重要　　○2　　　　　　○3　　　　　　○4　　　　　　○5 非常重要

79. 监督财务状况，进行财务风险控制［单选题］

    ○1 非常不重要　　○2　　　　　　○3　　　　　　○4　　　　　　○5 非常重要

十三、您对图书馆员设备管理能力的重要性感知为

80. 规划设备配置［单选题］

　　○1 非常不重要　　○2　　　　　○3　　　　　○4　　　　　○5 非常重要

81. 排查设备故障、维护与维修设备［单选题］

　　○1 非常不重要　　○2　　　　　○3　　　　　○4　　　　　○5 非常重要

82. 更新设备［单选题］

　　○1 非常不重要　　○2　　　　　○3　　　　　○4　　　　　○5 非常重要

后 记

    基于对新信息环境和新技术条件下大学图书馆内涵式发展的深入思考,我以馆员能力建设为主题描绘了大学图书馆的转型之基与发展之要。在写作过程中,我阅读了大量文献典籍和众多知名学者的研究论文,让我深切地感受到大学图书馆事业的蓬勃之力和文化之美。在中华民族伟大复兴的时代征程中,图书馆人始终把握时代脉搏,以海量文献信息的组织者和知识的守护人为使命,永不停歇将新资源、新技术、新媒体应用于知识创新和文化传承的进程中,谱写服务再创中华文化新辉煌的精彩华章。

    作为一名在大学图书馆工作近二十载的从业者,我怀揣着对图书馆事业深沉的爱,谨以此书献给所有图书馆的同事们!

    本书在写作过程中,合肥工业大学图书馆原馆长、机械学院陈科书记对选题、结构给予肯定和指导;安徽大学图书馆储节旺馆长一直热情接受我的咨询、指导我的写作,并为本书作序;安徽农业大学图书馆吴文革馆长在百忙之中接受了我的专访,在理论与业务层面都给予了许多有益的指导。他们的指导和帮助让我深受启迪、受益匪浅,在此表达我深深地感激!

    我的合肥工业大学图书馆的同事们积极参与课题的研究,提供大量翔实的调查数据和文献资料。王磊设计了"高校图书馆员职业能力调查问卷",并在充分问卷数据基础上撰写了第三章第四节之"国内图书馆员职业能力要素实证分析";孙伟伟设计了"图书馆读者用户体验调查问卷",提供和分享了调查数据;潘宇光调查并提供了国内大学图书馆的战略愿景和机构设置的有关数据和资料;王伟丽调查并提供了有关国内大学图书馆员现状分析的相关数据;李昊检索并提供了大量参考文献资料;本书的完成是大家一起努力的结果,在此致以诚挚的感谢!

    感谢我的家人,她们用无私的爱和默默地奉献一直坚定地支持着我。

    感谢那些给予我思想资源的学者们,他们的著作和论文为我的写作提供了丰富的思想和理论资源。

    感谢为本书出版付出辛勤劳动的郑州大学出版社的编辑们,他们的勤劳让本书不断完善。

刘荣清

2020 年 11 月于合肥工业大学图书馆